高中常态作文教学法

朱诵玉◎著

安徽师范大学出版社
ANHUI NORMAL UNIVERSITY PRESS
·芜湖·

图书在版编目(CIP)数据

高中"常态"作文教学法 / 朱诵玉著.—芜湖:安徽师范大学出版社,2021.9
ISBN 978-7-5676-5138-8

Ⅰ.①高… Ⅱ.①朱… Ⅲ.①作文课-教学法-高中 Ⅳ.①G633.342

中国版本图书馆CIP数据核字(2021)第179873号

高中"常态"作文教学法　　朱诵玉 ◎著
GAOZHONG CHANGTAI ZUOWEN JIAOXUEFA

责任编辑:祝凤霞　赵传慧　　责任校对:李　玲
装帧设计:丁奕奕　　责任印制:桑国磊
出版发行:安徽师范大学出版社
芜湖市北京东路1号安徽师范大学赭山校区　　邮政编号:241000
网　　址:http://www.ahnupress.com/
发 行 部:0553-3883578　5910327　5910310(传真)
印　　刷:江苏凤凰数码印务有限公司
版　　次:2021年9月第1版
印　　次:2021年9月第1次印刷
规　　格:700 mm × 1000 mm　1/16
印　　张:16.5
字　　数:274千字
书　　号:ISBN 978-7-5676-5138-8
定　　价:49.80元

让作文教学走向“常态”

作文教学，在整个语文教学中占据着非常重要的地位，无论是从课程标准还是从高考的角度来说，都是如此。生活在中文环境中的普通人，不一定要会写散文、诗歌，大概率也不会成为作家，但是写好一篇观点明确、思路清晰的文章，应该是一种必备技能。然而，经过高中三年的学习，很多学生往往并不能较好地做到这一点。作文，几乎成为大多数高中学生的痛，而高中作文教学也存在着诸多问题。

经常有年轻教师询问我，能不能推荐一本操作性强的作文教学方面的书给他们参考学习，以便在教学实践中使用；也不断地有学生问我，能不能推荐一本实用性强的作文书，以快速提高议论文写作水平。对此，我实在难以回答。一方面，因为我读书少，不知道哪本作文书是合适的书；另一方面，我看到的作文书，要么是理论研究很深入而缺少实践操作性，要么是纯粹的作文点评或训练，看了之后，感觉没有讲到点子上，有点隔靴搔痒。故而，我一直想写一本作文教学方面的书，来系统地、完整地阐述自己在高中作文教学方面的思考和实践，既可以给年轻教师看，供他们在教学实践中参考使用，也可以给一些热爱写作但在写作上有困难的学生看。为此，我将我这二十多年来关于作文教学的思考和实践进行总结提炼，写成这本书，希望对教师们、学生们有所帮助。

在研究阅读教学的时候，我提出了“常态阅读”的概念。所谓“常态”，《现代汉语词典》的解释是正常的状态，和“变态”相对；《辞海》对“常”的解释是普通、平常，对“态”的解释是情状；《汉语大词典》的解释是通常的或本来的状态。我将“常态阅读”解释为：在正常的情况下读者通常的阅读取向和阅读心理。“常态阅读教学”就是指遵循“常态阅读”的一种阅读教学方法。在阐述作文教学的时候，我想沿用“常态”这个概念，将高中作文教学表述为“常态”的作文教学。本书所说的“作文”一般情况下指“高中议论文”。

《普通高中语文课程标准（2017年版2020年修订）》（下文简称《课标》）提出了“学科核心素养”这个概念，包括语言建构与运用、思维发展与提升、审美鉴赏与创造、文化传承与理解四个方面。其中，涉及写作（表达）的内容梳理如下：

（1）能凭借语感和对语言运用规律的把握，根据具体的语言情境和不同的对象，运用口头和书面语言文明得体地进行表达与交流；

（2）在阅读与鉴赏、表达与交流、梳理与探究活动中运用联想和想象，丰富自己对现实生活和文学形象的感受与理解，丰富自己的经验与语言表达；

（3）能有理有据地表达自己的观点和阐述自己的发现，运用基本的语言规律和逻辑规则，判别语言运用的正误，准确、生动、有逻辑地表达自己的认识；

（4）能运用祖国语言文字表达自己的审美体验，表达自己的情感、态度和观念，表现和创造自己心中的美好形象。

提炼出来，有这样几点：能把握语言规律，文明得体地表达；运用联想和想象，丰富自己的语言表达；能有理有据有逻辑地表达；能美地表达；能创造性地表达。

再概括一下，就是：要符合语言规律，要有逻辑性、思辨性，最好有美感、有创造性，表达的方式要丰富一些。

这也是我们高中作文教学的目标。

而我们所倡导的“常态”作文教学，大致就是按照通常的状态开展的作文教学，具体来说，就是按照学生的语言发展规律，对其思辨力、审美力、创造力进行培育和提升的作文教学。“常态”的作文教学具体包括命题的常态、批阅的常态、教学的常态等方面内容，本书将在各章作详细阐述。

我们之所以提出“常态”这个概念，主要还是针对高中作文教学的现状——高中作文教学普遍存在着“非常态”的现象，包括命题的非常态、批阅的非常态和教学的非常态。这些“非常态”现象已经严重影响到高中作文教学目标的达成。

本书是我对自己高中作文教学二十多年经验的总结和提炼，写作的初衷是想探索高中作文教学的可操作性。我的探索主要集中在高中议论文的教学上，包括作文命题、作文批阅、作文教学的实施过程，其中，作文教学的实施过程又从审题、拟题、结构、材料、语言等多个角度进行可操作性设计，并对现象类作文、观点类作文的写作进行详细阐述与教学案例示范。书中还有本人的一些课堂作文教学实录，也可供教师们开展作文教学时参考。

在作文教学过程中，我很想借用理科的一些方法，希望通过简单、实用、逻辑清晰的教学，使学生形成较为规范的写作方式，能开得了脑，动得了笔，下得去手。规范之后再谈作文的个性化等问题，就水到渠成了。这种思考，从某种意义上来说，是来自古人作文的方式，如陆机的《文赋》和刘勰的《文心雕龙》中就有相关的阐述。简而言之，就是“文贵有法”，教亦有法。我努力想传递的是作文需教、作文可教与教必有方。

不过，语文学科的教学毕竟不同于理科教学，其知识的隐性和背景性使得很多“方法”都不具有再现性和复制性。教学之道，是存乎一心的，有时还要看教师自己的知识储备、能力和经验。

但话又说回来，如果一个语文教师长期地在实践中思考、摸索，对学生进行系统的训练，让作文教学走向“常态”，我想，他的作文教学一定会取得好的效果。

朱诵玉

2021年1月8日

目　录

第一章　高中作文教学的现状与思考

从初中到高中，作文教学从记叙文过渡到议论文，情况发生了变化。尽管就写作而言，两者有共通之处，如思维的打开、语言的表达等，但更多的是不同。因为，议论文会更多地涉及审题立意、谋篇布局、逻辑思辨等。议论文写作教什么、怎么教，对于大多数教师来说，都是比较棘手的事。因而，高中作文教学也就常常会出现一些“非常态”的现象。

本章将从作文的命题、批阅和教学过程三个方面来谈谈高中作文教学存在的“非常态”现象，并提出“常态”作文教学的思考。

第一节　作文命题现状与“常态”命题思考

我们曾经对高中语文教师做过一次问卷调查，调查他们对高考作文命题的看法。

问题1：你对近几年的高考作文题（包括其他省市作文题）有何看法？

27份问卷中，回答“重视思辨性”的有18人，回答“贴近生活”的有7人，这些人的回答主要是针对上海的高考作文题。尽管我们在问题设计上已经特别标注“包括其他省市作文题”，但大多数老师还是没有提及其他省市作文题，这从侧面反映出教师们并不太关注或不了解其他省市作文题。回答“有些省市作文题政治性强”的有6人，“有些省市作文题注重任务驱动”的有3人。

设计这个问题，是想对作文命题进行探讨。我们需要命制什么样的作文题——是思辨性的，还是一般认识性的？是关注生活，还是关注社会、关注国家大事？用什么方式命题——是任务驱动式，还是生硬说教式？是设置大段庞杂的材料，还是用精练的语言表达意思？是命题式的，还是材料式的？等等。

一、作文命题存在“非常态”

高考作文题，从某种意义上来说是教学的指挥棒和风向标。高考考了什么样的作文题，学校教师可能就会教什么样的作文题，学生也就会写什么样的作文。由此，各地的模拟题、各校的练习题，在作文命题上都会或多或少地出现一些问题，我们姑且称之为命题的“非常态”。

1.“语文味”不浓

虽然目前对什么是“语文”仍有争议，没有确切的定义，但不管怎么说，语文至少应该包含语言、文字、文章、文学、文化等内容。这里有一点需要辨别的是——作文题中的“道”，或曰思想性。自古有之的“文以载道”“文以传道”“文以明道”等观点（念），在今天仍不过时，这从《课标》语文核心素养中关于“文化传承”的表述就可以看出来。但是，语文毕竟不是政治、历史，如果要在语文学科中进行思想教育，达到文以载道、传道、明道的目的的话，就不应该生硬地将其强加在教学中，而应该润物无声、雁过留痕。然而，近几年的高考作文题中，不少题目都存在着生硬说教的情况，这也违反了《课标》的理念，对“语文”（包括核心素养）的要求不多，或者说不明显。生硬地在作文题中加入爱国、爱劳动、保护环境等内容，试图通过一次考试、一篇作文就达到教育目的，这几乎不可能。语文学科教学应注意立德树人，作文教学更是如此，要想办法做到生动活泼、潜移默化，否则就变成了政治论述题。这是作文命题需要思考的。“语文味”不浓，可以说是作文命题常见的一种“非常态”现象。

2.缺乏写作空间

好的作文题应该尽可能地让学生有话可写，能有发挥的空间。但遗憾的是，很多作文题恰恰把学生给限定住了，只能写某一个内容、某一个方向，如果学生对这个内容不熟悉，就几乎无话可写。请看下面作文题。

阅读下面的材料，根据要求写作。

母亲节这一天，一早打开朋友圈、微博、QQ空间，到处都是祝福母亲节日快乐的，有人晒自己和母亲的照片，有人转发各种母爱伟大的故事等，热闹非凡。这时候你不赶紧表达一下对母亲的感情，都不好意思给别人点赞。

面对网友们向母亲疯狂“示爱”的方式，一半以上的母亲表示并不知情。因此有网友调侃：“什么地方儿女最孝顺？朋友圈！”“你妈知道你在网上这么孝顺吗？”也有不少网友表示：“平时不习惯和父母交流情感，或者不好意思表达感激，用这样的方式说出心里话，也不失为一种好方法。”还有网友认为，比起隔空抒情，能回家给妈妈做顿饭、陪妈妈聊聊天，给妈妈买点实在的礼物，才是表达祝福的更好方式。

以上文字引发了你怎样的思考，请结合材料内容与含意，写一篇议论文，发表你的看法，体现你的思考。

题目用意很明显，让考生思考怎么孝敬母亲（也包括父亲等长辈），教育性很强，“语文味”不浓，同时，范围也很狭窄，对写作者的限定很大，只能写“要用实际行动孝敬母亲”，不能写其他的。如此直白、干脆，很难触发写作者其他的思考和感悟，大多数人的思维都被锁定在一个既定的空间里，无法拓展、思辨。

近些年的高考作文题存在着不少这种现象，像限定写劳动体育，写革命文化，写友情，写未来，写地名文化，写交通违规，内容都限定了，没有给学生思考的空间和发挥的余地，学生又怎么能打开思维去写呢？语文学科核心素养里的“思维”考查又落实于何处呢？

3.脱离学生实际

在谈“脱离学生实际”这个问题前，我们先讨论一下什么是“学生实际”，作文命题要不要“迎合”学生实际。

一个人的生活、工作、学习的环境和他所能接触到的信息构成了他的“实际”，这个“实际”是他所能认知的、理解的。一旦脱离了这个“实际”，他就无法认知、理解了。如果一定要他来谈，说出来的必定是虚假的东西，这就违反了作文要真实的原则，且虚假的东西往往不能打动人，写出来的也就不会是好文章。所以，作文命题应该尽量“迎合”学生实际，这样才能让学生有话可写，不写假话。然而，实际情况可能往往相反，请看下面作文题。

阅读下面的文字，根据要求作文。

有一种观点认为：作家写作时心里要装着读者，多倾听读者的呼声。

另一种看法是：作家写作时应该坚持自己的想法，不为读者所左右。

假如你是创造生活的“作家”，你的生活就成了一部“作品”，那么你将如何对待你的“读者”？根据材料写一篇文章，谈谈你的看法。

这个题目至少是从成年人、中文系毕业的人的角度命制的，讨论“创作”到底是坚持自己还是迎合读者，已经脱离了中学生实际。中学生就是中学生，不是作家，他怎么想象作家在想什么、干什么呢？题目中看起来好像有两种观点可以碰撞，可是对于中学生而言，都是离自己太遥远的事，与自己无关。如果必须写，那么学生只能凭感觉虚构地、虚假地写。

是不是所有的命题都必须“迎合”学生实际呢？倒也不是。虽然没有攀登过珠穆朗玛峰，但不妨碍我们从图片、视频中看到它的宏伟景象；虽然没有到过农村，也不妨碍我们从美妙的诗文中去感受田园风光。可是，如果我们连图片、视频、文字都没有看过，对其一无所知，我们又能有什么真实的感受呢？

4.题目分值过大

这个问题存在已久，引人诟病。目前考试中作文分值达到60分、70分，几乎等同于一门“加三”科目的分值了。分值大，本意是突出作文的重要地位，但是在具体评阅过程中，却存在“高低不打”的情况。总分70分的作文，评阅时60分以上的很少打，总分60分的作文，评阅时50分以上的很少打，而40分或30分以下的也很少打，这样至少有30分失去了评价意义。这种情况一直存在，不是评阅者不想打高分、低分，而是很难打。原因很多，有评阅技术的因素，有评阅者的因素，也有作文本身的因素。因此，这种单一命题、大分值命题的现象，亟待改变。

“语文味”不浓、缺乏写作空间、脱离学生实际、题目分值过大等，是作文命题存在的几种“非常态”现象，需要加以纠正。

二、“常态”作文命题思考

以上分析了命题的“非常态”现象，那么，“常态”的作文命题应该是什么样子的呢？

1.要有“语文味”

关于作文命题，有一点必须要考虑，那就是要考查学生什么能力。

高中作文到底要考查学生什么能力呢？《课标》里有这样一些表述：

①逐步掌握祖国语言文字特点及其运用规律，形成个体言语经验，发展在具体语言情境中正确有效地运用祖国语言文字进行交流沟通的能力。

解析：写作，也是一种表达，是运用语言文字进行的书面表达。

②通过语言运用，获得直觉思维、形象思维、逻辑思维、辩证思维和创造思维的发展，促进深刻性、敏捷性、灵活性、批判性和独创性等思维品质的提升。

解析：写作，可以通过语言的运用来使思维品质得到发展和提升。

③通过审美体验、评价等活动形成正确的审美意识、健康向上的审美情趣与鉴赏品位，并在此过程中逐步掌握表现美、创造美的方法。

解析：写作，可以培养正确的审美意识和健康向上的审美情趣，可以通过写作让学生逐步掌握表现美、创造美的方法。

④继承和弘扬中华优秀传统文化、革命文化、社会主义先进文化。

解析：从某种意义上来说，写作可以考查学生对文化的传承与理解，只不过这是较高层次的考查。

从以上分析来看，作文命题应该考虑语文学科核心素养的四个方面，力争从这四个方面对学生进行考查。如果一次作文命题能综合考查语言、思维、审美、文化这四个方面的核心素养，固然好，但实际上这是不可能的。一次作文命题很难综合考查这四个方面，教师也很难在批阅中兼顾这四个方面，学生更难在一篇文章中将这四个方面都表现得很好。如果我们什么都想考查，可能什么都考查不出来！

那么，我们的作文到底要考查什么呢？从命题的角度来看，重要的是考查学生的思维品质，而语言的运用要放在批阅阶段重点考虑，审美和文化则只能是附带的考查要素。这样的命题才突出了“语文味”。

2.要给写作空间

好的作文题，一定是让学生都有话可写，尽管这很难。那些将作文题的内容设定到某些具体的场景、范围中的做法，就难以达到这个效果。就命题而言，如果能给出较为上位的表述，或能引起广泛认知的内容，就比较好了。

给出上位的表述，就是不要纠结于某个具体的人物、事件（内容），让学生就其现有的知识、认知，可以有话说。请看2018年上海高考作文题。

> 生活中，人们不仅关注自身的需要，也时常渴望被他人需要，以体现自己的价值。这种“被需要”的心态普遍存在，对此你有怎样的认识？请写一篇文章，谈谈你的思考。

就普通人而言，是不是会关注自身需要？是不是时常渴望被他人需要来体现自己的价值？“被需要”的心态是不是普遍存在？正常情况下，都是这样的。那么，绝大部分学生都会有话可写，至于写得好坏，那是另外一回事。如果将这个作文题改成下面这样，有什么不同？

> 生活中，我们常会关注自身的需要，我们要口腹之欲，要衣着之鲜，

要他人之爱，但也常常希望自己能被他人需要，希望自己可以帮老奶奶过马路，帮邻居收衣服，帮爸妈做家务……这是一种普遍存在的“被需要”心态。对此，你怎么看？

改后的题目，没有像原题那样仅给出上位的表述，虽然也是在说“被需要”，但给了太多的具体限制，无法打开学生的思维。

上位表述，可以突出思维的考查，不会让学生陷入不可知的具体内容。至于选择什么内容，是田园风光还是都市风情，是校园生活还是社会交往，则并非命题的重点。

如果题目是一些能引起广泛认知的内容也可以，如2016年上海高考作文题。

随着现代社会的发展，人们的生活更容易进入大众视野，评价他人生活变得越来越常见，这些评价对个人和社会的影响也越来越大。人们对“评价他人的生活”这种现象的看法不尽相同，请写一篇文章，谈谈你对这种现象的思考。

在如今交流高度便捷的情况下，“评价他人的生活”是一种非常普遍的现象，即使是在以前交流不便捷的时期，只要有人就会有“评价他人的生活”这种现象。所以，这个话题，谁都有话可写，是能引起广泛认知的。

3.联系学生实际

作文命题需要“真实情境”，要和学生的实际生活有联系，即使没有直接联系，也要在学生认知范围内。请看2021年浙江高考作文题。

有人把得与失看成终点，有人把得与失看成起点，有人把得与失看成过程。对此，你有怎样的体验与思考？写一篇文章，谈谈自己的看法。

参加高考的学生尽管很年轻，但在其以往短暂的人生历程中，“得与失”一定是与其常相伴的，在其实际生活中时有发生。对“得与失”怎么看，是把它看成起点、终点，还是过程，学生可以联系自己身上发生过的事来写真实的感受。前文提到的“评价他人的生活”，也是如此。

4.改变命题形式

针对作文题分值过大的情况，可从命题形式上做一点变化。我的主张是：拆开分值，变大为小，化一为二。请看2019年北京高考写作题的设置。

本大题共2小题，共60分。

22.微写作（10分）

从下面三个题目中任选一题，按要求写作。

①《呐喊》中哪一篇作品的结尾，令你印象深刻，给你带来启迪？要求：复述大致内容，陈述理由，150字左右。

②在《红岩》《平凡的世界》《老人与海》中，选择一位“内心强大”的人，写出其“内心强大”的表现。要求：写出人物姓名，150字左右。

③在《边城》《红楼梦》中，谁是“心清如水”的人？写一首诗或一段抒情文字赞美他（她）。要求：写出赞美对象的姓名和特点，不超过150字。

23.作文（50分）

从下面两个题目中任选一题，按要求作答。不少于700字。将题目抄在答题卡上。

①“韧性”是指物体柔软坚实、不易折断的性质。中华文明历经风雨，绵延至今，体现出“韧”的精神。回顾漫长的中国历史，每逢关键时刻，这种文明的韧性体现得尤其明显。中华民族的伟大复兴，更需要激发出这种文明的韧性。

请以“文明的韧性”为题，写一篇议论文。可以从中国的历史变迁、思想文化、语言文字、文学艺术、社会生活及中国人的品格等角度，谈谈你的思考。

要求：观点明确，论据充分，论证合理。

②色彩，指颜色；不同的色彩常被赋予不同的意义。2019年，我们隆重纪念五四运动100周年，欢庆共和国70华诞。作为在这个特殊年份

参加高考的学生，你会赋予2019年哪一种色彩，来形象地表达你的感受和认识？

请以“2019的色彩”为题，写一篇记叙文。

要求：思想健康，内容充实，感情真挚，运用记叙、描写和抒情等多种表达方式。

近年来，北京高考写作题一直是由微写作和作文组成，将原先的60分拆成10分和50分。这样就大大提高了得分率，不会发生“一篮子鸡蛋一下子打碎”的情况。

其实，这种微写作加作文的命题形式并不是北京高考的原创，在很早之前的全国语文高考试卷中就已存在。请看1995年高考全国卷作文题。

阅读寓言诗《鸟的评说》，完成32、33题。(60分)

麻雀说燕子
是怕冷的懦夫
燕子说黄鹂
徒有一身美丽的装束
黄鹂说百灵
声音悦耳动机不纯
百灵说最无原则的
要算那鹦鹉
鹦鹉说喜鹊
生就一副奴颜媚骨
喜鹊说苍鹰好高骛远
苍鹰说麻雀寸光鼠目
……

32. 任选诗中的两种鸟，展开想象，以《××与××的对话》为题（例如《麻雀与燕子的对话》《黄鹂与鹦鹉的对话》等），写一个200字左右的对话片段。(20分)

要求：

①对话与《鸟的评说》内容有关，并据此展开想象。

②用对话方式写，不要用概述和转述方式写，不要写成独白或诗歌。

③想象合理，对话内容围绕一个中心。

④可适当描写鸟对话时的神态、心理、动作和口气等。

⑤语言流畅，描写生动，卷面整洁。

33.根据《鸟的评说》，自选角度，自拟题目，联系生活实际，展开议论，写一篇不少于600字的议论文。（40分）

这个写作题设计非常精巧，围绕这一首小诗做文章，既考查了形象思维，也考查了逻辑思维，同时将分值设置成20分和40分，也非常合理，避免阅卷时被“一棍子打死”。20世纪90年代的高考作文，常常就是这种小作文加大作文的命题方式，形式灵活，考查面也广，更科学。请看1991年高考全国卷作文题。

35.老师在黑板上画了一个圆，要求学生写想象作文。他举例说，比如你可以把这个圆想象成一轮满月，然后以满月为重点，再用天幕、云彩、柳梢等作为陪衬，构成一个美丽的画面，再把这个画面用文字描述出来就是想象作文。

圆是可以想象成很多不同的物体的。请你根据这位老师的启发，把这个圆想象成另一个物体，写成一篇200字左右的想象作文。（15分）

要求：①不要再把圆想象成满月进行描写；②以一个圆的想象物作为描写重点，不要以陪衬物作为描写重点；③写成一个画面或一个镜头、一个场景，不要写成故事；④想象合理，形象具体生动；⑤语言确切、连贯，条理清楚。

36.某班开辩论会，一方的观点是“近墨者黑”，一方的观点是“近墨者未必黑”。请你选定一方，写一篇发言稿参加辩论。（35分）

要求：①写成发言稿或议论文都可以；②不少于500字。

近墨者黑／近墨者未必黑（把不选的题目划去）

15分的小作文是描写性的，35分的大作文是议论性的，各自承担的考查任务不一样。

我国台湾省的大学入学考试国文科试卷中的写作题设置也给我们很多思考，它是由看图写作（9分）、文章分析（18分，其实就是综合性论述题）、引导写作（27分，就是作文）组成，共54分。将写作放在三个“篮子”里，形式多样，内容丰富。尤其值得一说的是，“引导写作”才27分，每一分都实实在在。

以上是一些可供借鉴的命题形式，可以综合比较，优选方法，进行命题。

第二节　作文批阅现状与“常态”批阅思考

在调查问卷中，我们还设计了如下问题。

问题2：对于高考作文批阅你有何看法？你一般是怎么批阅作文的？

27份问卷中，只有6位教师提到对高考作文评阅的看法，认为“比平时宽松”，“区分度不够，打中间分”，希望“从容一些”“三批”，“标准还应细化”。由此看来，大多数教师对高考作文的批阅不甚了解，可能是因为没有参加过高考作文批阅。在回答“你一般是怎么批阅作文的”这一问题的时候，答“精批”“面批”“师生批阅相结合”“讲批一致”“修改”“写详细评语”的有9人，这些回答侧重作文批阅的外在形式，注重批阅形式的多样化；回答“按高考标准”“注意立意、思路结构”的有21人，这是从作文本身谈自己的评阅标准。

设计这个问题主要是想了解教师们对作文批阅的认知。作文批阅向来是个难点。其实，我们更想知道的是教师是采用何种形式批阅作文的。

由问卷调查结果和平时的教学实践观察来看，作文批阅一直存在着较为明显的“非常态”的问题，这些问题可以说是“顽疾”，多年来并没有得到很好的解决。本节内容将从作文批阅的“非常态”现状及“常态”批阅方法思考展开。

一、作文批阅存在“非常态”

作文批阅分为两种情况：一种是考场作文批阅，另一种是平时作文批阅，两种情况下存在的“非常态”问题有所不同。

首先说说考场作文批阅。经过多年的探索和研究，高考作文的批阅逐渐建立了比较完善的评分标准，如表1所示。

表1　全国高考作文等级评分标准

等级划分		一等（16~20分）	二等（11~15分）	三等（6~10分）	四等（0~5分）
基础等级	内容（20分）	符合题意	符合题意	基本符合题意	偏离题意
		中心突出	主题明确	中心基本明确	中心不明确
		内容充实	内容较充实	内容单薄	内容不当
		思想健康	思想健康	思想基本健康	思想不健康
		感情真挚	感情真实	感情基本真实	感情虚假
	表达（20分）	符合文体要求	符合文体要求	基本符合文体要求	不符合文体要求
		结构严谨	结构完整	结构基本完整	结构混乱
		语言流畅	语言通顺	语言基本通顺	语言不通顺，语病多
		字迹工整	字迹清楚	字迹基本清楚	字迹潦草难辨
发展等级	特征（20分）	深刻	较深刻	略显深刻	个别语句有深意
		丰富	较丰富	略显丰富	个别例子较好
		有文采	较有文采	略显文采	个别语句较精彩
		有创意	较有创意	略显创意	个别地方有深意

表1是全国高考作文等级评分标准，全国高考作文满分为60分。此表将作文的评判分成两大等级（基础等级、发展等级）、三个方面（内容、表达、特征）、四个分数等级段（一等、二等、三等、四等）。整体来看，制定者采用量化的方式，向科学阅卷迈进了一大步。

上海高考作文阅卷评分，按照五类划分作文等级，每类又分为上、中、下三个层次：一类卷（63~70分），分为一类上（68~70分），一类中（65~67分），一类下（63~64分）；二类卷（52~62分），分为二类上（59~62分），二类中（55~58分），二类下（52~54分）；三类卷（39~51分），分为三类上

（48~51分），三类中（44~47分），三类下（39~43分）；四类卷（21~38分），分为四类上（30~38分），四类中（25~29分），四类下（21~24分）；五类卷（20分以下）。评阅时从审题、立意、内容、结构、语言、创新等角度进行区分，尤其强调文章的逻辑层次。

有了这样的评分标准，是不是就能评出合理的分数呢？并不一定。阅卷者的水平、责任心、身心状态等因素以及外在因素（天气、进度等）都会影响着作文的评判。有些因素难以在短时间内解决，如阅卷者的水平、对评分标准的把握；有些因素看起来好解决，其实一直备受质疑，如阅卷进度问题。赶进度必然会或多或少地影响评判的公正性，作文评分会逐渐趋同，为保险起见（完成工作量、提高有效卷数量），阅卷者会多给中间分数，这样就会出现“两头少中间多”的情况，即高分和低分少，中间分多。如此，即使采用两评再加上仲裁的方式，也很难避免趋同。平时作文批阅的“非常态”主要表现在以下几个方面：

第一，批阅不及时。由于一位教师往往教两个班，一次写作训练就有几十甚至上百篇作文，每篇作文约八百字，共计约有六七万字。这么多字，即使只看一遍，也要花不少时间，何况还要仔细阅读，给出旁批和总评呢？所以，教师要么拖很长时间才批阅完，要么只能简单几句话总评、给个分数或等级。

第二，批阅方式不尽合理。在调查问卷中，有教师提到了“面批”，面批的效果确实较好，但是无法做到每个人或每一次都面批，那样工作量太大了。有的教师采用“互批”的方式，但这也只能偶尔为之。大多数时候，都是教师自己批阅后，再整体讲评，这样针对性往往就不够好。

第三，批阅标准比较随意。尽管有高考作文评阅标准，但是在平时的作文批阅中，很少有教师完全执行，大多数时候，还是凭着自己的感觉批阅，长此以往，无法形成良好的作文批阅习惯，也无法形成科学的批阅方法。

二、作文“常态”批阅思考

如何让作文批阅“常态”化呢？针对上文提及的问题，结合作文教学实践做一些简单的思考。

第一，继续研究并完善作文批阅标准。在现有标准的基础上，组织专家、优秀教师进行深入、广泛的研讨，使作文批阅标准更加科学合理。比如全国和上海高考作文批阅标准里都经常出现“基本符合题意”“基本符合材料”，这个“基本”怎么掌握？能不能量化？等等。

第二，加强对教师的培训。常言道，一千个读者眼里有一千个哈姆雷特。批阅一篇作文，不同的人往往有不同的看法。但是，既然要打分，就必须有一个标准，且所有批阅的人都要认同这个标准，并能很好地执行这个标准。因此，要加强对阅卷教师的培训，培训其如何理解阅卷标准，如何尽可能做到和大多数人保持一致，如何判断一篇文章的好坏。阅卷教师只有统一批阅标准、提高批阅水平，才能尽量减少评阅误差。

第三，提高平时作文批阅的效率。在不能减少班级的情况下，教师需要加快工作节奏，提高工作效率。比如，假定一个教师教两个班，每个班有两节课连堂用来写作文。可以用一节半课（60分钟）让学生完成作文，剩下半节课（20分钟）直接进行面批（其他学生自修或安排其他学习任务），这样至少能批阅完成10篇。接下来的两节课，另外一个班写作文的同时，教师可以批阅完成前一个班的作文，接着剩下的半节课，又可以面批10篇，这样只剩下约30篇作文，就可以在当天迅速完成批阅。如此为之，第二天就可以讲评作文了。趁热打铁效果好，如果拖延一周甚至更长时间都没有完成作文批阅，等到讲评作文的时候，可能连学生自己都忘了写的是什么内容了。

第四，在平时作文批阅方式上，主要还是采用教师详批、面批的方式，至于学生互批、自批可偶尔为之。

第五，在平时作文的批阅时要尽量参照高考的评分标准，也可以结合学生的个体情况给予适当的鼓励、批评，以端正其写作态度，调动其写作的兴趣。

第三节　作文教学现状与“常态”教学思考

高中作文的教学一直是语文教学中的一大难题。在问卷中，我们设计了以下两个问题。

问题3：你觉得高中作文教学最难的是什么？

27份问卷中，回答“教会写作思路和逻辑架构”的有14人，回答“帮助学生积累素材、使用素材”的有8人，回答“指导学生审题立意”的有8人，回答“如何形成作文教学序列”的有5人，回答“帮助学生改善语言”的有2人，回答“提高作文兴趣”的有1人，回答“提高学生成绩”的有1人。

设计这个问题，目的是了解当下高中语文教师在作文教学中遇到的困难。从答案来看，难点基本集中在作文的结构（逻辑性）、审题、作文教学序列、语言等方面，和我们的预想基本一致。其中，教师们感觉最难的就是如何让学生建立好的作文结构，其实就是如何提升学生的逻辑思维能力。

问题4：你平时是怎么教作文的？

27份问卷中，回答“指导审题”的有12人，回答“模仿”“学习范文”“让作文好的学生谈经验”“跟着教材、课文练”的有10人，回答“结构训练”的有7人，回答“摘抄、阅读积累”的有6人，回答“讲练结合”“讲评”的有6人，回答“写提纲”的有5人，回答“思维训练”的有3人，回答“修改”“反复修改”的有3人，回答“做好作文教学规划”的有2人，回答“下水作文”的有1人。

设计这个问题，目的是了解当下高中语文教师是如何教作文的。不出所料，和我们平时听课、调研所了解到的情况基本一致。教师们喜欢带领学生、帮助学生审题，让学生“模仿”“摘抄”也是普遍现象，真正进行“思维训练”“反复修改”“做好作文教学规划”的则比较少，其实，这恰恰是作文教学的重点。

一、作文教学存在“非常态”

根据以上问卷调查结果，我们大体上可以梳理出高中作文教学存在的一些问题：作文教学缺少序列（整体规划）；作文教学中难以教会学生建立逻辑架构；教师教学生写作文的方法单一，主要是采用模仿的方式；教师一味强调阅读摘抄。

1.没有整体规划的零打碎敲

没有整体规划可能是高中作文教学最根本、最严重的问题。因为没有整体规划，教师就会临时起意、零打碎敲，想起来什么就讲什么；而学生对作文没有整体的清晰认识，很难从根本上掌握文章的写作方法。最后的结果就是，高中三年，教师改了不少作文、讲了不少作文，学生也写了不少作文，但进入高考考场，学生还是不会写作文。很多教师也都有这样的经历：这篇作文详细地讲评了，换一个作文题，哪怕是很相似的，学生又不会写了。

2.没有恰当方法的一味模仿

“书读百遍，其义自见”，“熟读唐诗三百首，不会吟诗也会吟”，说的是熟能生巧，很多知识是可以通过模仿来学习、掌握的。这话没有错，但是持这种观点的人忽略了两点：一是有些人本身就具备“模仿”的条件和能力，当然可以通过“熟读”的方式来掌握、领悟，但是大多数人可能不具备这个能力；二是这种方式需要耗费大量的时间，在如今学校多门学科教学和全面发展的现实情况下，效率过低，另外，这样做教师的“教”的作用又体现在哪里呢？

3.不懂逻辑分析的生搬硬套

这个也是作文教学中存在的一个大问题——很多语文教师不懂逻辑！在多次公开课中，我们发现，不少语文教师的逻辑混乱，教学设计不严谨，教学过程的前后环节也没有合理的联系。这种不懂逻辑的问题，反映在作文教学中，就是教师往往看不出一篇文章的结构到底哪里出现问题了，一个段落内的论述是否有前后的逻辑问题，自然也就不能准确地讲清楚学生作文的优点与不足了。

4.强调阅读摘抄的原始蛮力

基于“多读就能写好”的认知，很多人包括教师及一些和作文教学不相干的人都认为，要写好作文就一定要读书、读很多书。这话既对也不对。说它对，那是因为，如果肚子里没“货”，怎么往外倒呢？可是，不知道大家有没有想过，读了真的就会写吗？如果真是这样，那么有些人读了很多书，为什么也没写出来什么好文章呢？这是因为阅读和写作是两个概念，不构成必然的对等关系。多阅读和会写作之间还有很多步骤需要去完成，如阅读什么？如何阅读？阅读后留下哪些有利于写作的内容？这些内容和你即将要写的文章怎么建立联系？等等。这些问题得不到解决，阅读再多的书也没用。如果一个语文教师一味强调要阅读，强调蛮力摘抄，而不知道怎么让学生将阅读和写作建立联系，那么他和一般人有何区别？语文教师的专业性又体现在哪里呢？

我们把这些问题统称为高中作文教学的“非常态”。在这种“非常态”的作文教学之下，经过三年时间，学生的作文仍是“惨不忍睹”——审题总是出错，结构没有逻辑，论证没有方法，语言干瘪俗套……学生缺乏独立的思考，不会辩证地分析问题，不能提出自己的见解，等等，不一而足。

二、“常态”作文教学思考

如何开展高中“常态”作文教学呢？这里先作简要的阐述，具体做法后文详细展开。

1.教学观念需要改变

首先，教师要清醒认识到乱教不如不教。如果教师自己都没有搞清楚写作是什么，就不要轻易教学生写作文。在没有整体规划、没有找到有效方法的情况下，教师还是需要先做一点准备。

其次，教师要认识到学生的作文是需要教的，不教是不作为。要对高中三年的作文教学做整体的规划，每个阶段的作文教学要有鲜明的主题，具体的作文教学要有科学有效的方法。

2.教学做法需要改变

首先，要让学生在思维上有大改变。要预先做一些思维训练，也要让学生有序、有目的地做好积累，还要想办法让学生将积累的东西活学活用。

其次，要让学生在写作上有真方法。教学生如何审题、拟题，如何谋篇布局，如何运用材料，如何训练语言，如何临场发挥等，要有切实有效的方法。

思维的训练、审题拟题的方法、结构的逻辑推进、材料的合理运用、语言的巧妙提升、批阅讲评、分类教学等，都是“常态”作文教学要研究的内容，后文将作详细、深入的探讨。

第二章　高中“常态”作文教学的规划与准备

高中“常态”作文教学强调教师要有三年的整体规划，并在这整体规划之下，根据具体情况对每一学年的作文教学有所侧重。同时，教师在刚开始教议论文的时候，要注意对学生进行思维训练，还要在阅读与写作的方法上给予学生科学的指导，在作文批阅与修改的方法上要形成有效且连续的做法。

本章将从高中“常态”作文教学的规划与准备两个方面对高中议论文教学展开探讨，其中高中作文教学三年的整体规划，包括高一的阅读与积累、高二的规范与操练、高三的特色与突破等的具体思考与操作；高中作文教学的准备，包括思维的训练准备和方法的统整准备。

第一节　高中“常态”作文教学的规划

高中阶段的作文教学不是要教出高水平的出类拔萃的写作者，而是要根据《课标》的要求，教会学生写规范的议论文，以及训练其逻辑思维。这样来理解高中作文教学，实践起来就容易得多，目标明确，效果也就会好很多。

如何在高中三年教会学生写好规范的议论文，并使其逻辑思维得到一定的锻炼与提升呢？教师应该从高一开始，做好三年的“常态”作文教学规划。

一、高一：教师指导下的阅读与积累

高一，对于学生来说，是一个新的开始。高一的学习没有高二、高三那么紧张，这是一个时间相对充裕、可以有所作为的阶段。所以，教师可以有计划地开展一些阅读活动，为作文教学做准备。

首先，要采用多种阅读形式，以激发学生的阅读兴趣，从而提高阅读的

效果。阅读形式应当立体化、多角度、全方位，包含课堂专门阅读、图书馆阅读、课后阅读（一日之余、一周之余、学期之余）等。

课堂专门阅读，要留出完整的课时来开展，每周固定时间。在开展课堂专门阅读时要指定具体内容，采取多种方式，预先做好计划。下面举一例。

> 内容：《每周阅读计划》（这是我曾经给学生用过的一本书的名字）。
>
> 方式：事先指定其中的某一篇目，由某学生（可轮流）精读并设计几个相关的问题；课堂上同学们集体阅读，而后由“某学生”提问，其他学生回答，“某学生”给出评价，最后教师参与，对学生的回答给予肯定、补充或者纠正；课后整理，将印象最深的词句或阅读心得写在每周随笔里，再交由教师评阅。按此步骤轮流开展。

课堂专门阅读进行一段时间（一个月或一个学期）后，可以做一次总结，为下一步的阅读做规划，如改变形式、重新选择阅读材料等。

再如，图书馆阅读。

> 内容：不限。
>
> 方式：每周一次，或每两周一次（与课堂专门阅读交替进行）；教师带领学生到图书馆，学生可随机选择书籍（可以事先确定目标）；阅读时必须带笔和本子，将自己喜欢的、受到触动的句子摘抄下来，在周末的随笔里要有体现。

开展图书馆阅读要注意几点：一是刚开始的时候可以不规定阅读内容，学生只要读完就可以了；二是进行一段时间后，由教师指定内容，以便深入阅读；三是摘抄的内容一定要让学生写进作文里。

再如，课后阅读。这是一个大工程，既要有指定内容，也要有过程控制，还要有结果反馈。教师在一个学期内或更长时间里，要对学生课后阅读进行指导，规范阅读行为。什么时候读哪一本书，是集体读同一本书，还是各人读不同的书，或是小组读同一本书，等等；读的过程中，教师、小组负责人

（有小组的话）怎么控制进度、选择方式等；读了之后怎么反馈，是集体反馈还是个别反馈，是口头汇报还是书面总结，都要做好规划。

课堂专门阅读、图书馆阅读、课后阅读等多种阅读形式，可以激发学生的阅读兴趣，提高学生的阅读水平，由此进一步开展深入的阅读活动。

其次，开展丰富多彩的活动来增强阅读效果，提高写作能力。

（1）好书推荐活动。教师精选文情并茂、故事性强的作品，推荐给学生，让学生利用课余时间完成相关的阅读。推荐阅读书目可以有林语堂的《苏东坡传》、梁启超的《王安石传》、冯至的《杜甫传》、莫言的《我们的荆轲》、王充闾的《读文人》和《中国人——品中国历史人物》、梁衡的《梁衡散文》、余秋雨的《余秋雨散文》，以及四大名著等古典小说等，并附说明，要求同学们从所给书目中至少选取一本，坚持每天读一点，若原先读过，则应再细读、深读。

（2）读书交流活动。在阅读的基础上开展午间读书交流、专题读书交流会等活动。午间读书交流活动可利用午休时间，由专人负责安排，按四人一组开展，介绍最近的读书情况。专题读书交流会一般可安排在开学初，以检测寒暑假的读书情况。学生每人事先准备好介绍内容，抽签确定介绍顺序。

暑期读书交流会安排

同学们在暑期统一阅读了王充闾所写的《中国人——品中国历史人物》或《读文人》，现利用班会课时间进行暑期读书情况交流活动。具体安排如下：

（1）四人一小组，在班会课进行20分钟左右的交流。

（2）每组以抽签形式决定所要介绍的人物。

（3）介绍的内容可以是文章内容梗概、文章精彩部分赏析、文章相关知识、文章主旨、艺术手法，以及自己的阅读感悟等。

（4）适合介绍的人物：

《中国人——品中国历史人物》：庄子、刘邦、骆宾王、唐玄奘、赵匡胤、苏轼、陆游、李清照、成吉思汗。

《读文人》：庄子、左思、骆宾王、王勃、李白、白居易、元稹、李贺、欧阳修、苏轼、陆游、朱熹、汤显祖、袁枚。

(3) 摘抄仿写活动。仿写活动分为两种情况，一种是课文学习中遇到好的文章，对文章片段进行仿写。如学习沈从文的《边城》之后，教师可以布置模仿课文开头部分写随笔的任务。刘文珺同学是土家人，老家在湖南，仿写起来就特别有味道。

由张家界到桃源县去，中间路过一个小县城，名为慈利，而在那小小的地图上只是标示了一个点的慈利县边，又有着一个连标记都没有的小山村，取名为岩泊渡。村里有一户人家，几个儿女都进城闯荡去了，只有一个孙女和老人相伴，哦，还有一只白狗。这户人家的前头有一淙小溪，不深，也不宽，清澈见底。溪旁有一小平台，每天清晨，小姑娘总是搬着一个装满衣服的盆子，脚步轻盈地来到溪边洗衣，而那白狗也乖巧地跟在后头，直到那平台停下，懒散地趴在地上，等着那扎着麻花辫的小主人。附近的邻居每每见到这个场景，都会和善地笑笑：“红儿，又来洗衣服啦?”(刘文珺《岩泊渡》)

另外一种是专门布置的摘抄仿写活动，由学生自己在周末完成。随笔的内容是将本周阅读过程中看到的精彩片段摘抄下来，然后模仿着写一段。

摘抄（王小宇）：

有时是在市声沸天、市尘弥地的台北街头，有时是在拥挤而又落寞的公共汽车站，有时是在异国旅舍中凭窗而望，有时是在扼腕奋臂、抚胸欲狂的大痛之际，我总会想起那座山。

仿写（王小宇）：

有时，是在人声鼎沸、灯红酒绿的外滩，来往的行人步履匆匆，却极少有谁驻足细听江水拍岸的声音；有时，是在幽深寂寥的小巷，青色的瓦映着雪白的墙，青苔攀上石阶，那阶上的纹路也有着岁月的痕迹；有时，是在家中凭窗而望，窗外的梧桐已悄然长高，才感叹时间的尾巴都不曾被我抓住。

（4）课文拓写活动。结合课堂学习内容，以随笔的形式写一写自己的认识和感受。比如，《说数》一课教学结束后，安排学生写一首小诗，用语文的手段解释数学的知识或表达对数学的理解和热爱。学生也能写出一些不错的小诗。

《解析几何》（胡啸）：

宛若你的名字/你将世间的一切/化作了代数的组合/纷繁尘世/你看破它的本质/无限时空/你写尽它的故事/你是如此轻松地看待这个世界/只因一切/都可以被你描述

《零》（林瀚）：

起点、终结/交错于一点/诞生、幻灭/分割入两面/在混沌中点缀一处绝对/由永恒处引出万千可能

其他如学习毛泽东的《沁园春·长沙》后，布置写关于毛泽东诗词特点及其成因的随笔；学习归有光的《项脊轩志》后，布置写生活琐事反映真情的片段；学习汪曾祺的《胡同文化》后，布置描写上海弄堂的随笔；等等。这些结合课文的随笔均可取得很好的效果。

（5）课文提炼活动。将课文中出现的带有典型意义的人物和事件，提炼出来作为写作素材。如在学习《关汉卿》《别了，哥哥》后，让学生分别用一句话和一段话来概括关汉卿、殷夫的主要事迹。请看下面的随笔。

《关汉卿》

句：关汉卿不畏豪强势力，毅然创作《窦娥冤》，伸张正义。

段：关汉卿心系百姓，关心民间疾苦，通过创作与豪强酷吏做斗争，替百姓喊出了许多有口难言的话。《窦娥冤》便是其抗争的代表作品，直至今日仍令人读来颇为动容。

《别了，哥哥》

句：殷夫本可以借哥哥获得高官厚禄，但他最终选择了革命，选择了真理，与哥哥诀别。

段：殷夫作为国民党高级官员的弟弟，完全可以靠着哥哥过上无忧无虑的生活。可是他有理想，有热情，有对祖国的满腔热血，他宁可与最亲近的哥哥诀别，也要坚持真理，踏上布满荆棘的革命征程，决心同阶级敌人顽强抗争。

再如：学习于是之的《幼学记事》，要求根据课文内容写"于是之小传"；学习莫泊桑的《项链》，要求对课文内容进行压缩，分别论述"爱慕虚荣要不得""生活具有偶然性""做人要讲诚信"，从不同的角度来锻炼提炼素材的能力；等等。

课文内容的提炼，是就地取材，活学活用，用随笔的形式对作文素材的积累和素材表达进行训练。

（6）专题写作活动。为了积累写作素材，教师还可单独布置写一些小专题随笔，如校园一角描写，感恩节书信，爱国事例选写，励志故事选写，等等，从不同角度训练写景、叙事、议论的能力。

作家叶兆言先生来校做讲座。于是，我利用这个机会开展了一次全面的"读—写—听—写"的练笔活动。首先，将全班分成四个小组，一个小组写叶兆言简介，一个小组写叶圣陶简介，一个小组写叶兆言作品赏析，一个小组写叶圣陶作品赏析。然后，准备讲座时提问互动。讲座后，安排学生写讲座心得。这是一次比较成功的专题写作活动。

（7）自由写作活动。学生可以自己确定主题，自由写随笔。学生写起来可谓百花齐放，各具特色，教师批阅起来也是惊喜不断。如《书到用时方恨少》（李天）、《假如我是一只蝶》（袁浩宸）、《窗外的芭蕉树》（虞若昀）、《观越剧》（薛天一）、《匆匆那个月》（王小宇）、《偷得浮生半日闲》（王欣怡）、

《最美是乡音》（娄瑜婕）、《一蓑烟雨任平生》（唐心怡）、《城市文字》（杨佳琪）、《与庄子对话》（郝淑华）等等。从这些随笔的题目就可见其内容的丰富多彩了。

（8）文集编制活动。教师可以将学生的随笔汇聚起来，编印成文集。成立编写小组，收集文章，排版校对，印刷成书，收藏阅读。编写文集有利于激发学生的写作热情，多年来，我们先后编印过《水杉树》《后岸箫声》《鸿弋》《芭蕉》等多本学生文集。

总之，高一是阅读积累的好时机，但是阅读积累要在教师有计划的安排与指导下进行，不能随便读读、写写。

二、高二：教师教导下的规范与操练

经过高一一年的阅读与积累之后，在高二的时候应当进行规范性写作训练，即按照语法、写作技巧及文体的有关要求对学生进行循序渐进的写作训练。规范性写作包含三个方面：语言表达规范、写作技巧规范、文体规范。

首先说说语言表达规范。学生作文在语言表达上常常存在很多不规范问题，典型的有以下几种。

一是错别字。错别字在作文中出现的频率比较高，梳理2017年至2019年三年上海高考考场作文可以发现，以下汉字容易混淆、错写：

循—寻　绝—决　驻—住　鼎—顶　清—青　即—既　既—即
做—作　艰—坚　致—至　嘛—吗　流—留　躁—燥　尽—境
费—废（2017年）
砺—励　材—才　须—需　辨—辩　记—计　付—负　味—昧
藉—籍　浑—混　尝—偿　幅—副　绚—炫　粹—瘁　博—搏
尤—犹（2018年）
到—道　树—竖　故—固　地—的　得—地　地—得　蓦—暮
与—于　于—与　诃—柯　才—材　制—致　世—事　个—各
再—在　生—身　身—生　反—返　它—他　和—合　哪—那
必—毕　对—队　分—份　力—历（2019年）

上面各组中，前面一个字是正确的，后面一个字是写错的。那些手误写错的、不常见的错误，我们就没有统计了。有的错别字反复出现，如"故""固"，"的""地""得"，"和""合"，"于""与"，"循""寻"，"犹""尤"等，互相之间混用。写错字的原因当然有多种，其中最重要的原因是考生对词语的意义和用法不了解，如"的""地""得"，考生不知道它们的语法功能；"既"和"即"，考生不知道它们的意义。

二是故意使用偏僻词语、文言词语，甚至是生造词语。如网上流出的2020年浙江高考优秀作文《生活在树上》，文中出现"嚆矢""振翮""孜孜矻矻""玉墀""婞直"等很多难读、难认、难懂的词语，违背了高考作文"语言表达要流畅"这一要求。还有些考生生造词语，让人读起来不知所云。更有甚者，有些考生还大量使用网络语言。这些都违反了《课标》关于要使用规范的现代汉语来表达的要求，是需要杜绝的。

三是语病。作文中有语病的句子比比皆是，下面这些病句，是从高考作文里选取的。

①首先是对之的认识。（文言词语"之"乱用入现代汉语中，常见的还有"其"）

②规律性的认知总是在我们对于众多新事物时最好的使用工具。（句式杂糅，句义混乱）

③在感受其他音乐的同时，实则是对不同事物的认识、感受不同之处，进行比较与思考。（缺少主语，句式杂糅）

④这也是为什么如今我们行事前会关照前人经验以求更好地认识事物的原因。（句式杂糅）

⑤不如说是生来使然人所具有的一种本性。（成分残缺或赘余）

语病产生的原因有很多种，不懂语法是根本原因，还有一个重要原因是使用了长句子，导致句式杂糅、语义混乱。请看下面这个句子。

⑥随着社交媒体、互联网的迅速发展，刺激了"评价他人的生活"

这一现象的滋长。

考生把自己心里所想的话一股脑儿地说出来，不懂得用短句子表达，也不懂语法，所以出现了语病，其实，只要删掉“随着”一词就可以了。上面的③④两句也是类似的情况。

四是标点符号乱用、错用。最常见的是引号、书名号、冒号、逗号等的乱用、错用。请看下面两个例子。

①司汤达苦心孤诣创作的“红与黑”只售出36本。（“红与黑”应是《红与黑》）

②大多数人心中涌起的一个念头是“这个问题我可以解决。”（引用内容是句子的成分，句号应该在引号外面）

其实，标点符号的误用、乱用，甚至不用，已经成为当下语言表达的一种常见现象，反映在作文中也是如此。

语言表达是作文的基础，写对字，用对词，造好句，才有可能写出好作文。因此，必须落实语言表达基础知识的学习，规范语言表达。针对错别字、用词不规范、标点符号乱用、病句等情况，重点还是要强化语文基础知识的学习。例如，平时加强汉字构造知识的教学，教学生辨别字形，从源头上让学生了解汉字字形；训练词义辨别的能力，教学生辨析词语、使用词语的方法；讲解标点符号的知识和使用规范；讲解常见语病的种类，并教学生辨别语病的方法；也可以将这些内容综合起来学习。有关这方面的文章、书籍比较多，各种训练试题、训练方法也比较多，此处不赘述。

写作技能与技巧规范包括解题的规范、拟题的规范、结构的规范、材料的规范、语言的规范等，具体将在后文重点阐述。

最后简单说一说文体规范。高考作文从21世纪开始，除了不让写诗歌外，逐渐不再限制文体，这给学生很大的发挥空间。学生可以根据自己的特长选择写记叙文或议论文。但是，不限制文体，不是文体不分。学生作文中常常出现文体不分的情况，不少教师还美其名曰“夹叙夹议”，这就大错特错了。考生在写作时一旦选定了文体，就要按照该文体的基本要求来写。这一点，在作文教学中是特别需要强调的。

学习了作文的规范，接下来就是按照“规范”进行合理训练了。

三、高三：教师引导下的特色与突破

高三的作文教学目标要确定为：学生能根据自己高一的阅读积累和高二的规范训练，形成自己的写作特色。当然，这是针对那些积累很好且已经掌握了作文规范的同学来说的。如果在规范方面做得不够好，那就继续训练，以写稳为主；如果已经做得不错了，那就力争再上台阶，写出有自己个性特色的作文来。

我鼓励学生在结构上保持基本的稳定，在立意上力争深刻，在材料上力争丰富，在语言上力争个性。

关于结构，建议不求新、不求巧，而是求稳、求严谨。怎么开头，怎么结尾，怎么起承转合，要写得清清楚楚，让人看得明明白白。如果这些都能做得很好，再加上一些前后照应即可。一句话，结构上不建议求新、求突破。

关于立意，强调以自己的眼观察，以自己的脑思考。一方面向大处写，关心国家、社会，乃至全人类；一方面向小处写，挖掘自己的内心深处，发掘人类普遍的心理，写出自己独到的看法。

关于材料，注重收集身边的人、事，捕捉社会热点，关注国家大事。在作文中巧妙使用这些别人可能没关注到的素材。在素材的使用上也要注意切入角度，加以选择提炼。

关于语言，特别强调语言的个性化，最好能形成自己的语言风格。

以上内容，本书第五、六、七章有详细阐述，这里就不展开了。

当然，各人有各人的特点，各人有各人的习惯与追求，只要写出鲜活的、有特色的、有个性的作文就行。这是高三作文教学的目标与追求，也可以看作作文升格的要求。对于大多数学生来说，这个要求恐怕还是难以达到的。

第二节　高中“常态”作文教学的准备

在进行高中“常态”作文教学之前，有些准备工作还是要做的。如前文提到的，相关语法知识的教学，就应该有所安排。同时，还要进行一定的思维训练和方法的统整。

一、思维的训练

思维的训练是一个复杂的工程，目的不同，方法也多样，就写作而言，它是十分重要的。思维打不开，文章写不下去；没有活跃的思维，也无法建立好的文章结构。那么，如何进行思维训练呢？

在多年的作文教学实践中，我发现这样一个现象：不管教师讲评多少篇作文，学生每拿到一道作文题，仍然是不知道写什么、怎么写。不少教师和学生将这种情况归结为积累少，没有材料储备，其实，其根本原因在于思维没有打开——面对作文题，胡思乱想，没有方向。思维的打开，需要一定的“规范化”，就是说，要有一定的思维方向。东想一下，西想一下，是无法建立写作的逻辑结构的。

举例来说，如果描写一个人，一定会涉及这个人的外貌、语言、动作、心理，以及这个人做过哪些事情，下一步，就是选择写这个人外貌中的服饰衣着还是长相，是独白还是对话，动作有什么特点，心理有什么活动，不然还写什么呢？既然这样，在写这个人的时候，还要去胡思乱想什么呢？按照这个思路写下去就可以了。

写景，总是逃不了时间和空间这两个维度。例如，要写“窗外的那棵树”，从时间的角度，可以写树的过去——种子落地、生根、发芽、生长等等，树的现在——成长、树干、绿叶、形状等等，树的将来——开花、结果、繁衍、死亡等等。另外，还可以写早晨、正午、傍晚树的情况，春夏秋冬树的情况，等等。从空间的角度，可以写从楼上看见的树、从楼下看见的树，从远处看见的树、从近处看见的树等。按照这个思路去写景，不是很便捷吗？哪里还要胡思乱想？

这就是思维的规范化。必须强调的是，提倡思维的规范化不是让思维僵化，而是让思维有方向。犹如解一道关于直角三角形的数学题，第一时间想到的必然是勾股定理，而不是去胡思乱想其他的什么定理、公式。

在教学生写作文之前，可以适当地进行思维规范化的训练，以帮助学生快速打开思维，进入写作状态。下面是一个打开思维的引导训练案例，可以参照使用。

全班思考一个有趣的问题：树上有十只鸟，开枪打死一只，还剩几只？

（学生回答，答案只有两种：九只；一只也没有了。这就是思维受到了局限。教师引导）

师：如果是无声手枪或别的无声的枪呢？

生：树上还有九只。

师：如果不是无声的枪，那枪声有多大才会惊动其他的鸟呢？

生：（讨论枪声分贝）

师：在这个城市里打鸟犯不犯法？

生：（讨论能不能打）

师：确定那只鸟真的被打死啦？

生：（打死是一种答案，没打死是另外一种答案）

师：树上的鸟里有没有“聋子”？

生：（有“聋子”是一种答案，没“聋子”是另外一种答案）

师：有没有关在笼子里的？

生：（有鸟关在笼子里和没有答案不同）

师：边上还有没有其他的树，树上还有没有其他鸟？（拓展一下）

生：（有和没有情形不同）

师：有没有残疾的或饿得飞不动的鸟？（再拓展一下）

生：（有和没有情形不同）

师：有没有傻得不怕死的鸟？

生：（有和没有又是两种情况）

师：会不会一枪打死两只鸟？（考虑特殊情况）

生：（怎样才会一枪打死两只鸟？如果一枪打死两只鸟情形又不同了）

以上是教师提出思考方向，学生沿着教师的提问思考，由此训练思维拓展，为下面作文思维的打开做准备。请看下面案例。

要求：用文字描述李兵在饭后吃菠萝的情景。

师：请用一句话简略地写出李兵在饭后吃菠萝的情景。

（众生写——展示——）

吃完饭后，李兵拿起桌上的菠萝吃起来。

师：细致一些，想想是如何吃的，吃时的表情和动作。

（众生写——展示——）

吃完饭后，李兵一把拿起桌上的菠萝张开大嘴狼吞虎咽地吃起来，边吃边说："真好吃啊！"不一会工夫，几块菠萝就不见踪影了。

师：再细致一些，想想他是如何想起吃菠萝的，如何洗的，如何切的，过程中与他人的对话等。

（众生写——展示——）

饭后，李兵对妈妈说："妈，你今天炒的青椒肉丝很好吃，就是太咸了点，我现在直想喝水。"边说边拿起桌子上的杯子咕咚、咕咚喝起来。妈妈一听，忙说："哎哟！你这一说我才想起来，早晨去市场买菜时，看到菠萝很新鲜，就买了两个，我现在给你去洗洗泡上，待会吃吧。"

李兵听到"菠萝"二字早已急得不行，对妈妈说："不用泡了吧，直接吃也可以，味道差不多。"妈妈说："不行，泡好了再吃。"

李兵便来到客厅打开电视看起来。妈妈从厨房出来，对李兵说："得等20分钟才能吃，别着急。"

大约20分钟后，妈妈拿出菠萝，切成小块，放进盘子里，端到客厅。

李兵看见了，立刻跳起来，伸手抓起一块菠萝塞到了嘴里，大口大口地吃起来。

师：从思维角度看还能够进一步细化，细化什么呢？

生：（讨论，交流）这个家里还有其他人吗？如果有的话，他在干什么，说了些什么？李兵一直老老实实在等着吃菠萝吗？吃的过程中会不会发生其他事情？吃完菠萝之后又怎么样呢？

（众生写——展示——）

饭后，李兵对妈妈说：“妈，你今天炒的青椒肉丝很好吃，就是太咸了点，我现在直想喝水。”边说边拿起桌子上的杯子咕咚、咕咚喝起来。

旁边的爸爸接过话说：“儿子，你总算把真话说出来了，这半天了我是敢怒不敢言，来，给我也倒杯水。你妈妈这是‘好厨子一把盐’啊。”

妈妈一听，忙说：“哎哟！你这一说我才想起来，早晨去市场买菜时，看到菠萝很新鲜，就买了两个，我现在给你们去洗洗泡上，待会吃吧。”

李兵跟妈妈来到厨房说：“不用泡了吧，直接吃也可以。”说着话伸手就要去拿菠萝。

妈妈一把拦住说：“不行，泡好了再吃，去去去，快出去。”边说边伸出手往外推李兵。

李兵来到了客厅坐在沙发上，边往厨房看边打开电视。这时妈妈从厨房出来看着李兵边走边说：“得等20分钟才能吃。”

李兵虽然眼睛看着电视，可心里还是惦记着菠萝，拿着遥控器不停地找台，胡乱换台，不觉心中想出一条妙计——偷吃，想到此心中一乐，不禁面露喜色。随即他装着一副若无其事的样子，慢慢向厨房走去。

眼看就要进厨房门了，不料爸爸此时突然冒出一句话来：“偷地雷的来了。”妈妈听到此话一回头发现了李兵，虎着脸伸手就拦住他说：“不能吃，再等等。”李兵无奈地悻悻而去。

爸爸端着一杯茶过来对李兵说：“来，喝杯茶。”李兵没精打采地说：“不渴。”爸爸坐下来拿过遥控器，也对着电视机开始找台。“哎！咱们看足球。”爸爸看着李兵说道。李兵这才稍有了点精神，看起了电视。

妈妈在厨房洗碗收拾，正忙着，一转身发现李兵正在端着盛菠萝的盘子往外走，就大声喊道："时间还没到哪，急什么！"

李兵头也不回地说："到了，我刚看的表，刚才是18分，现在是38分，刚好是你说的20分钟。"说话的工夫，伸手抓起一块菠萝塞到了嘴里，吃起来。

李兵来到沙发前，边吃边兴奋地问爸爸："现在几比几了？"爸爸说："没变。"李兵说："那刚才是几比几？"爸爸说："刚才你不也看了嘛，你不知道几比几啊？"说着爸爸笑了起来道："噢！刚才看着电视心里惦记着菠萝呢。"

李兵不好意思地笑着说："爸爸，这一块给你吃。"这父子俩看着电视谈论着足球，很快吃完了两个菠萝。

这是将一句话扩展成一段话，再扩展成一篇文章，这个不断扩展的过程其实就是思维打开的过程。之后，可以进行一些实践训练，让学生慢慢掌握思维打开的基本方法。请看下面这个训练实例。

阅读下面一首小诗，按要求作文。

假如你不够快乐/也不要把眉头深锁/人生本来短暂/为什么/还要栽培苦涩

打开尘封的门窗/让阳光雨露洒遍每个角落/走向生命的原野/让风儿熨平前额

博大可以稀释忧愁/深色能够覆盖浅色

——汪国真《假如你不够快乐》

这首小诗引发了你怎样的感受？请联系生活实际写一篇作文。

先解题（人活着要快乐），然后拟题（让快乐围绕在你身边或者打开心扉，快乐相随），最后带领学生一起打开思路。

第一步：采集。让学生说出做哪些事感到快乐，教师写在黑板上。（学生说出的有：做家务，学习，听音乐，看书，旅游，购物，和朋友在一起，全家去看电影，等等）

第二步：提炼。把写在黑板上的关于快乐的事归类——走近自然，倾听自然的声音，虫鸣鸟唱，小溪潺潺；走近书本，与古人对话，与他们交流；走近朋友，向朋友吐露心声，与他们互诉衷肠；走近亲人，寻求慰藉，寻求帮助。

第三步：泡开。按照第二步提炼出来的几个思路，再具体详细地列举一些事例，使文段充实。

最后，我们就可以很快构思出如下作文提纲：

假如你不够快乐，请你走进自然里，与自然相拥。……

假如你不够快乐，请你走进朋友中，与朋友相携。……

假如你不够快乐，请你走进书房里，与书本对话。……

…… ……

与自然相拥，倾听那清脆的鸟鸣，潺潺的流水；纵目青山碧水，大地蓝天，……

与朋友相携，谈天说地，漫步校园，……

与书本对话，走进陶渊明的悠闲，走进李白的洒脱，走进杜甫的忧国忧民，……

…… ……

拥有美景、良友、好书，难道您还会不快乐吗？

多做一做这样的训练，学生会慢慢理解并掌握思维打开的方法。作文思维打开的训练，不是给学生讲思维的科学知识，而是带领学生做一些有趣的、有意义的实践训练，这样，作文课才不会枯燥，才会有效果。

二、方法的统整

在开始高中作文教学之前，首先要在作文的教学方法上做整体考虑，包括阅读的方法、写作的方法、批阅的方法、修改的方法等。

第一是阅读的方法。阅读是为了积累，只知道读不行，还要知道读什么，怎么读，怎么有效检查。这一点，在本章第一节中已经有比较具体的阐述。

第二是写作的方法。要将阅读、摘抄的东西在作文里加以有效运用。比如，最开始可以采取强制性使用的方法，规定在作文中一定要用到最近摘抄的内容等，长期坚持，就会形成阅读—摘抄—运用的习惯。作文的训练不一定都是写整篇作文，也可以写片段。或将整体规划分解成具体片段，在一段时间内写一种内容的片段，过一段时间换一种内容的片段，长期写下去，就会有很多的片段，这些片段训练就是写作文的基础。关键是要规划好，什么时间写什么片段，什么时间写整篇作文。

第三是批阅的方法。怎么批阅一篇作文呢？要从审题、结构、论述、语言等去判断，可以采用旁批和总评的形式，也可以采用互批和面批等形式，不管采用什么形式，都是以提高学生作文水平为主要目标，且要提前做好规划。

第四是修改的方法。建议在高一开始写作文的时候，就强制性地推行作文的一改、二改、三改，要让学生形成“作文越改越好”的意识，并乐于不断修改，进而主动修改作文。下面说一个关于“一稿三改”的故事。

2010年12月27日，我批改到一篇作文，题目叫《那个破屋子》，是戴敏同学写的。大概意思是一个患绝症的女孩偶然看到路边卖梳子的老奶奶，在和她交往中，受到感染重新振作的故事。从写作的角度来讲，素材还可以，只是文章有很多不妥的地方，大到故事结构安排，小到环境描写、人物语言等，都有不合理的地方，但这是一篇值得修改的文章。于是我当面提出了修改意见，并希望她回家修改。下面是原稿。

那个破屋子

“医生，最近我头疼的次数越来越少了，这是不是就意味着……”

“是的，恭喜你，李小姐。你脑中的瘤奇迹般的不见了。刚刚看了你的检查结果，一切正常。像你这种不治而愈的情况，是医学界很少有的啊。这真是个奇迹！”

“你不是说尽量要保持乐观坚强的心态吗？这有利于病情的好转。”

“的确，但是若想在这种生死关头还保持良好的心态是很困难的，你是怎样做到的？”

“我真的有一种轻生的念头了，直到有一天我在路上看到……”

那是一个冬天的下午，虽然有一丝阳光，但依旧寒冷彻骨，再加上病情的折磨，她几乎快要放弃生命了。她漫不经心地走着，看到一个衣衫褴褛的老奶奶坐在地上，蜷缩成一团。心想，又是一个骗子，不要搭理她。正准备完全忽略老奶奶的存在时，突然想到，我都是一个将死之人，又何必如此斤斤计较呢。骗子又如何？钱最终我也是带不走的呀。于是她从口袋里掏出100元放在了老奶奶面前。

“100元？孩子，你要买多少把梳子？”她从口袋里拿出5把桃木梳子。

“你卖梳子？”她顿时感到内疚。老奶奶是在靠自己的劳动赚钱，她不是在乞讨。

“老奶奶，那我就买一把梳子吧，剩下的钱你留着自己用吧。”

“那谢谢你呀，小姑娘，你真是个好人。反正我也要回家了，要不你去我家坐坐。”

“那也行。”于是她就跟着老奶奶回家了。

她呆住了！这是房子吗？这能住人吗？屋外破旧不堪。走到屋内，房顶居然还有一个大窟窿。

“孙子，快来招呼招呼这个姐姐。”

一个七八来岁的小男孩放下扫帚过来向她打招呼：“姐姐你好，欢迎你来我家。”

“小朋友，你今天不上学吗？”

“上学？我没有上过学，只是看过其他小朋友上学。”

“你不上学，那你爸爸妈妈呢？他们能同意吗？”她惊讶地问。

“我爸爸妈妈在一年前出车祸去世了，只剩下我和奶奶两个人。奶奶每天都要出去卖梳子，我就在家干活。”小男孩满怀忧伤地说。

这个年纪，他应该像其他孩子一样坐在教室里听老师们讲课，在爸爸妈妈的怀里撒娇，过着无忧无虑的日子，可是他却比大人还要成熟，似乎早已经历沧桑。

她对这个家庭，对这个男孩充满了同情，还有敬佩。他们是如此坚强地活着，于是她不自觉地把自己的事情说了出来。

“小朋友，你真坚强，不像姐姐。姐姐头脑里长了一个东西，不久就会死去，想要乐观地、勇敢地走完剩下的路都没法做到，我真的很痛苦。”她说着说着就哭了出来。

小男孩似懂非懂地看着她，然后跑进里屋，端出来一盆小仙人掌：“姐姐，你是不是说你已经没法再快乐地活下去了？虽然我听不大懂，但是，我能感觉到你的难受，姐姐不要哭，我送你一盆仙人掌。”

“送我仙人掌？为什么？”

“妈妈以前对我说，仙人掌是一种非常顽强的植物，它生长在土里，不用浇水就可以存活。妈妈让我向它学习，不管遇到什么困难都要顽强。姐姐，现在你好像有困难了，我把仙人掌送给你，你也要坚强啊。”

“这是你妈妈留给你的，我怎么能要呢？”她推辞道。

“没关系，姐姐，这盆仙人掌让我和奶奶变得坚强了，它也一定会让你坚强起来的。”

“是啊，孩子你就收下吧。”老奶奶布满皱纹的脸上露出丝丝微笑。

她没有再拒绝了，接过这盆仙人掌，她似乎看到了勇气和希望。

回到家，她把仙人掌放在家里最醒目的地方，久久地沉思着。从那以后，每当她看到仙人掌就会想起那个老奶奶和男孩。对，她要好好地活着，不管是只有一天，还是一个月。她开始从事自己喜爱的工作，当一名摄影师，走遍各个地方，拍摄各种关于希望和生命的照片，还时常带着许多东西去看望那间破屋子里给了她坚强的人。就这样，她活了一个月、两个月，一年、两年。

“医生，是那个老奶奶和小弟弟教会了我，要勇敢地面对一切。他们对生命充满希望，坚强地面对困难，就像仙人掌一样。或许生命永恒的意义就是活下去，亘古不变的方式就是坚强吧！只有做到这一点才能笑对人生！”

这篇作文，我给的评价是“素材很好，但没写好”，并指出了几个有问题的地方，就没过多评价了。谁料想，第二天一早，戴敏同学就将修改后的作文拿给我看。我看她这么积极认真，于是帮她一处一处详细地修改，并当面指出优点和不足。值得一提的是，这篇文章的题目，她原来用的是“那个破屋子”，后改成“那一间破屋子”，我将其改成“生命的启迪”，她觉得不好，我们讨论后，决定用“那间破屋”。之后，她根据我提的修改意见，再次做了修改，拿给我看。我又提了一些修改意见。第四天，她又将修改好了的作文稿给我，下面就是三改稿。

那间破屋

秋天的傍晚，夕阳的余晖洒满整个大地，习习的秋风肆意吹来。她独自一人漫不经心地走在街边。

无意中，她看见了在离她不远的地上坐着一个老奶奶，蜷缩着，穿着一件洗得发白的夹袄，上面的补丁依稀可见，身边放着一个破竹篮，略有一些泛黄。她心想，又是一个乞丐，说不定还是一个骗子。她不予理会，从老奶奶身边走过。

“姑娘，买把梳子吧。”从她身后传来低沉而沙哑的声音。她转过身，老奶奶伸出干枯的手，递上了一把梳子。这梳子上显然有了些白色斑点。

她怔住了！原来不是乞丐。她有点羞愧，从口袋里掏出100元递给了老奶奶。

“100元？孩子，你要买多少把梳子？”她朝篮子里望了望，偌大的篮子里，不过也就十来把梳子。

“老奶奶，我就买一把梳子，剩下的钱，你就留着自己用吧。”

“那怎么行？一把梳子就两块钱。我不能占你的便宜。”老奶奶将女孩的手推了回去。

“这是我心甘情愿的，你就收下吧，至少让我觉得，现在的自己还能做些什么。”她一把拿过了梳子，并将100元钱塞在了老奶奶的手里。那手凉得彻骨。

“真是谢谢你，小姑娘。你真是个好人！反正我也要回家了，我家就住在附近，要不，你去我家坐坐？”老奶奶那皱巴巴的瘦脸上，露出了一丝丝微笑。

“不用了，不用了，我要回去了。”她推辞着，准备转身就走。老奶奶按住自己的脚，缓慢地用尽全身力气站了起来，手上的青筋凸起。她一把拉住了女孩的手：“走走走，去我家坐坐。”

“那……好吧。”她想，反正自己有的是时间，就跟着老奶奶回家了。

“咯吱……”她赶紧把推门的手缩了回来，然后小心翼翼地跟着老奶奶走了进去。在一片狼藉之中，一盆小小的仙人掌绿意盎然，格外突出。她无意地抬起头，屋顶上竟然有一个大窟窿。

“孙子哎，家里来客人了，快出来招呼招呼。”一个七八岁的男孩从屋里走了出来，脸上瘦削不堪，黄中带黑。男孩的眼睛直直地盯着她，却又有些闪躲。

“姐姐好……”

“小朋友，你怎么会在家里？今天不上学吗？”

“他哪还上什么学呀，他爹妈早在一年前就出车祸去世了，抛下我们祖孙俩相依为命。我白天在外面卖梳子，他就在家中干点活，能吃饱肚子就不错了。”老奶奶一边整理着杂物，一边对她说，语气是那么淡然。

“出车祸？”她很惊讶，转而又不由地感叹起来。她想到了自己。世事就是这么无常，灾难从天而降，防不胜防，自己得了这么重的病，不久也将离开人世。想到这里，她哭了。

“小姑娘，你还这么年轻，而且心肠又好，老天爷一定会保佑你的。像我这个老家伙，老天爷都挺照顾我的，能让我们祖孙俩相依为命，能填饱肚子，我真的很开心。既然活着，我们就一定要好好活下去，没有过不去的坎。”

小男孩蹑手蹑脚地走到她面前：“姐姐，你可以教我写字吗？”他伸出小手，手里攥着一张发黄的纸和半截铅笔。

她擦了擦眼泪说：“好啊，当然可以了。”

她先一笔一画地教男孩写自己的名字——陈希，然后又教了他一些简单的汉字。

美好的时光总是匆匆，她该走了。

秋天的夜空泛着点点星光，没有月亮的晚上，星星却格外明亮。她独自一个人走着，眼前不断浮现那间破屋，步伐渐渐地轻快了。对！活着，就一定要好好活下去。

她开始从事自己喜爱的工作——当一名摄影师，走遍各个地方，拍摄各种关于希望与生命的照片，她还时常带着许多东西去看望那间破屋里给了她启迪的人。

就这样，她活了一个月、两个月，一年、两年……

这次作文修改历时一个星期，改了三次，无论是故事的逻辑性和文章的结构，都基本合理了，语言更是准确、恰当了。在修改的过程中，师生之间不断交流，共同研究，最后定稿。学生也积极配合，兴趣盎然，在此过程中得到了很好的锻炼。

第三章　作文审题的“常态”教学

审好题是写好作文的前提，因而，做好作文审题的“常态”教学就显得尤为重要。不同的作文题型，在审题方法上也不一样，命题作文强调对给定的标题进行句法成分分析，材料作文的审题则更强调的是读懂、读准材料的内容，理清材料内部各句子之间的关系，找出重点，确定立意。如何教会学生审题，是作文教学面临的一道难关。

本章分析了作文教与学的实践过程中存在的审题“非常态”现象，并就命题作文、材料作文如何开展审题与教学进行了分类讨论。

第一节　作文审题的“常态”教学概述

“审题”是高中生写作的一大难题，也是教师在进行作文教学时的一大难题。

“审”是仔细思考，反复分析推究，弄明白，也有“慎重”的意思。“审题”就是反复研究题目，弄明白题目的意思。准确把握命题者想要考查什么，才知道自己要写什么。如果审题不对，那么文章的立意就不对，即使结构再好，语言再美，也没用。审题之重要性可见一斑。

在作文教与学的实践中都存在着审题的“非常态”现象。

一方面，从学生的角度来说，学生不会审题，通常连题目所给的材料内容、要求条件都没看懂，就开始写了起来。学生不会审题的根本原因是阅读理解能力差，抓不住材料中的信息重点。

另一方面，从教师的角度来说，几乎所有的教师都认为审题很重要——这一点从问卷调查结果中可以看出。作文教学的公开课，教师们大多喜欢选择教“审题”，平时的作文课，教师们讲得最多的也是审题，但作文审题的教学效果并不好，表现有二：一是这次教了一道作文题的审题，下次换一道作文题，学生还是不会；二是教师在教的时候就是不对的，或者说，没有抓住审题的肯綮。不少教师认为审题就是要抓“关键词”，抓“转折词”，这往往导致一叶障目，不见整体。请看2019年上海高考作文题。

> 倾听了不同国家的音乐，接触了不同风格的异域音调，我由此对音乐的“中国味”有了更深刻的感受，从而更有意识地去寻找“中国味”。
>
> 这段话可以启发人们如何去认识事物。请写一篇文章，谈谈你对上述材料的思考和感悟。

当年高考，这道作文题一出现，高三教师们都很担心：学生审不好题怎么办？因为这道作文题不同以往，平时也没有练习过。“要写‘中国味’”“上海的高考作文题是‘中国味’”，一时间议论纷纷。不少教师心里也七上八下、惴惴不安，认为“中国味”是关键词，要写“音乐”的“中国味”。有不少考生大写特写“中国味”，更有甚者，某省的一位特级教师还写了一篇下水作文大谈特谈“中国味”，网上还出现一篇谈“中国味”的所谓的“满分作文”。大众不会审题就罢了，连语文教师都审错题或担心自己审题不对（不符合高考评阅要求），那就有问题了。下面来分析这道题目。

这道作文题目可以分成两部分：

> 【引导材料】倾听了不同国家的音乐，接触了不同风格的异域音调，我由此对音乐的“中国味”有了更深刻的感受，从而更有意识地去寻找“中国味”。
>
> 【写作要求】这段话可以启发人们如何去认识事物。请写一篇文章，谈谈你对上述材料的思考和感悟。

“引导材料”是一段话，主要谈的是音乐和中国味。但这并不代表命题者要考生写音乐的中国味，大多数考生也不是研究音乐和中国味的。这道题目里“写作要求”的特别之处在于，不仅有“请写一篇文章，谈谈你对上述材料的思考和感悟”这样的套话，还有“这段话可以启发人们如何去认识事物”这样关键的话，而这句话中的“如何去认识事物”才是关键中的关键。由此反观，“音乐”“中国味”顶多是举例，“如何去认识事物”才是写作的重点。

可惜的是，有的考生虽然已经明白了这一点，但立意还是不对，为什么？他们选择的立意有多角度认识事物，认识事物需要实践，认识事物需要博观约取、见多识广，要多元认识、全面认识、理性认识，要打开眼界，要抓住本质认识，要学会寻找，要由浅入深、由表及里，要有独立思想，等等。写这些的考生都忽略了一个重要的信息——引导材料。对“引导材料”进行语法划分，如下：

倾听了不同国家的音乐，|||（并列）接触了不同风格的异域音调，||（因果）我由此对音乐的“中国味”有了更深刻的感受，|（递进）从而更有意识地去寻找“中国味”。

“倾听了不同国家的音乐，接触了不同风格的异域音调”这两个小句子是并列关系，是命题者对这种情况的列举，审题的时候可以合并起来，放在一起看。“我由此对音乐的‘中国味’有了更深刻的感受”，是“倾听”和“接触”的结果。这里隐藏着一个信息：倾听的、接触的是“非中国味”，也就是“外国味”，正因为倾听、接触了“外国味”，才更深刻地感受到了“中国味”。最后一句递进一层——主动寻找“中国味”，这里的“中国味”不一定就是音乐，也不应该只是音乐，可以是其他的，如绘画、建筑、诗歌、饮食等等，这样才贴近“中国味”这个词的内涵和外延。如此一来，就可以看出，对“中国味”有更深刻的感受是因为倾听了、接触了“外国味”，和“外国味”进行了对比，这之后才有意识地寻找“中国味”。那些立意为多角度、实践、全面认识、抓住本质的考生，都没有读懂“引导材料”。

对于材料作文来说，“写作要求”是写作的基本内容，“引导材料”是写作的方向。然而，很多教师将审题的重点放在“引导材料”上却又不明白“引导材料”的作用，不能真正理解“引导材料”的意思，从而导致审题不准。

我曾在教学中让学生做过这样一个小测试——请说出"他头脑清楚"的主语，结果大多数学生都说是"他头脑"。因为在他们的潜意识里，一眼看去，和"清楚"搭配的可不就是"头脑"！我接着又问了一个问题——"他的头脑清楚"，这句话的主语是什么呢？学生们一脸茫然——如果是"他的头脑"，那么多出来的"的"不就没用了？其实，"他头脑清楚"的主语是"他"，"头脑清楚"是主谓短语作谓语；而"他的头脑清楚"，主语是"他的头脑"，谓语是形容词"清楚"。

这个小测试说明一个问题：学生不会语法，不懂语法。我们也很少在课堂上看到教师讲解现代汉语语法。如此，必然影响作文的审题。

学生不会审题，教师不会教审题，或者说教得不得法，这是作文审题"非常态"的重要表现。

那么，"常态"的审题应该是什么样的呢？

第一，整体阅读作文题给出的所有内容，包括命题作文的题目、材料作文的材料及写作要求，获得总体的印象。

第二，要仔细分析命题作文所给题目的语法结构，确定写作重点；要仔细研读材料中的每句话，并且辨析清楚句子间的语法关系，不要放过一句话、一个字，甚至一个标点符号。

第三，仔细阅读写作要求。"写作要求"中除去关于字数、写作者信息等的表述之外，还有对所给内容的思考、认识方面的表述；要弄清楚作文类型，是命题作文、话题作文，还是材料作文。有少数作文题的"写作要求"比较特别，要格外注意，如2019年上海高考作文题中的"这段话可以启发人们如何去认识事物"，这恰恰是写作的重点。

作文审题的"常态"教学，应该是在正确分析作文题目和作文材料、正确理解作文要求的基础上进行的作文审题教学，而不是像有些教师教给学生的"抓关键词"。

下面两节内容将从命题作文审题的"常态"教学和材料作文审题的"常态"教学两个方面展开详细的阐述。

第二节　命题作文审题的“常态”教学

作文题型一般有命题作文（包括半命题作文，高中很少涉及）、话题作文、材料作文（包括文字材料和图画材料）等几种。不同题型的作文题目在审题的教学方式上有所不同。

命题作文，是给定了标题的作文。标题一般是一个词，或一个短语，或一个短句。

命题作文教学，关键在于教会学生对标题进行语法结构分析，借以判断标题的重点，并辅之以相应的方法，准确审题、立意。

一、开展必要的语法教学

虽然现在的语文教学不强调语法教学，但并不是说在语文教学中不用教语法，相反，懂得现代汉语语法，既有利于阅读也有利于写作。因此对学生进行一定的语法知识教学是有必要的。就审题而言，基本的主谓宾定状补知识和简单的复句知识，教师还是需要讲一讲。句子成分知识如图1所示。

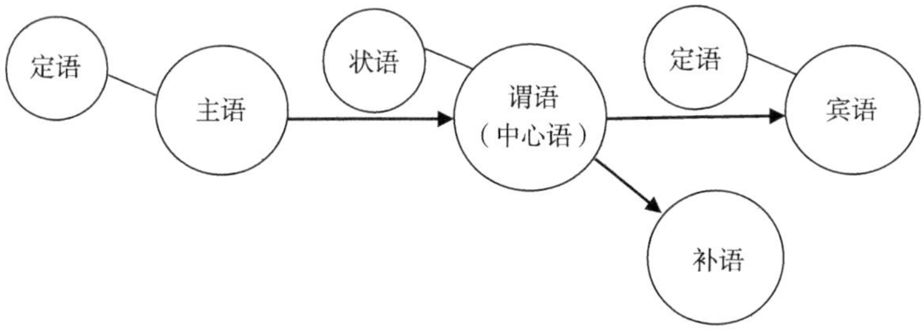

图1　句子成分示意

学生也可以记忆语法口诀：主谓宾定状补，主干枝叶分清楚，定语常居主宾前，谓前为状谓后补。教师要和学生讲清楚，谓语后面的不一定都是宾语，也可能是补语。不同的语法成分所起的作用不一样，进而使得整个句子（短语）的意思也不一样。

材料作文审题涉及复句的知识。由几个简单的句子构成的语法结构较为复杂的句子，叫复句。理解复句最为关键的是弄清楚复句内部的关系。复句一般有并列复句、顺承复句、解说复句、选择复句、递进复句、条件复句、假设复句、因果复句、目的复句、转折复句等类型，各类型一般有自己标志性的关联词语，如因果复句一般会有“因为……所以”等关联词，转折复句一般有“虽然……但是”等关联词。弄清楚这些知识有利于辨析材料中各句子之间的关系，从而抓住重点，准确立意。

掌握一些基本的语法知识，有利于分析题目的语法结构，抓住题目的重点，不至于偏题。

二、教授一定的审题方法

对命题作文进行审题时，可以采用语法分析的方法。请看2007年上海高考作文题。

以“必须跨过这道坎”为题，写一篇文章。

从语法的角度来分析，这是一个非主谓句，主语省略了，可以补上“你”“我”“班级”“国家”等主语。“跨过”是谓语中心语，是重点，但是前面有“必须”这个词作为状语进行修饰，“必须”说明还没跨过。“这道坎”是宾语，可以将其虚化为“困难”等。就审题来说，“必须跨过”是关键之处。

语法分析在于厘清题目内部的语法关系，抓住标题的重点，保证审题准确、写作方向正确。再看2006年上海高考作文题。

以“我想握住你的手”为题，写一篇文章。

“我想握住你的手”主谓宾齐全。“我”是主语，但是写作的时候，“我”可以虚化，不一定就是指考生自己，可以是某类人、某个群体、某个国家等，相应的，“你”也跟着虚化为对应的人或物。“想”是谓语中心语，说明还没有行动（握住），“握住你的手”是“想”的宾语。仔细分析这道题目，有些隐藏的东西需要写出来——现在还没有握住，为什么想握住，等。

语法分析是审题的基础，在此基础上，还可以采取一些其他的补充方式来审题，如类比方式审题。请看2008年安徽高考作文题。

请以“带着感动出发”为题，写一篇不少于800字的文章。

2008年5月12日，汶川发生了大地震。于是，很多同学将写作的重点放在“感动”上，写地震中让人感动的故事。这显然是不对的。从语法结构的角度来看，“带着感动出发”是状中关系，“带着感动”是动宾短语作状语，“出发”是中心语，才是写作的重点。如果看不明白的话，我们可以造个句子进行类比：

背着书包上学。

如果“背着书包上学”是作文标题，重点是写“书包”还是写“上学”呢，很显然是写“上学”。如此，“带着感动出发”当然重点就是写“出发”了，在感动之后，自己也要行动。

要注意，有一种给出引导材料的命题作文，在审题的时候，不仅要分析所给标题的语法结构，还要注意分析引导材料。请看2008年江苏高考作文题。

有些人只是在童年有过好奇心，有些人一生都能保持好奇心。质疑、发现、智慧、高尚、惊喜、快乐、烦恼、平庸……这中间的每个词都有可能像影子一样跟在好奇心的后面。

请以“好奇心”为题，写一篇不少于800字的文章。

第一段是引导材料，第二段是标题和写作要求，这有点像新材料作文。虽然，是要写“好奇心”，但审题时也要注意分析引导材料。引导材料分两个部分，前半部分侧重于说“好奇心”常与人相伴，后半部分给出很多词语，实则是引导写作方向，可以综合选择几个词来写。

下面说说话题作文。话题作文盛行于21世纪初，话题作文所给出的话题有点类似于命题作文的题目，不过话题作文在写作要求上相对宽松一点，写作上的限制也相对小一些。话题作文的审题可以参照命题作文的审题方法。请看2003年全国高考作文题。

> 宋国有个富人，一天大雨，把他家的墙淋坏了。他儿子说："不修好，一定会有人来偷窃。"邻居家的一位老人也这样说。晚上富人家里果然丢失了很多东西。富人觉得他儿子很聪明，而怀疑是邻居家老人偷的。
>
> 以上是《韩非子》中的一个寓言。直到今天，我们仍然可以在现实生活中听到类似的故事；但是，也常见到许多不同的甚至相反的情况。我们在认识事物和处理问题的时候，感情上的亲疏远近和对事物认知的正误深浅有没有关系呢？是什么关系呢？请就"感情亲疏和对事物的认知"这个话题写一篇文章。

"感情亲疏和对事物的认知"是写作的话题，从理论上来说，只要围绕着这个话题来写就可以了。但作文题目中给了不少引导材料，这些引导材料是引导写作方向的。一是背景材料，就是"智子疑邻"的故事；二是话题前的引导，将写作方向引导到话题上去。"常见到许多不同的甚至相反的情况""感情上的亲疏远近和对事物认知的正误深浅"，这两句话要特别关注。对话题"感情亲疏和对事物的认知"的分析如图2所示：

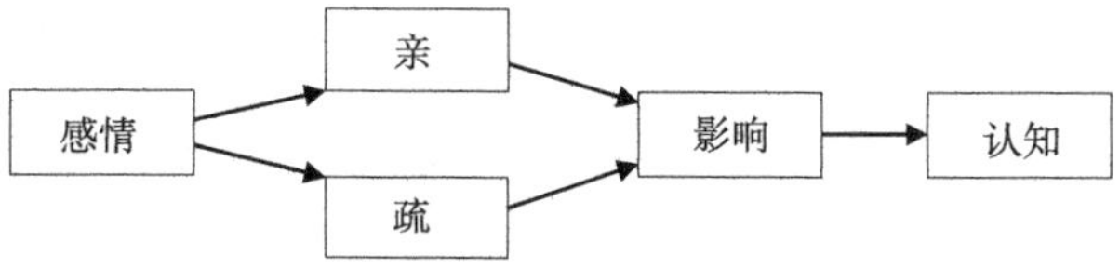

图2　话题分析

"感情亲疏"和"对事物的认知"构成因果关系，这个话题可拆成两个部分，即感情亲影响对事物的认知，感情疏也影响对事物的认知，综合起来就是感情影响认知，作文要写的就是"感情"和"认知"的关系。

三、进行相应的审题训练

懂不一定会，要想会，还要多加训练。恰当的训练有助于提高学生对学习内容的掌握，训练可以作为课后练习开展，也可以在课堂上师生一起开展——可能效果更好，教师可以一边讲一边展示思维过程，供学生模仿，只是这样对教师的要求比较高。以下提供一些教学方法，以资参照。

1.语法教学活动

教师讲解相关的语法知识，具体可以参照黄伯荣、廖序东的《现代汉语》，但是要注意教学的度，不要将语法讲得太复杂。

2.命题作文审题教学活动

教师按照上文所述内容，讲清楚命题作文审题的知识要点，为接下来的活动做准备。

3.课堂审题教学活动

①给出作文题目；②小组运用所学的审题知识交流讨论；③记录讨论内容，确定写作重点和写作方向；④小组代表发言，其他小组纠正或补充；⑤全班交流，教师总结。

4.课后审题练习活动

教师提供作文题目，让学生以练习的形式独立完成，教师批阅、讲评。

下面给出一些题目，以供训练使用。

（1）题目：请以“父辈”为题写一篇作文。

审题：这是一个偏正关系的词语，意即父亲那一代人，所以应写群体而非个人。具体写作时，可以通过父亲来写他那一辈人。

（2）题目：请以“要学会关心别人”为题写一篇作文。

审题：这是动宾关系，“要学会”是动词短语，“关心别人”是宾语，重点应从“要学会”的角度去写“关心别人”。

（3）题目：（1999年上海高考作文题）阅读下面文字，以“‘回声’的启示”为题，写一篇700～800字的文章。

回　声

有一个小孩子，不知道回声是什么东西。有一次，他独自站在旷野，大声叫道：“喂！喂！”附近小山立即反射出他的回声：“喂！喂！”他又叫：“你是谁？”回声答道：“你是谁？”他又尖声大叫：“你是蠢材！”立刻又从山上传来“蠢材”的回答声。孩子十分愤怒，向小山骂起来，然而，小山仍旧毫不客气地回敬他。孩子回家后对母亲诉说，母亲对他说：“孩子呀，那是你做得不对。如果你和和气气地对它说，它就会和和气气地对待你。其实，世上许多事情都是这样的啊！”

审题：题目给出的材料是寓言故事，蕴含如何与人、与外界相处的道理——你怎么对别人，别人就会怎么对你。虽然是命题作文，但这段寓言材料影响着写作立意的方向，寓言中所包含的道理就是“启示”的大致内容。

（4）题目：（2008年上海高考作文题）平常大家关注更多的也许是“我们”，如果把视线转向“他们”，你会看到什么，又会想到什么？请以“他们”为题，写一篇文章。

审题：题目只有简单的两个字——他们。所以，要先界定“他们”是谁。可以是某些你熟悉或不熟悉的人，但一定是某一个群体，而且是大家平时很少关注的某个群体。有一点要注意，那就是“他们”是“我们”眼中的“他们”。

（5）题目：请以“相信自己与听取他人意见”为话题写一篇作文。

审题：“相信自己”与“听取他人意见”是并列关系，应两者并提，不可偏于一方面，既要写“相信自己”，也要写“听取他人意见”，最好能辨析两者之间的关系。

（6）题目：请以“春来草自青”为话题写一篇作文。

审题：春来、草青是自然现象，“自”字要注意，说明事物的发展是按照规律进行的，水到渠成，由此去解析这道题目包含的隐喻意义，可由自然现象写到社会现象。

（7）题目：（1999年高考全国卷作文题）随着人体器官移植获得越来越多的成功，科学家又对记忆移植进行了研究。据报载，国外有些科学家在小动物身上移植记忆已获得成功。他们的研究表明：进入大脑的信息经过编码贮存在一种化学物质里，转移这种化学物质，记忆便也随之转移。当然，人的记忆移植要比动物复杂得多，也许永远不会成功，但也有科学家相信，将来是能够做到的。假如人的记忆可以移植的话，它将引发你想些什么呢？

请以“假如记忆可以移植”为作文内容的范围，写一篇文章。

注意：写作时可以大胆想象，内容只要与“假如记忆可以移植”有关就符合要求，具体的角度和写法也可以多种多样，比如编述故事，发表见解，展望前景，等等；题目自拟；除诗歌外，其他文体不限；不少于800字。

审题：这是话题作文，所给的材料只是介绍关于记忆移植的背景知识的，没有过多的限制和引导作用，只要围绕着“假如记忆可以移植”来写即可。

命题作文审题的“常态”教学应该做到以下几点：

第一，教授学生一些简单的语法知识，引导其学会运用语法知识来分析作文题目的语法结构；

第二，在掌握一定的语法知识的基础上，结合一些其他可用的方法，如类比法等，进行审题；

第三，即使是命题作文，教学中也要注意教会学生梳理、分析相关的

“引导材料”“背景材料”；

第四，进行必要的审题训练，以巩固教学内容，熟练掌握命题作文的审题方法。

第三节　材料作文审题的“常态”教学

材料作文，从命题的角度来说，就是给材料的作文题；从写作者的角度来说，就是围绕着所给的材料写作文。材料作文的材料从内容上一般分为图画、图表材料和文字材料，文字材料又可分为一般文字、格言警句、诗歌（纯粹的一首诗，不是材料里有诗句）等；从形式上又分为单则材料、多则材料等。

一、材料作文的几种类型

高考中一般较少见到图画、图表材料，也较少见到格言、诗歌材料，比较常见的是一般性的文字材料，对其进行细分，大致可以分为以下几种情况（说明：不按照统一的逻辑标准分类，只是按照作文题目最突出的特征来大致梳理）。

1.只给引导材料和写作要求的材料作文

（2020年高考全国卷Ⅰ作文题）阅读下面的材料，根据要求写作。

春秋时期，齐国的公子纠与公子小白争夺君位，管仲和鲍叔分别辅助他们。管仲带兵阻击小白，用箭射中他的衣带钩，小白装死逃脱。后来小白即位为君，史称齐桓公。鲍叔对桓公说，要想成就霸王之业，非管仲不可。于是桓公重用管仲，鲍叔甘居其下，终成一代霸业。后人称颂齐桓公九合诸侯、一匡天下，为“春秋五霸”之首。孔子说：“桓公九合诸侯，不以兵车，管仲之力也。”司马迁说：“天下不多（称赞）管仲之贤而多鲍叔能知人也。”

班级计划举行读书会，围绕上述材料展开讨论。齐桓公、管仲和鲍叔三人，你对哪个感触最深？请结合你的感受和思考写一篇发言稿。

2.给引导材料并且要求文体的材料作文

（2020年北京高考作文题）从下面两个题目中任选一题，按要求作答。不少于700字。将题目抄在答题卡上。

（1）2020年6月23日，北斗三号的最后一颗卫星成功发射，标志着我国自主建设、独立运行的北斗卫星导航系统完成全球组网部署。整个系统由55颗卫星构成，每一颗都有自己的功用，它们共同织成一张“天网”，可服务全球。

材料中“每一颗都有自己的功用”，引发了你怎样的联想和思考？请联系现实生活，自选角度，自拟题目，写一篇议论文。

（2）当今时代，我们每天都会面对各种各样的信息。其中有一条信息，或引发了你的感悟，或影响了你的生活，或令你振奋，或使你愧疚，或让你学会辨别真伪……

请以“一条信息”为题，联系现实生活，展开联想或想象，写一篇记叙文。

题目（1）考查的是议论文，题目（2）考查的是记叙文，文体已经规定好了，因此写作时不能再“文体不限”，自由选择了。

3.给出多则材料的材料作文

（2020年高考全国卷Ⅱ作文题）阅读下面的材料，根据要求写作。

墨子说：“视人之国，若视其国；视人之家，若视其家；视人之身，若视其身。”英国诗人约翰·多恩说：“没有人是自成一体、与世隔绝的孤岛，每一个人都是广袤大陆的一部分。”

“青山一道同云雨，明月何曾是两乡。”“同气连枝，共盼春来。”……2020年的春天，这些寄言印在国际社会援助中国的物资上，表达了世界人民对中国的支持。

“山和山不相遇，人和人要相逢。”“消失吧，黑夜！黎明时我们将获胜！”……这些话语印在中国援助其他国家的物资上，寄托着中国人民对世界的祝福。

“世界青年与社会发展论坛”邀请你作为中国青年代表参会，发表以“携手同一世界，青年共创未来”为主题的中文演讲。请完成一篇演讲稿。

作文材料中虽然有不少诗句，但是，是嵌入材料中的，不是独立的诗歌材料，是多则材料。有的多则材料是由一些名人名言组成的，如2019年的天津高考作文题。

阅读下面的材料，根据要求写作。

不错，目前的中国，固然是江山破碎，国弊民穷，但谁能断言，中国没有一个光明的前途呢？不，决不会的，我们相信，中国一定有个可赞美的光明前途。

——方志敏

国家是大家的。爱国是个个人的本分。

——陶行知

若能作一朵小小的浪花奔腾，呼啸加入献身者的滚滚洪流中推动人类历史向前发展，我觉得这才是一生中最值得骄傲和自豪的事情。

——黄大年

以上材料触发了你怎样的思考和感悟？请据此写一篇文章。

材料由方志敏、陶行知、黄大年这几个名人的话组成，每个人的话独立成为一则材料。

4.给出引导材料并给出主题或命题（半命题）的材料作文

（2020年高考全国卷Ⅲ作文题）阅读下面的材料，根据要求写作。

人们用眼睛看他人、看世界，却无法直接看到完整的自己。所以，在人生的旅程中，我们需要寻找各种“镜子”，不断绘制“自画像”来审视自我，尝试回答“我是怎样的人”“我想过怎样的生活”“我能做些什么”“如何生活得更有意义”等重要问题。

毕业前，学校请你给即将入学的高一新生写一封信，主题是“如何为自己画好像”，与他们分享自己的感悟与思考。

（2020年高考全国新高考卷Ⅱ作文题）读万卷书，行万里路。无论读书还是行路，我们都会与地名不期而遇。有些地名很容易让你联想到这个地方的自然特征、风土民情、历史文化、著名人物等；有些地名会唤起你的某种记忆与情感，或许是一段难忘的故事，又或它对你有着特殊的意义。

电视台邀请你客串《中华地名》主持人。请以“带你走近________”为题（补充一个地名，使题目完整），写一篇主持词。

2020年高考全国卷Ⅲ作文题是材料加“主题”的形式。“主题”类似“话题”，但是“话题”比较宽泛，“主题”则比较集中，但“主题”又不同于“标题”，考生可以另拟标题。2020年高考全国新高考卷Ⅱ作文题则是材料加“半命题”的形式。

5.突出某个关键词的材料作文

（2020年天津高考作文题）“中国面孔”是全球热播纪录片里充满家国情怀的杜甫，是用中医药造福人类荣获诺贝尔奖的屠呦呦，是医务工作者厚重防护服下疲惫的笑脸，是快递小哥在寂静街巷里传送温暖的双手……也是用各种方式共同形塑“中国面孔”的你和我。

走过2020年的春天，你对“中国面孔”又有什么新的思考和感悟？请写一篇文章。

高考全国卷、各省市高考卷的作文似乎都有其较为固定的风格，天津卷喜欢出这种“关键词”式的作文，如2015年天津高考作文题的关键词就是“范儿”。另外，2019年上海高考作文题“中国味”也类似。这比较像话题作文，只要关注一下引导材料，再围绕着这个关键词来写即可。

6.给出情境和任务的材料作文

（2019年高考全国卷Ⅱ作文题）阅读下面的材料，根据要求写作。

1919年，民族危亡之际，中国青年学生掀起了一场彻底反帝反封建的伟大爱国革命运动。1949年，中国人从此站立起来了！新中国青年投身于祖国建设的新征程。1979年，“科学的春天”生机勃勃，莘莘学子胸怀报国之志，汇入改革开放的时代洪流。2019年，青春中国凯歌前行，新时代青年奋勇接棒，宣誓“强国有我”。2049年，中华民族实现伟大复兴，中国青年接续奋斗……

请从下列任务中任选一个，以青年学生当事人的身份完成写作。

①1919年5月4日，在学生集会上的演讲稿。

②1949年10月1日，参加开国大典庆祝游行后写给家人的信。

③1979年9月15日，参加新生开学典礼后写给同学的信。

④2019年4月30日，收看“纪念五四运动100周年大会”后的观后感。

⑤2049年9月30日，写给某位“百年中国功勋人物”的国庆节慰问信。

作文题目中明确提到“任务”这个词，列举了五个任务，前面的知识介绍也有点情境的意味。

还有上海高考作文多年来一直坚持给一句或一小段简短的思辨材料的方式，近年来江苏、浙江的高考作文题也偶有类似的做法。

以上是对近几年高考作文题形式的一些粗略梳理，面对这些形式多样的作文题目，有些教师仍然认为“审题就是抓关键词”，这是材料作文审题“非常态”的突出表现。其实，不管作文题的形式如何，就内容来看，大多都会涉及语言、思维（辩证）、价值观，关键还是要掌握材料作文“常态”的审题方法。

二、材料作文的“常态”审题方法

材料作文的“常态”审题方法是什么呢？

1.正确阅读作文材料

正确阅读的方法可以归纳为：整体—局部—整体。（这和我们提出的“常

态”阅读的方法是一致的）

第一步：“整体”，即整体阅读，大致了解。通读题目，整体了解题目的大致意思。像上文提到的2019年上海高考作文题，整体阅读之后，应该留有“听别国音乐感受中国味”“怎么认知事物”这样的印象。如果连这样的印象都没有，就是整体阅读不过关。

第二步：“局部”，即局部阅读，重点把握。着眼题目的局部，重点把握某些句子、词语。重点把握局部的时候，不要放过题目给出的任何信息，包括文字、图片、标点符号、写作要求等。下面以2020年江苏高考作文题为例来说明。

根据以下材料，选取角度，自拟题目，写一篇不少于800字的文章；除诗歌外，文体自选。

①同声相应，同气相求。②人们总是关注自己喜爱的人和事，久而久之，就会被同类信息所环绕、所塑造。③智能互联网时代，这种环绕更加紧密，这种塑造更加可感。④你未来的样子，也许就开始于当下一次从心所欲的浏览，一串惺惺相惜的点赞，一回情不自禁的分享，一场突如其来的感动。

“写作要求”部分没有需要特别关注的。题目所给的材料总共有四句话，可以用图3来表示。

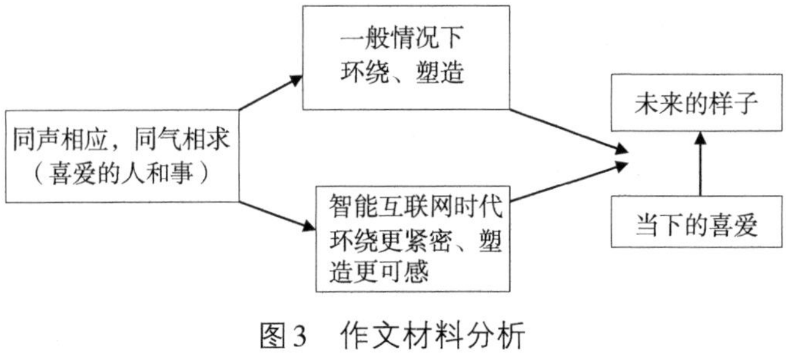

图3　作文材料分析

第①句是概述，是出发点；第②句是对第一句的具体阐述——自己关注的信息会环绕和塑造自己（类似于网络浏览的大数据推送对自己视野、认识的影响）；第③句再具体往前推进一步，给的是背景——智能互联网时代；第④句是沿着前面的内容给出一个判断，用描述的方式下结论——当下的喜爱影响着未来的样子。四句话中，每句话内部各小句子构成一定的逻辑关系，如第②句是一个判断式表达——你常关注的人和事就会围绕着你。第②句内部就构成因果关系。阅读这段材料的时候，要注意两点。一是这段话突出的词（关键词）有哪些，这里有“同”“喜爱”“环绕”“塑造”“未来”“当下”，把它们按一定的逻辑顺序连接起来：当下、同、喜爱——环绕、塑造——未来。二是辨析句子之间的关系，可以抓住标点符号、关联词语（包括副词）——共有四个句号，就是四句话，再注意“总是”“就”“更”等词语所反映的句间关系。

第三步：“整体”，即整体阅读，准确理解。前两步完成后，还应再整体通读材料，看看有没有解读错误或遗漏的内容，以确保审题正确。

在采取“整体—局部—整体”的方法阅读作文题目中材料的同时，要特别注意分析材料中各句子之间的语法关系，这样有利于准确把握材料的意思。请看2019年上海市闵行区高三二模作文题。

> 人们每天都在忙于接受各种讯息，借以更多地了解世界，然而又常常淹没在讯息中，对世界所知甚少。请写一篇文章，谈谈你对此的思考。

作文材料由两层含义构成。第一层：指出“人们每天都在忙于接受各种讯息，借以更多地了解世界”。“接受各种讯息”与“更多地了解世界”构成目的关系，特别要注意“更多地”几个字构成句子内部的递进层次。第二层：“然而”转折，强调人们“常常淹没在讯息中，对世界所知甚少”。这首先要求思考人们接受各种讯息但为何常常淹没于其中；然后以此为前提，进一步思考为何人们主观上希望更多地了解世界，事实上却对世界所知甚少，以及怎样运用合理的方法才能避免被淹没，怎样才能真正获得对世界正确、深入的认知等。第一层要求能把握“接受各种讯息”与“更多地了解世界”之间的相关性，能基本肯定其存在的合理性和积极意义。这是进一步思考的认知基础。第二层要求能在第一层的基础上，进一步分析为什么事与愿违（归因分析），从而看到“每天都在忙于接受各种讯息”本身的局限性，导致“常常淹没在讯息中”的种种症结，再进一步分析怎样运用合理的方法避免被淹没，怎样才能真正获得对世界正确、深入的认知等。审题思考的重心应当落在第二层。根据材料内容可以先后引发对以下相关问题的思考：①为什么人们每天都在忙于接受各种讯息，借以更多地了解世界？②为何人们主观上希望更多地了解世界，事实上却对世界所知甚少？③这种现象会带来何种影响？④怎样才能避免被淹没？怎样才能真正获得对世界正确、深入的认知？

以上的审题分析过程既抓住了句子间的关系，也注意到了句子内部的语法结构，这样的审题分析才是准确的，才是“常态”的。

2.仔细阅读作文要求

大多数作文题中的要求都是关于材料的思考、认识，写一篇800字的文章，但是，有少数作文题的写作要求有特别的地方，不容忽视。如2019年上海高考作文题中“这段话可以启发人们如何去认识事物”这样的要求，恰恰是写作的重点。再看2018年上海高考作文题。

生活中，人们不仅关注自身的需要，也时常渴望被他人需要，以体现自己的价值。这种“被需要”的心态普遍存在，对此你有怎样的认识？请写一篇文章，谈谈你的思考。

这道作文题中反复刺激读者眼睛的就是“需要”两个字，不少考生就认为“需要”是关键词，要扣住“需要”来写；也有的考生认为这道作文题目是“二元”的，要写“需要”和“被需要”。考场作文就不断出现“‘需要’与‘被需要’”“需要的价值”这样的作文标题。为什么会这样？考生难道没有看到写作要求是“这种‘被需要’的心态普遍存在，对此你有怎样的认识”？题目中的“被需要”三个字加了双引号表示强调，“对此”的“此”字，当然是指前一句话。

图画材料、图表材料、诗歌材料的审题，关键在于读懂图画含义、梳理图表内容、理解诗歌含义，尤其是那些带有哲理的诗歌。下面举一例略做说明。

（2010年安徽高考作文题）阅读下面这首诗，根据要求作文。

吴兴杂诗

［清］阮元

交流四水抱城斜，散作千溪遍万家。

深处种菱浅种稻，不深不浅种荷花。

这首诗蕴含的哲理，引发了你怎样的思考或联想？请根据你的思考或联想写一篇文章，不少于800字。

这首诗描写的是江南太湖一带的独特美丽风光，但题目的要求中有“这首诗蕴含的哲理，引发了你怎样的思考或联想”，“根据你的思考或联想写一篇文章”。也就是说，命题者已经告诉考生这首诗含有哲理，要根据诗的哲理来写文章。那么这首诗哪里含有哲理呢？仔细分析，四句诗都是写景的，前两句看不出有什么哲理，而后两句除了写景外，似乎含有一定的哲理。深水处种菱，浅水处种稻，不深不浅处就种藕，体现了该诗的主旨是因地制宜，即要根据具体的环境选择种什么作物。以此为中心，展开联想，从教育者的角度来说，可以写“教育要因材施教”；从受教育者的角度来说，可以写“每个人都要找到自己合适的位置”，要注意阐述角度和语言表述。

3.采取一定的审题方法

对于不同材料的作文题目，要采取不同的审题方法，下面分别阐述。

（1）多则材料的同义关系。

题目有超过两则的材料，若这些材料所表达的内容大致相同，在审题时，关注哪一则材料都是可以的。请看下面作文题。

阅读下面材料，写一篇议论文。

材料一：英国女王伊丽莎白二世每天深夜都亲自熄灭白金汉宫小厅堂和走廊的灯，坚持皇家用的牙膏要挤到一点不剩。

材料二：日本丰田公司在成本管理上从一点一滴做起，劳保手套破了要一只一只地换，办公纸用了正面还要用反面，厕所的水箱里放一块砖用来节水。

如果将这两则材料看成两棵树，那么这两棵树是长得一样的，即这两则材料所表达的意义是相同的，都是在说要有勤俭节约的品质，所以，关注哪一则材料都不会出错。这是建立在两则材料都阅读、分析过的基础上的。

（2）多则材料的反义关系。

题目有超过两则的材料，若这些材料所表达的含义不相同，甚至相反，在审题时，则要仔细阅读每一则材料，找到它们之间的共同点，或交叉点。请看下面作文题。

阅读下面材料，写一篇议论文。

材料一：某杂志社做调查："你对同学最赞赏的品质是什么？"调查结果，排在第一位的是"乐于助人"。

材料二：某单位在一些青少年中做不记名问卷调查："你如果遇到别人碰上麻烦会怎样对待？"回答"悄悄走开"的人不少。

不少同学将这两则材料解读为"要乐于助人"，这是典型的"只见树木，不见森林"。如果将这两则材料看成是两棵树的话，这两棵树是长得不一样的，但它们的枝叶是有交叉的。材料一的主要意思是赞赏同学乐于助人的品质，材料二的主要意思是自己不愿意帮助别人，这两则材料所表达的意思正好相反，那么就应该找到它们的交叉点，即对待别人和对待自己要求不一样、标准有差别，可以立意为——不要"双标"。

再看下面这道题目。

阅读下面材料，以"我看课外阅读"为题写一篇文章。

材料一：据调查，目前在"考分"压力下，不少青少年阅读面狭窄单一，无法有效地提高自己的文化修养。

材料二：在一项"您最希望孩子买的书"的调查中，90%的家长都选择了"辅导读物"。

材料三：许多青少年在有限的课余时间里，读得最多的是漫画卡通、言情武侠等"休闲"作品。这类作品位于青少年图书消费量的榜首。

这三则材料就是三棵树，长得不一样。材料一说的是因为考试压力导致青少年阅读面狭窄，无法提高文化修养；材料二说的是家长最希望孩子读辅导读物，这其实也是孩子无法提高文化修养的原因；材料三说的是孩子自己读的书大多是一些对提高文化修养没什么用的“休闲”作品。三则材料从不同的角度谈课外阅读，涉及考试和阅读的关系、家长和孩子阅读的关系、孩子自身的阅读选择问题等。以“我看课外阅读”为题写作文，这三个角度都应该写到。

（3）单则材料的单义。

题目中只有一则材料，且这则材料所包含的意思是单一的。请看下面作文题。

阅读下面材料，写一篇议论文。

海里有一种哺乳动物叫抹香鲸，它的胃里有一种病态分泌物。把它从体内刚取出来的时候，它有一种呛人的难闻的气味，但经过洗涤、烘干之后，它就变成了世界驰名的龙涎香了。

这则材料可以看成没有大树枝的树，主干清楚。对于这道题目中的材料，我们可以按照表2的顺序进行审题、立意。

表2 审题、立意步骤

1.提取重要概念(关键词)			
2.对具体的概念抽象化			
3.联系现实生活			
4.确定立意			

运用“整体—局部—整体”的方法对材料进行阅读后，可以将表2补充完整，结果如表3所示。

表3　审题、立意结果

1.提取重要概念(关键词)	病态分泌物	洗涤烘干	龙涎香
2.对具体的概念抽象化	不好的东西	经过处理	好的东西
3.联系现实生活	犯错误的人	教育、学习	优秀人才
4.确定立意	教育、学习很重要		

（4）单则材料的多义。

题目中只有一则材料，但这则材料所包含的意思是复杂的，有多种含义。请看下面作文题。

阅读下面材料，自选角度，写一篇议论文。

齐宣王使人吹竽，必三百人。南郭处士请为王吹竽，宣王说之，廪食以数百人。宣王死，湣王立，好一一听之，处士逃。

如果将这则材料看成一棵大树，那么，这棵大树有几根粗壮的树枝。齐宣王、齐湣王可以看成两根长在树的左侧的大树枝，南郭处士可以看成长在树的右侧的一根大树枝；从齐宣王、齐湣王的角度来看，正是因为两人爱好的不同才导致南郭处士的留和走，而两人又是国君，可以联想到——制度的不同影响也就不一样；从南郭处士的角度来看，如果他有真才实学，不管国君的爱好怎么变，他也不怕，可见真才实学很重要。不同角度，立意的侧重点就不同。说明一点，立意“制度要兼顾真才实学”，立意“真才实学要兼顾制度”，仅仅是侧重点不一样而已，并不是立意一方面，就丢掉另一方面。这体现的就是单则材料的多义。

用树来喻作文材料，目的在于让学生理解材料时有形象可感。教学中，我称之为材料作文审题的“大树理论”。

三、进行相应的审题训练

材料作文目前是高中作文教学的重点。和命题作文审题教学一样，训练是不可缺少的重要环节。对于材料作文的审题教学，以下方法可供参考。

1.强化复句和句群知识

由于材料作文中的材料是一段话，也要讲清楚句子之间的关系，所以需要进行复句和句群的相关知识教学，教师可以有选择地讲解一些这方面的语法知识，让学生从“感觉”走向理性。

2.开展必要的课上课下训练

除了可以像命题作文审题教学那样开展一些活动外，材料作文的审题还需要加大训练的量。建议进行反复的循环训练，让学生保持审题感觉，类似于数学的做题巩固。下面给出一些题目，以供训练使用。

（1）生活中处处有墙，有时帮我们划出界限，有时也会挡住我们的视线……其实，人们心中往往也有这样一道墙。就此谈谈你的思考和认识。

审题：整体阅读，本题只有材料，没有具体的要求，材料的意思也比较容易理解——用“生活中的墙”来比喻“心中的墙”；局部阅读，“有时帮我们划出界限，有时也会挡住我们的视线”这两个小句子构成并列关系，含义相反，即“墙”的好与坏；整体阅读，辨析心中的墙的好坏。

（2）根据以下材料，选取角度，自拟题目，写一篇不少于800字的文章。

①花解语，鸟自鸣，生活中处处有语言。

②不同的语言打开不同的世界，音乐、雕塑、程序、基因……莫不如此。

③语言丰富生活，语言演绎生命，语言传承文明。

审题：整体阅读，有三则材料，即三句话，都是围绕着“语言”展开的，第①句是说生活中处处有语言，第②句是说不同世界有不同的语言系统，第③句是说语言的作用；局部阅读，第①句是描述生活中的现象，可以据此再展开联想、想象，第②句是一个判断句，“不同的语言打开不同的世界”“莫不如此”，判断中有列举，除了已经列举出来的“音乐、雕塑、程序、基因”之外，还可以补充自己比较擅长的内容，第③句给了三个角度——丰富生活、演绎生命、传承文明，它们之间的关系是由小到大，由浅入深；整体阅读，语言的存在形式、不同特点和作用。

（3）阅读下面材料，自选角度，自拟题目，写一篇不少于800字的文章。

月　夜

沈尹默

霜风呼呼的吹着，
月光明明的照着。
我和一株顶高的树并排立着，
却没有靠着。

审题：这是现代诗人沈尹默的一首小诗，带有一定的生活哲理，先整体阅读这首诗，理解诗的大致意思，然后再从诗中找到写作的重点。整首诗都是一种描述，前两句写景，交代环境——霜风、月光，后两句刻画“我”的形象——并排立着，没有靠着。其寓意大致是，在较为恶劣的环境中，虽然有依靠但也不去靠，塑造了一个“独立自强”的形象，表明了对“独立自强”的品质的追求。

材料作文审题的“常态”教学应该做到以下几点：

第一，要引导学生树立全面阅读作文题目中“引导材料”和“写作要求”的意识，不放过一句话、一个词、一个字、一个标点；

第二，要教会学生采用正确的材料阅读方法，即“整体—局部—整体”阅读，教会学生运用语法知识辨析句子表达的重点，以及句子和句子之间的关系；

第三，要杜绝只用简单的“抓关键词”的方法来审题的做法，帮助学生找到“常态”的阅读方法，进而建立起良好的思维逻辑；

第四，长期、反复进行相应的审题训练，并做好讲评。

第四章　作文拟题的“常态”教学

作文拟题是作文教学中容易被忽视的内容，然而，拟一个好标题是一篇文章写作中非常重要的事，“常态”作文教学特意将拟题单设一章，以引起广大教师的重视。

本章探讨了“好标题”的标准，以及如何拟出好标题的方法。

第一节　作文拟题的“常态”教学概述

俗话说得好，“文好题一半”。一个好的作文标题既会引起读者阅读兴趣，也会给作文加分。然而，什么样的作文标题才是好标题呢？

在日常的作文教学中，经常会出现这样的现象：感觉这个作文标题很好，但具体好在哪里，说不清。有人认为，能紧扣文章中心的是好标题，也有人认为语言表达美的是好标题。

语文的教学确实不像数学等理科的教学，很多时候都是以“感觉”为主。作为欣赏者，“感觉”好，“感觉”美是可以的，但是在语文课堂上，教师对学生说“感觉”就玄乎了，学生不一定能体会到，大多数情况下是体会不到的。所以，教师需要把这种“感觉”用语言、活动等准确清晰地表述出来、展现出来。

什么样的标题才是好标题，我们曾在教学中对学生做过调查，也在作文讲座中对教师进行过访问，得到的回答大致有以下几种：

①能统领全文；②看起来很美；③引用了诗句；④化用了诗句；⑤是文章的中心论点。

这些看法全都基于感性认识，没有清晰的表述和标准。下面用一个例子来说明什么样的作文标题才是好标题。

阅读下面文字，根据要求作文。

群芳之中，栽培历史最悠久、文化内涵最丰富的非“木槿”莫属。在《诗经》熏染的古风中，木槿有一个美丽的名字“舜”，意思是其花朝开暮落，只在“瞬息”之间。古诗中既有“风露凄凄秋景繁，可怜荣落在朝昏”的感伤，也有“暮落不悲容艳好，旭日依旧无穷花”的乐观。

上面的文字中，“木槿花”引发了你怎样的联想或感悟？请根据你的联想或感悟写一篇文章。

收集上来的学生作文中，有如下标题（其中有相同的）：

木槿花之情	不变的情感	成为英雄	成败取决于自己
表面与内涵	人生如木槿	瞬息万变	由木槿花想到的
瞬息之间	只争朝夕	珍惜时光	木槿花的感悟
瞬间绽放的美	木槿的坚强	瞬息	木槿年华
瞬间的美丽	瞬间的光芒	刹那芳华	
绽放瞬间的美	瞬息的魅力	告别悲观走向乐观	
香溢人间	花落有声	生活中的木槿花	

这些标题，你觉得哪个最好，哪些一般，哪些不好？

先按照“感觉”把这些标题大致分类如下：

（1）不好的：成为英雄、成败取决于自己、瞬息万变、瞬息之间、瞬息、表面与内涵、不变的情感、只争朝夕、珍惜时光、瞬间的美丽、瞬息的魅力、瞬间的光芒、木槿花的感悟、木槿花之情、木槿的坚强、木槿年华、生活中的木槿花。

（2）一般的：人生如木槿、由木槿花想到的、瞬间绽放的美、绽放瞬间的美、告别悲观走向乐观、香溢人间。

（3）较好的：花落有声、刹那芳华。

这是在讲评作文的时候，大多数学生的“感觉”，虽然也能说出一点道理，但是不能令人信服。

具体分析这些标题，像“成为英雄”这个标题，和所给的材料几乎没有关系，也看不出文章要写什么，类似的还有“成败取决于自己”“瞬息万变”“瞬息”“瞬息之间”“不变的情感”“表面与内涵”；而像“瞬间的美丽”“瞬息的魅力”“瞬间的光芒”“木槿花的感悟”“木槿花之情”“木槿的坚强”“木槿年华”“生活中的木槿花”等是名词性短语，不适合作为议论文的标题，其中“木槿花的感悟”还有歧义；“只争朝夕”“珍惜时光”是动词性短语，但和材料关系不大或很难看出直接联系；“人生如木槿”“瞬间绽放的美”“绽放瞬间的美”“告别悲观走向乐观”“香溢人间”“由木槿花想到的”这些标题大致能表达看法，可以作为标题，其中“由木槿花想到的”是传统的、“万能”的标题。

最后分析两个较好的标题——“花落有声”“刹那芳华”。“花落有声”中的“花”扣住了材料中的木槿花，“落”表示木槿花的凋谢，“有声”表示即使凋谢也要发出声音。整个标题表达的是木槿花即使凋谢也要发出声音，带有寓意，且“花落有声”四个字音韵和谐、给人美感，不足的是，没有体现材料中“朝开暮落”的意思。“刹那芳华”中“刹那”表示时间短暂，对应木槿花的朝开暮落，“芳”和“华”都是“花”的意思，对应木槿花，且“芳华”在这里可以作为动词，是“开花”的意思，“刹那芳华”就是在短暂的时间里也要开出美丽的花，非常符合材料的意思，同时，这四个字也是音韵和谐，美感度高，显得有文采。“花落有声”“刹那芳华”这两个标题都出人意表，比较新颖。

由此，大概可以得出“好标题”的标准，有以下几条：

（1）简洁，即文字简短，表达直接。标题不能太长，太长了说明提炼不够，一般最长不宜超过8个字。我们曾在考场作文中发现标题达到14个字的，标点符号还不算在内——“认识事物以他物为‘经’，以寻找‘纬’之”，作文纸一行就15个格子，这个标题字符数已经超出一行，实在不合适；直接，就是直截了当，表达干净，不拖泥带水，像“以不同层次的认识发掘事物的本真”，表达就很拖沓，要让阅读者想半天。

（2）明确。包括紧扣材料，最好有关键词；统领文章，最好是观点；是判断句，不是名词短语。首先，要想标题明确，就应紧扣材料中的“关键词”（材料陈述的对象、议论的重点、反复出现的高频词等），让“关键词”出现在标题中。其次，如果标题能统领全文，就能让阅读者一眼看到文章想表达的内容，那是最好，也就是说，不要藏着掖着，直接亮观点，如2019年上海高考作文，有的考生标题是“跳出箱子思考”，这个“箱子”是从哪里来的呢？材料中并没有“箱子”，仅从标题也看不出考生想表达什么，还有“寻悟此中味”“认识的过程”“认识三步”等标题，亦是如此。最后，标题应该是判断句，至少应该含有动词性词语，纯粹名词性的词语、短语无法表达观点，像“认知的演进”“守望的灵魂”“另一条‘河流’”就不好。

（3）新颖，即新鲜、别致，让人意想不到。像前文提到的“花落有声”“刹那芳华”，就出人意表，比较新颖。要做到这一点很难，除了让学生平时多做语文积累，提高语文水平之外，有时也靠机缘，所以不强求。

（4）有文采，即语言表达好，给人美感。例如2019年上海高考作文，考生拟的标题有“胸有青山在，亦要看桃花”，“万种风烟过后”等，就很有文采，同时也简洁、明确；但有的作文标题看似有文采，却犯了不明确的毛病，如“风乍起，吹皱一池春水”，这是要表达什么呢？这也是引用诗句作标题要注意的地方。

这里需要说明的是，在作文拟题的“常态”教学中，我们只教学生拟题要“简洁”“明确”，再略微提及“有文采”即可，至于“新颖”，一般不在教学范畴之内，因为那是可遇不可求的。

第二节　作文拟题的“常态”教学

从目前调研所观察到的情况来看，作文拟题的教学几乎是空白。教师在平时的教学中并没有重视作文拟题的教学，也没有开展作文拟题的教学活动，在作文讲评中也很少提及作文如何拟题，在公开课中更是没有关于作文拟题的教学。

作文拟题的“常态”教学首先是要开展拟题教学，这一点和作文审题、结构的教学情况不一样，其次才是如何开展拟题的“常态”教学。

一、拟题方法的梳理与指导

作文拟题有哪些方法呢？

1.抓住关键词，进行修饰和形象化

上文提到过关键词，一般来说，关键词就是作文材料陈述的对象、议论的重点，或反复出现的高频词等。请看2009年上海高考作文题。

> 根据以下材料，选取一个角度，自拟题目，写一篇不少于800字的文章（诗歌除外）。
>
> 郑板桥的书法，用隶书参以行楷，非隶非楷，非古非今，俗称“板桥体”。他的作品，单个字体看似歪歪斜斜，但总体感觉错落有致，别有韵味，有人说这种作品“不可无一，不可有二”。

这段材料陈述的对象是郑板桥的书法——“板桥体”。“板桥体”三个字还加了双引号，很明显。这段话中还有对“板桥体”的评价——“错落有致，别有韵味”，即“隶书参以行楷，非隶非楷，非古非今”，说它“不可无一，不可有二”，就是独一无二。

在拟题的时候，尽量把关键词放在标题中，因为它是材料陈述或议论的重点，这样做给人切题很准的印象，并且也表明文章是围绕着它来写的，同时，形象可感。我们可以拟出下面的标题：

> 写出你的“板桥体”

这个标题抓住了重点，也表明了观点，还很形象生动、不呆板。如果拟题为“要有创新意识”“拥抱创新”，虽然立意是对的，但就标题的表达来说，很直白，很俗。

抓住关键词，将关键词放进题目中，为了表达准确，还要对关键词进行修饰，给关键词配上形容词、副词。请看2015年福建高考作文题。

阅读下面的材料，根据要求作文。

①地上本没有路，走的人多了，便也成了路。

②有时，走错路也是一件有意思的事情，如果没有走错路，就不会发现新的路。

③世上没有走不通的路，只有不敢走的人。

上面三则材料，引发你怎样的感悟和联想？请就此写一篇不少于800字的议论文或记叙文。

“路”反复出现，说明这三则材料都是在说与“路”有关的内容，“路”就是关键词，要放进待拟的标题中。接下来，从三则材料中找到一些对“路”进行修饰的词，如“错”（暗含“对”）、“新”、“不通”、“不敢”等，从这些词中挑选自己中意的放在“路”的前面，用含有动词的主谓句来表达，就可以拟出下面的标题：

走通你的路

路，在勇敢者的脚下

走出你的一条新路

“通”“勇敢者”“新”在这里都是用来限定、修饰“路”的，这样既兼顾到了几则材料中的内容，又找到了其合适的位置，巧妙地限定、修饰了关键词。当然，在写作的时候，立足一则材料兼顾其他两则材料即可。

请再看2018年高考全国卷Ⅱ作文题。

阅读下面的材料，根据要求写作。

“二战”期间，为了加强时战机的防护，英美军方调查了作战后幸存飞机上弹痕的分布，决定哪里弹痕多就加强哪里。然而统计学家沃德力排众议，指出更应该注意弹痕少的部位，因为这些部位受到重创的战机，很难有机会返航，而这部分数据被忽略了。事实证明，沃德是正确的。

要求：综合材料内容及含义，选好角度，确定立意，明确文体，自拟标题；不要套作，不得抄袭；不少于800字。

这则材料中多次出现的词是“弹痕”，因而，我们把它放进标题里，那么，前面加什么样的修饰词语呢？进一步审视这则材料，英美军方忽略了弹痕少的地方，而沃德却关注弹痕少的地方，事实证明他是对的。材料主要表达的意思是要关注弹痕少的地方，“关注”“忽略”这样的词就可以放到题目中去，可以拟出下面的标题：

关注被忽略的“弹痕”

重视被忽略的“弹痕”（数据）

对关键词“弹痕”用“忽略”进行修饰，既表明了观点，也突出了重点。

有时为了让标题看上去新颖一些，可以将其形象化，如使用修辞手法、改变句式的表达等，都能达到很好的效果。请看下面作文题。

我们这个时代，“复制”无处不在：点击一下鼠标，可以复制一篇文稿；接受一次美容，可以复制一个明星；圈划一块土地，可以复制一座城市；策划一个节目，可以复制一种模式……

上述现象引发了你怎样的思考？请结合自己的体验与感悟，写一篇文章。

题目陈述和谈论的对象是“复制”，我们把“复制”这两个字放进标题中，接下来，要组织一个判断性的短语或句子。很多人一下子就想到了“拒绝复制，拥抱创新”。用这个标题当然可以，但可否再前进一步，想想还有没有其他更好的表述呢？高中课本收录了汪曾祺的《胡同文化》，这篇文章的结尾有一句话：“再见吧，胡同。”我们模仿这个表达，拟制一个作文题：“再见吧，复制”。这种用特殊句式和标点的形式来拟标题，效果很好。类似的还可以拟为“停止吧，复制”，“永别了，复制”，“让复制不再”，“对复制说不”等，都很形象。

有时引用、仿用、化用一些诗句作为文章的标题，也可以增加美感度。请看下面作文题。

复旦大学严峰教授曾经说过这样一段话：设想朱自清活在21世纪，有一天晚上忽然想起家边荷塘，悄悄地披了大衫，带上门出去。看到月光淡淡的，拿出手机，咔嚓一下拍照，再发到朋友圈或者微博，写了句“今晚的荷塘很美”，然后就没有了，文字没有了，《荷塘月色》没有了，散文没有了。

看了这则材料，引发了你怎样的联想或感悟？请自选一个角度写一篇不少于800字的文章，题目自拟。

材料引发的思考有多种：快节奏与新的生活方式影响了文学的创作；浮躁的社会让人们不再有诗意，不再有情趣；等等。立意可以是对当下社会中人们生活状态的批判，并思考其形成的原因，找到解决办法。拟题的时候，可以把荷塘、月色放在标题里，拟出下面的标题：

荷塘已无那年月

如果觉得有点生硬，就再虚化一点：

今夜已无那年月

这样的化用，有一点张若虚《春江花月夜》的影子——“江畔何人初见月？江月何年初照人”。

在日常作文中，有些学生喜欢引用一些诗句作为文章的标题，但是容易犯两个错误：一是引用的诗句不恰当，不能准确表达意思；二是引用的诗句看起来和材料有关，但表达不清楚、不明白。像“一朝风月，不昧万古长空”这样的标题，就很难让人看明白写作者想表达什么意思。

2.借鉴他人比较好的拟题方法

（1）名著、名文的好标题。

《红楼梦》（曹雪芹）、《红与黑》（司汤达）、《握一把苍凉》（司马中原）、《非走不可的弯路》（张爱玲）、《把时间花在心灵上》（林清玄），这些文学作品标题都各有特色，学生拟题时可以借鉴。

（2）报刊文章的好标题。

在阅读报刊文章的时候，注意学习好标题的形式，有教师梳理、总结了报刊上出现的一些好的标题的拟题方式，如下：

“让”字法，如“让城市更有温度”“让历史照亮人类的明天”；
“是”字法，“诚信是一块试金石”“平衡是一种大智慧”；
“用”字法，“用制度打破滥竽充数”“用改革之火点燃创新引擎”；
“以”字法，“以工匠精神雕琢时代品质”“以创新思维增新活力”；
“把”字法，“把文化之种播进精神土壤”“把创新融入血脉”；
“不”字法，“巧诈不如拙诚”“名节如璧不可污”。

前文所举的是关于“复制”的作文题，按照这些拟题的方法可以拟出这样的标题：让创新取代复制、以（用）创新代替复制、不让复制毁灭创新、把创新融入血脉、复制不如创新等。是不是很简单，也很准确？前文已经说过，标题不能仅仅是一个名词，也不能仅仅是一个动词，如“创新”“不要复制”“拒绝复制”，都不合适。在拟标题的时候，要注意，尽量使用主谓句、动宾句，尽量表达一种判断。

拟标题的方式还有很多，例如：

动宾式——放开思维的缰绳、让复制不再；
比喻式——让陪伴成为心底的阳光、放开思维的缰绳；
借用式（通感）——握一把苍凉；
化用式——今夜再无那年月；
正向式——向生命致敬，为人性喝彩；

反向式——别样的选择，同样的精彩。

（3）同学作文的好标题。

三人行必有我师，学习身边同学所拟的好标题，并加以利用。

二、进行相应的拟题训练

教师可以根据上文所讲的拟题知识开展相应的拟题训练。

1.拟题活动

（1）给出作文题目，全班一起审题，然后教师点评，讲解题目立意；

（2）给出作文题目，学生各自拟标题，然后展示，教师点评；

（3）给出一些作文题目，作为课后练习，让学生拟标题，然后教师批阅、讲评。

2.标题互评活动

在教学中，除了讲清楚拟题的方法外，还可以开展一些作文标题互评活动，让学生互评作文标题，讲出标题的优缺点，同时借鉴他人作文的好标题。

3.标题修改活动

（1）作文讲评课中，可以挑出一些值得修改的标题，开展全班一起修改标题的活动；

（2）教师专门开设标题修改课，给出一些作文标题，让学生修改。

很少有一次性就拟出一个完美标题的情况，好的标题和好的文章一样，大多是修改出来的，因此，开展标题修改活动非常重要。

4.标题欣赏活动

给出一些名著、名文的标题，让学生欣赏，可以引导学生对这些标题进行修改，如将《欧也妮·葛朗台》改成一个能表达小说主旨的标题，以增强学生对作文标题的理性认识。

下面给出一些作文题目，以供训练拟题使用。

（1）《汉书·艺文志》中有“安其所习，毁所不见”一语，大意是指：人往往安于自己所习惯、所熟悉的事物，对从没见过，或未能直接、间接体验过的事物，则常常予以否定。

对这种生活中普遍存在的现象，你有怎样的联想和思考？请选取一个角度写一篇文章。

审题：材料的重点在"安其所习，毁所不见"，其他文字都是对它的解释。这种现象是有一定道理的，但其存在的问题也很明显。陌生的事物会限制人的思维，从而导致判断错误，所以应该对其进行相应的批驳，那就是对熟悉的东西也要"毁"，对没见过的东西也要"安"。

拟题：安所不见，毁其所习。

（2）有人说："我们在路上不是像驿夫那样追赶路程，而是像旅游家似的沿途观赏。"

这句话可以启发我们去认识人生的意义。请自拟题目，写一篇不少于800字的文章。

审题：驿夫主要是赶路程，因为要尽快到达目的地，所以看重结果；而旅游家不急着到目的地，甚至没有目的地，他主要是欣赏风景，所以更看重过程。

拟题：做个追赶路程的旅游家、做个欣赏风景的驿夫、还生命以过程、人生最美是慢行。

（3）阅读下面的文字，按要求作文。

近年来社会上流行一个词"范儿"，并派生出"中国范儿""文艺范儿""潮范儿""有范儿"等一系列词语。"范儿"多指好的风格、做派，近似于有气质、有情调、有品位的意思。一个民族有一个民族的"范儿"，一个时代有一个时代的"范儿"，不同职业有不同职业的"范儿"，一个人也可能有一个人的"范儿"……

请根据以上材料，结合你的生活体验和思考写一篇不少于800字的文章。

审题：“范儿”是材料议论的对象，是核心关键词；材料第二句是对“范儿”的解释，可以看作其内涵；第三句是对“范儿”呈现、表现的描述，可以看作其外延。这两句话指引着写作的方向。

拟题：秀出你的范儿、亮（活）出你的范儿、自有范儿第一流、你的生活你的范儿。

拟题的“常态”教学要注意一些问题。首先要进行拟题方法的梳理、讲解与指导，然后是进行相应的训练，使学生掌握较为固定的拟题方法。拟题的方法整理如下：

（1）紧扣关键词，不要用和材料无关的词语；

（2）对关键词进行修饰、限定、美化；

（3）化用诗句要贴切；

（4）标题的表述应该是判断式的，至少应该含有动词性成分，不应是名词性的。

第五章　作文结构的“常态”教学

如果说一篇文章的“立意”能反映一个人思维的深度和广度，那么“结构”就反映一个人思维的逻辑性。好的文章结构就如人的骨架，没有“骨架”就撑不起皮肉，就不能形成线条优美的外形。

本章分析了作文结构教学存在的“非常态”现象，对作文结构的“常态”教学进行了思考，从逻辑知识、逻辑推进、作文结构技巧和结构形式等方面提出了作文结构的“常态”教学。

第一节　作文结构的“常态”教学概述

什么样的作文比较容易得高分？当然是那些思想深刻，材料典型，语言优美、凝练，结构又很严谨的作文。不过，要想把这些都做得很好，那是很难的，从实际情况来看，能做好其中的一点就已经很不错了。但是，从作文本身来看，最重要的还是文章的结构。选用材料一般、语言平凡无伤大雅，但结构必须要严谨，因为结构反映逻辑水平，文章就此高低立判。

议论文强调行文的逻辑性，因此建立好文章的结构很重要。在多年的作文教学实践中，我发现，学生作文最大的问题就是不知道如何建立作文结构，写出来的文章逻辑混乱。不少教师的逻辑学知识也很匮乏，不能熟练掌握和运用基本的逻辑知识，看不出学生作文整体结构上的逻辑问题和段落内部的逻辑问题。作文结构的教学存在这种没有逻辑、不懂逻辑的“非常态”现象。

一、作文结构存在“非常态”

第一，学生作文普遍存在结构问题。请看下面一个作文片段。

作文材料：奥地利诗人里尔克说过："并非劳作，就能成为玫瑰。"

作文片段：

①奥地利诗人里尔克说过，并非劳作就能成为玫瑰。的确，许多客观条件的限制让种子不一定能成长为玫瑰。不仅如此，如温度、湿度、土壤、光照等因素，都可能导致花农辛苦劳作却等不来玫瑰满园的那天。对于人来说，成功道路上自然是有很多外界因素限制，并非只靠个体的努力便可以成功。

…………

②当然，辛勤劳作之后收获玫瑰固然幸福，但玫瑰的花期却很短，一时的幸福过后，可能就是凋谢时的惨淡。因此，我们既要及时享受收获玫瑰之乐，又要为下一年玫瑰的成长而辛勤劳作。

第①段开始的论述是可以的，最后一句"对于人来说，成功道路上自然是有很多外界因素限制，并非只靠个体的努力便可以成功"，直接将论述转到"成功"上，显得突兀，而且"成为玫瑰"是不是就等于"成功"呢？另外，"劳作"也不等于"努力"。到这里，论述的话题已经转换了。第②段论述玫瑰花期短，要及时享受，更是严重跑题。这种偷换概念、中途易辙、强加因果等逻辑错误经常在学生的作文中出现，导致文章结构混乱、不知所云。

再看下面作文片段。

作文材料：华兹华斯说："虽然我们都嘲笑追逐影子的人，但生活中绝大多数人却都在追逐影子。"

作文片段：

①既然影子对我们这么重要，我们也都在追逐着影子，为什么我们还会嘲笑追逐影子的人呢？

②客观来看，这个影子可能超脱了实际太多。汽车出现以前，没有人认为这是可以真实存在的。福特曾言，人们需要的是一匹更快的马，而绝不是一辆汽车。

③主观来说，第一，可以是因为害怕。人们总是会害怕自己没有做到的事被他人做到了，自己没有追逐到影子而其他人追逐到了。这种害怕给人带来嫉妒心理，使人们用嘲笑的行为来掩饰自己的弱小。第二，可以是因为无知。每个人的影子是不一样的，我们不了解别人追逐的方向，就自顾自嘲笑，想当然地认为他人的影子不切实际，他人在做无用功。

④追逐影子简单，但坚持追逐影子很难。很多人真真切切地倒在了他人嘲笑的言语之下。耐心，甘于枯燥、平凡，坚持自我都是坚持追逐影子不可或缺的精神。屠呦呦，不知道被多少人嘲笑过，但她几十年如一日，最终青蒿素还是被她创造出来了，不是吗？

……

⑤总的来说，我们在保持追逐影子的同时，应该多多包容他人的影子，给每个人追逐影子以土壤，不让他们被扼杀在一个人的心中。

上面作文片段中段落之间过渡不够好，从上一段到下一段给人的感觉像是在下楼梯，而且还是特别宽的那种楼梯，让人脚步不连贯。段落开头的“客观来看”，“主观来说”，“追逐影子简单，但坚持追逐影子很难”，“总的来说”等，表述生硬，不连贯，读起来非常不顺畅。

第二，教师在作文结构教学上存在问题。

有不少教师在作文审题上孜孜不倦地讲解，也有不少教师想方设法在作文素材积累上花大力气，然而，很少有教师在作文结构上深入探索。为什么会出现这种情况呢？一是写作本身的特点决定的，常言道，文章有法，文无定法，怎么建立文章结构，往往没有一定之规，所以作文结构教学很难；二是即使对文章的结构有所研究，但要想把这些内容有条理地教给学生也很难，何况还要有效果呢？大多数教师只是在作文讲评的时候简单说说，让学生开头点题，注意过渡，结尾呼应，但这样简单说说几乎无用。在作文批阅的时候，教师更是不能明确地指出学生作文结构上的逻辑问题。

如果我们把这两个方面问题看作作文结构教学的“非常态”的话，那么作文结构的“常态”教学应该是什么样子的呢？

二、作文结构“常态”教学的思考

1.作文结构的知识性教学

开展关于作文结构的知识性教学是必要的。教师在教学之前自己要先学习、研究相关的知识。

一是要学习、研究相关逻辑学知识，自己先掌握，然后提炼出简单、明了的东西教给学生——要讲逻辑，但不要把学生讲糊涂了。

二是读关于文章写作方面的书籍，研究写作技巧。如作文标题和内容的关系，作文标题一般是统领文章的，但它有时是中心论点，有时是论述话题；如文章整体布局的起承转合、段落之间的逻辑推进，该怎么进行整体布局，各段之间有什么关系，用什么方式连接起来，才会使文章结构严谨、自然；如段落内部的句间逻辑关系，这又要涉及语法知识的学习了。

2.开展作文结构教学的训练

一是整体结构的训练。

教师带领学生一起研究学生习作的结构问题，梳理、归纳常见的作文结构方面存在的问题。

作文结构的训练不一定每次都要写整篇的文章，那样费时费力，效果可能还不好。教师可以带领学生写作文提纲。作文提纲分为详细的提纲和简略的提纲。详细的提纲要有论点、分论点，有论证的例子，还要有大致的论述思路；简略的提纲则仅仅是各段的要点。刚开始训练的时候，建议让学生写详细的提纲。

二是局部结构的训练。

开展作文片段写作训练是非常有效的办法。段落内的论述也是需要逻辑的，很多学生在写作的时候，不仅整体结构有问题，写某个段落的时候也会“跑偏”，内部逻辑混乱。教学时，教师可以给个话题或论点，让学生写一小段论述的话，教师再讲评、指导、修改。

具体怎么开展作文结构的“常态”教学，将在本章第二节详细阐述。

第二节 作文结构的"常态"教学

作文结构的"常态"教学包括学习一定的逻辑、借鉴一定的方法、讲解必备的技巧、固定几种结构形式、开展一定量的训练。下面具体谈谈如何开展作文结构的"常态"教学。

一、开展逻辑知识教学

王尔德说，逻辑没有爱情的一半重要，但它能证明事情。生活中，处处都有逻辑，说话、做事都离不开逻辑，没有逻辑则话说不清楚，事做不明白。请看下面这段对话：

> 丈夫：你进家门为什么不把钥匙拔下来？
>
> 妻子：家里又没有万贯家财！

妻子的话明显和丈夫的话不在一个逻辑层面，丈夫说的是进家门要把钥匙拔下来，这是常识，而妻子忘了拔钥匙，却说家里没有万贯家财，家里有没有万贯家财和拔不拔钥匙之间没有必然的逻辑联系。

在学习中也是一样，我们常常会不自觉地犯逻辑错误。有些人认为，只有数学等理科的逻辑性强，而语文的逻辑性弱，所以不重视。其实，语文学科也有很强的逻辑性，尤其是在语言和思维方面。

高中语文统编教材选择性必修上就用了一个单元的篇幅来讲逻辑知识，希望师生们在学习之后，能获得发现逻辑谬误、运用有效推理形式、采用合理论证方法的能力。当然，我们不必去学习深奥的逻辑学理论，但是还是需要了解一些逻辑学中关于概念、判断、推理、论证等方面的知识。

下面先讲一点和逻辑概念有关的知识。请看下面四个句子。

> 爸爸在书房看书。
>
> 妈妈在厨房做饭。

我在享受美好的春光。

小鸟在天空中飞。

这四个句子可否并列呢？“爸爸”“妈妈”“我”都是家中成员，是可以并列的，但是，“在书房看书”“在厨房做饭”都是具体的事，“享受美好的春光”则比较抽象，和前两者并列起来就有点奇怪了；“小鸟”不是家中成员，不能和“爸爸”“妈妈”“我”并列，用逻辑术语来说，“小鸟”和“爸爸”“妈妈”“我”无共同的临近属概念，在逻辑学上，这叫“全异关系”，可以用图4来表示：

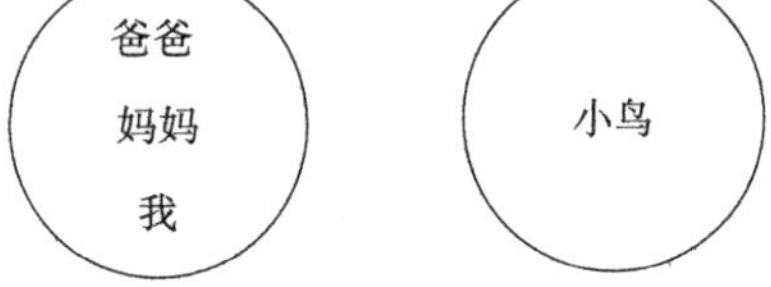

图4　“全异关系”示意

两个圆没有任何关系，写作文的时候，如果有这样的情况，是需要调整的。这是学生作文中最常见的一种逻辑错误，却常常不易被发现，学生不懂，教师往往也没有讲清楚。

概念和概念之间是有一定的逻辑关系的，有些关系可以在作文中使用，有些则不可以，请看图5：

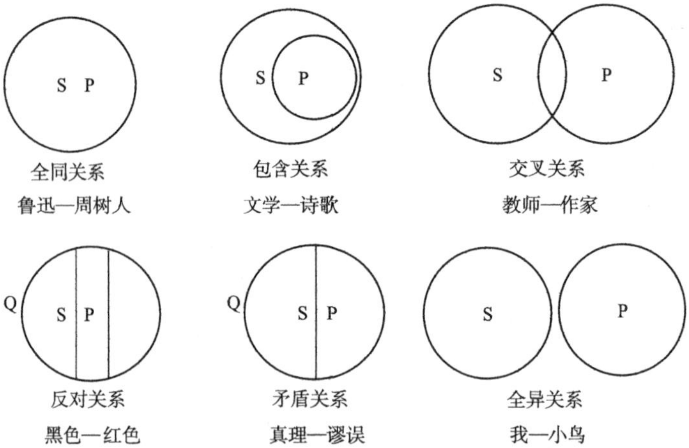

图5　概念和概念之间的逻辑关系

全同关系就是S和P外延一样，如鲁迅和周树人的外延一样；包含关系就是S包含P，两者是属和种的关系，文学包含诗歌；交叉关系就是S和P的外延有交叉，教师可以是作家，作家也可以是教师，教师不都是作家，作家也不都是教师，两者外延有重合部分；反对关系就是S和P是全异关系且它们的外延之和小于它们共同临近的属概念的外延，颜色除了包含黑色、红色，还有其他颜色；矛盾关系就是S和P是全异关系且它们的外延之和等于它们共同临近的属概念的外延，“真理”和“谬误”是非此即彼的，没有中间项；全异关系上文已经提到过了，S和P两个概念的外延没有任何重合。一篇文章中段落S和段落P之间不能是全异关系（完全不在一个话题内）、全同关系、包含关系、交叉关系，一般是反对关系和矛盾关系。这里要注意，反对关系往往没有穷尽列举，但从论述的角度来说是可以的，因为大多时候是不需要穷尽列举的。

下面是一次作文训练中学生们写的作文提纲，请用上文提到的逻辑概念知识加以分析。

作文题目：以“杂”为话题写一篇文章。

学生提纲：

①学习需要广而杂/生活饮食上需要广而杂/自然中需要广而杂/交往需要广而杂

②杂是文化的交汇/杂是心境的澄明/杂是世界的基本

③杂是一种选择/杂是一种变迁/杂是一种精神

④读书要杂/学习要杂/做事要杂

⑤杂是一种生活态度/杂是一种博采众长/杂是一种角度

⑥杂不代表混乱，它代表多元/杂不代表浅薄，它代表深刻/杂不代表繁多，它代表渊博

看出来这些结构提纲的问题了吗？

就以上六个例子来看，逻辑概念基本不能并列（或递进）。①中的“学习”“生活饮食”“自然”“交往”四个概念，②中的“文化的交汇”“心境的

澄明”“世界的基本”三个短语，③中的“选择”“变迁”“精神”，④中的“读书”“学习”“做事”，⑤中的“生活态度”“博采众长”“角度”，既不是矛盾关系，也不是反对关系，有的还是动词和名词并列。⑥的表述已经很不错了，只是三个句子之间有点交叉，可以改成下面这样：

⑦杂不代表繁芜，它代表多元/杂不代表浅薄，它代表深刻/杂不代表冗多，它代表广博

除了概念，判断也很重要。

认识事物会形成概念，但是孤立的概念不能表达思想，还需要判断。比如，我们说“橘子”这个词的时候，它只是一个概念，听的人并不知道说的人要表达什么意思。可是，当我们说“橘子真甜”的时候，就是对橘子的味道进行了判断，听的人也就明白了。判断是对思维对象有所断定的思维形式，看下面的例子：

①我的同桌是一个很聪明的人。

②实践是检验真理的唯一标准。

③这世界上任何人都不是完美无缺的。

以上三句话分别对“我的同桌”“实践”“这世界上任何人”做出了确切的断定，这就是判断。

在写议论文的时候，要经常用到判断。任何判断都有真假值，如果不搞清楚判断的真假，表达就会不准确，看下面的句子。

①所有的人都不是永远正确的。

②有的人是永远正确的。

这两句话是不能同时为真的。

如果不明白判断之间的真假关系，就很容易在换一种表达后改变原来的

意思，而这是学生在作文中常犯的错误——随意改动自己的表达。

论述的时候还要用到推理。

推理是由一个或几个已知判断推出一个新判断的思维形式。看下面例子：

①所有金属都是导电体，

②铁是金属，

③所以，铁是导电体。

第①②两句是前提，第③句是结论，是由前两句推导出来的。

推理是由已知判断推出结论，有几点需要注意：一是已知判断要真；二是推理过程要真，否则推出的结论就不对（这一点，在写议论文的时候尤其要注意）；三是要注意主项、谓项的周延性问题，还要了解推理的分类（演绎推理、归纳推理、类比推理、溯因推理）及相关知识。有关推理、论证方面的知识，在后面进行例文分析的时候还会提及，这里就不多说了。教师们可以看看《普通逻辑学（第四版）》（杨树森著）这本书，对教学很有帮助，也可以推荐《写给中学生的逻辑学》《身边的逻辑学》等书给学生阅读。总之，要结合现有的教材，阅读相关的逻辑学书籍，和学生一起学一点逻辑学知识，为写作做好准备。

二、借鉴他人的作文方法

刘勰在《文心雕龙·镕裁》里明确提出“规范本体”，所谓的“体”，就是文章的架构。在创作开始之后，要有一个情理的架构，就是说，写什么，要想清楚。只有情理架构完整，首尾一致才是好文章[①]。古人写文章特别讲究起承转合，如贾谊的《过秦论》，先述秦孝公等国君的开疆拓土（起），之后写秦始皇统一天下（承），再述陈涉亡秦（转），最后水到渠成地提出观点（合）。有的文章逻辑推进很严谨，也非常值得学习，如苏洵的《六国论》（表4）。

① 罗宗强.魏晋南北朝文学思想史[M].北京：中华书局，1996：210-211.

表4 《六国论》逻辑结构分析

标题及原文	分　析
六国论【苏洵】	标题是话题,不是中心观点。
六国破灭,非兵不利,战不善,弊在赂秦。赂秦而力亏,破灭之道也。或曰:六国互丧,率赂秦耶?曰:不赂者以赂者丧,盖失强援,不能独完。故曰:弊在赂秦也。	提出中心观点"六国灭亡'弊在赂秦'",但这个观点不完全符合史实,所以补充"不赂者以赂者丧",使观点合理。
秦以攻取之外,小则获邑,大则得城。较秦之所得,与战胜而得者,其实百倍;诸侯之所亡,与战败而亡者,其实亦百倍。则秦之所大欲,诸侯之所大患,固不在战矣。思厥先祖父,暴霜露,斩荆棘,以有尺寸之地。子孙视之不甚惜,举以予人,如弃草芥。今日割五城,明日割十城,然后得一夕安寝。起视四境,而秦兵又至矣。然则诸侯之地有限,暴秦之欲无厌,奉之弥繁,侵之愈急。故不战而强弱胜负已判矣。至于颠覆,理固宜然。古人云:"以地事秦,犹抱薪救火,薪不尽,火不灭。"此言得之。	阐述"弊在赂秦":诸侯赂秦丢的土地比战败丢的土地多;诸侯祖先辛苦获得的土地被子孙轻易送秦;秦贪得无厌,诸侯不送完自己的土地,秦不会满足。
齐人未尝赂秦,终继五国迁灭,何哉?与嬴而不助五国也。五国既丧,齐亦不免矣。燕赵之君,始有远略,能守其土,义不赂秦。是故燕虽小国而后亡,斯用兵之效也。至丹以荆卿为计,始速祸焉。赵尝五战于秦,二败而三胜。后秦击赵者再,李牧连却之。洎牧以谗诛,邯郸为郡,惜其用武而不终也。且燕赵处秦革灭殆尽之际,可谓智力孤危,战败而亡,诚不得已。向使三国各爱其地,齐人勿附于秦,刺客不行,良将犹在,则胜负之数,存亡之理,当与秦相较,或未易量。	阐述"不赂者以赂者丧,盖失强援,不能独完"。分别分析齐、燕、赵三国,并提出自己的假设——战到底,结局未可知。
呜呼!以赂秦之地,封天下之谋臣,以事秦之心,礼天下之奇才,并力西向,则吾恐秦人食之不得下咽也。悲夫!有如此之势,而为秦人积威之所劫,日削月割,以趋于亡。为国者无使为积威之所劫哉!	"借古讽今":由论六国引出对为国者的忠告。交代写作目的。
夫六国与秦皆诸侯,其势弱于秦,而犹有可以不赂而胜之之势。苟以天下之大,下而从六国破亡之故事,是又在六国下矣。	进一步告诫当今统治者不要"赂秦(辽、西夏)"。

再如吴晗的《谈骨气》一文,其逻辑结构也非常严谨(表5)。

表5　《谈骨气》逻辑结构分析

标题及原文	分　析
谈骨气【吴晗】	标题是话题。
我们中国人是有骨气的。 战国时代的孟子，有几句很好的话："富贵不能淫，贫贱不能移，威武不能屈，此之谓大丈夫。"意思是说，高官厚禄收买不了，贫穷困苦折磨不了，强暴武力威胁不了，这就是所谓大丈夫。大丈夫的这种种行为，表现出了英雄气概，我们今天就叫做有骨气。	提出观点"中国人是有骨气的"，第二段解释什么叫骨气，特别是孟子的三句话，成为本文的三个分论点。
我国经过了奴隶社会、封建社会的漫长时期，每个时代都有很多这样有骨气的人，我们就是这些有骨气的人的子孙，我们是有着优良革命传统的民族。 当然，社会不同，阶级不同，骨气的具体含义也不相同。这一点必须认识清楚。但是，就坚定不移地为当时的进步事业服务这一原则来说，我们祖先的许多有骨气的动人事迹，还有它积极的教育意义，是值得我们学习的。	过渡段。
南宋末年，首都临安被元军攻入，丞相文天祥组织武装力量坚决抵抗，失败被俘后，元朝劝他投降，他写了一首诗，其中有两句是："人生自古谁无死，留取丹心照汗青。"意思是人总是要死的，就看怎样死法，是屈辱而死呢，还是为民族利益而死？他选取了后者，要把这片忠心记录在历史上。文天祥被拘囚在北京一个阴湿的地牢里，受尽了折磨，元朝多次派人劝他，只要投降，便可以做大官，但他坚决拒绝，终于在公元1283年被杀害了。 孟子说的几句话，在文天祥身上都表现出来了。他写的有名的《正气歌》，歌颂了古代有骨气的人的英雄气概，并且以自己的生命来抗拒压迫，号召人民继续起来反抗。	论述第一个分论点"富贵不能淫"，举文天祥被俘不投降的例子。
另一个故事是古代有一个穷人，饿得快死了，有人丢给他一碗饭，说："嗟，来食！"（喂，来吃！）饿人拒绝了"嗟来"的施舍，不吃这碗饭，后来就饿死了。不食嗟来之食这个故事很有名，传说了千百年，也是有积极意义的。那人摆着一副慈善家的面孔，吆喝一声"喂，来吃！"这个味道是不好受的。吃了这碗饭，第二步怎样呢？显然，他不会白白施舍，吃他的饭就要替他办事。那位穷人是有骨气的：看你那副脸孔、那个神气，宁可饿死，也不吃你的饭。 不食嗟来之食，表现了中国人民的骨气。	论述第二个分论点"贫贱不能移"，举穷人不食"嗟来之食"的例子。

续 表

标题及原文	分　析
还有个例子。民主战士闻一多是在1946年7月15日被国民党枪杀的。在这之前，朋友们得到要暗杀他的消息，劝告他暂时隐蔽，他毫不在乎，照常工作，而且更加努力。明知敌人要杀他，在被害前几分钟还大声疾呼，痛斥国民党特务，指出他们的日子不会很长久了，人民民主一定得到胜利。毛主席在《别了，司徒雷登》一文中指出："许多曾经是自由主义者或民主个人主义者的人们，在美国帝国主义者及其走狗国民党反动派面前站起来了。闻一多拍案而起，横眉怒对国民党的手枪，宁可倒下去，不愿屈服。"高度赞扬他表现了我们民族的英雄气概。	论述第三个分论点"威武不能屈"，举闻一多不怕暗杀的例子。
孟子的这些话，虽然是在两千多年以前说的，但直到现在，还有它积极的意义。当然我们无产阶级有自己的英雄气概，有自己的骨气，这就是绝不向任何困难低头，压不扁，折不弯，顶得住，吓不倒，为了社会主义、共产主义建设的胜利，我们一定能够克服任何困难，奋勇前进。	由中国历史上的这些有骨气的传统联系当下，中国人民面对困难，一定有骨气能够克服。本段交代了写作目的，如果按照严谨的议论文来写的话，这一段直接改成一句话即可：中国人是有骨气的。

《谈骨气》观点鲜明，结构非常清晰，这是值得我们学习的，可以在教学中将其作为例子加以利用。

在议论文教学中，教师要善于借鉴那些具有代表性的作品，尤其是中学课本里出现的一些文章，可以对其做系统梳理，然后作为作文结构教学的材料使用。要注意的是，有些文章并不完全符合议论文的写作要求，教师可以根据具体情况开展修改、调整的活动，这样意义更大。像《六国论》中苏洵为了服从自己的写作意图而将论点定为"弊在赂秦"，然后对观点进行修补；像《谈骨气》结尾本应点题却联系了现实，也是服从于写作意图。这些作品拿出来分析，都很有教学价值。

三、讲解作文结构技巧

作文的结构有没有技巧可言？一定有！例如，古代的"八股文"有如何破题、承题、起讲、入题等规定格式，人们常说的议论文有提出问题（观点）、分析问题（论证）、解决问题（总结）的基本格式。这些格式在一定意义上来说，也是结构的基本方法，或者说是一般技巧，如果再深入挖掘，还有很多结构方面的技巧可以教学。

1.标题的统领技巧

在讲“拟题”的时候，我们曾提到过作文标题有统领全文的作用，从文章结构的角度来说，标题更应该起到统领作用，这可以看作作文的基本要求。标题不清楚、不明确，直接影响读者对文章内容的判断，相反，如果标题能很明确地显示论证中心，那么，文章的整体布局就容易围绕着标题来展开，某一段、某几段是不是合乎中心，就一目了然了。

2.整体的布局技巧

（1）整体结构的基本样式。

一篇文章，在写作之始就需要进行整体布局，如何开头，如何展开论述，如何收尾，都应该有基本的样式。作文整体结构，可以是横向展开论述（并列式），也可以是纵向展开论述（递进式），还可以是正反对比论述，等等。不管采取什么结构样式，首先大脑里得有这样的结构样式，才不至于“脚踩西瓜皮，滑到哪里是哪里”。这些结构的基本样式将在下文详细阐述，此处不多言。

（2）论证层次的多次拆分。

论证层次的拆分是最难的！很多学生苦恼作文写不满800字，刚写几段就写不下去了。有人说，这是因为平时积累不够，没材料可写，实际上并非如此，而是因为思维没打开，不会拆分论述层次。下面举例说明。

【例1】有人说，我们这个时代从不缺聪明人，缺的恰恰是“笨人”。你对此有怎样的认识？请写一篇文章，谈谈你的思考。

这道作文题，有效信息实际上就是“我们这个时代从不缺聪明人，缺的恰恰是‘笨人’”这么一句话，似乎能一眼看穿，就是不缺聪明人，缺“笨人”啊，可是怎么写？怎么展开？怎么凑够800字？

我们来进行层次拆分。

第一层次：“我们这个时代从不缺聪明人”。

思考1：“聪明人”是指什么样的人？可以是智力比较好的人，会处理大小事情的人，能力比较强的人，懂得人情世故的人，做出成绩的人，把聪明写在脸上的人，等等。

思考2：“从不缺聪明人”说明这样的人很多——是这样的吗？是的。

思考3：“我们这个时代”——时代背景是什么样的？如生活节奏快、地球村、交流便捷等。

思考4：上述思考和“不缺聪明人”之间有何关系？和缺“笨人”之间有何关系？

第二层次：缺的恰恰是“笨人”。

思考1：“笨人”是什么样的人？可能是脑子反应慢一点、动作慢一点的人，也可能是不会计较的人（从利益的角度）、干活多一点的人（不会偷懒的人）、执拗（执着）的人（看起来不懂得改变的人），还可能是大智若愚、真正的聪明人。

思考2：为什么缺“笨人”？探析原因。真的缺“笨人”吗？深入思考。

第三层次：整体思考，“我们这个时代从不缺聪明人，缺的恰恰是‘笨人’”。这是针对什么样的情况说的？（没有说话的背景分析，多数话都可能有问题）

第四层次：反向思考（多角度思考），“我们这个时代从不缺聪明人，缺的恰恰是‘笨人’”。这句话有没有问题？有没有不完整的地方？

第五层次：回顾前面的分析、论述。

即使作文题目给的只有一句话，也可以将这句话按照语法结构进行拆分，每一个拆分后的局部思考，实际上就是文章的一个层次。这样层次就多起来了，怎么会写不满800字呢？

【例2】生活中，我们常常听到这样的抱怨：道理都懂，但为什么不按照道理去做呢？对此，你有怎样的思考？请写一篇不少于800字的文章。

我们来进行层次拆分。

背景——“生活中”。

第一层次：“我们常常听到这样的抱怨”。真的吗？谁在抱怨？

第二层次：“道理都懂”。什么道理？真的“都懂”？还是似懂非懂或根本不懂？

第三层次：“为什么不按照道理去做呢？”是什么原因？主观的还是客观的？抑或看起来没按道理做，实际上是按道理做了？等等。

第四层次：这些人为什么抱怨？抱怨谁？可不可以不抱怨，而是想办法去改变？

第五层次：这些道理是谁认为的“道理”？（可以根据需要放在前面某个层次里）

据此可以设计成下面两种文章结构：

第一种结构：

①真的懂吗？可能不是真懂道理。

②即使懂，但不做，原因一——人的惰性，意志不坚定，原因二——养成了坏习惯，改不了。

③不按照道理去做，求新求异，值得支持。

④“道理”可能不一定是对的，不做是有思想的表现。

⑤少一点抱怨，多一点指导、引导、教导。

⑥结尾。

第二种结构：

①生活中，我们是不是常常听到这样的抱怨？（举例）

②这样的抱怨背后是什么？——知易行难！

③知易行难，是人之常情。（举例）

④如果知道了道理就能去做并且做好的话，那很多事未免也太简单了，每个人都能成功。（举例）

⑤所以，陶行知提出“知行合一”，既要知也要行。

⑥那种“道理都懂，为什么不按照道理去做”的抱怨者，正是没看到这背后的道理。

⑦可见，懂得道理并没有什么大用，还要去做，“行”是关键。

以上举了两个例子，说明如何对作文题目中的材料进行层次拆分，然后构建作文结构。具体实践中怎么操作还要因“情”制宜，灵活运用。结构作文时，要有层次拆分的意识，并努力去做拆分这件事，而不是将材料整个囫囵在一起。

3.逻辑的推进技巧

（1）逻辑的内在推进。

如果一篇文章的内在推进没有逻辑的话，那么它一定不会是好文章。因此，在写作的时候，要始终关注文章的内在逻辑推进。这一点可以参看孟子的文章，他的文章大多讲究逻辑推进，丝丝入扣，水到渠成。《孟子·梁惠王下》里的这段对话就是如此。

> 孟子谓齐宣王曰：“王之臣，有托其妻子于其友而之楚游者。比其反也，则冻馁其妻子，则如之何?”
>
> 王曰：“弃之。”
>
> 曰：“士师不能治士，则如之何?”
>
> 王曰：“已之。”
>
> 曰：“四境之内不治，则如之何?”
>
> 王顾左右而言他。

在谈话前，孟子就有自己要表达的观点，即“国家没有治理好，是王的责任”。因为身份的原因，也是孟子本人说话的风格，他没有直接质问齐宣王，而是由朋友负我、“士师不能治士”入手，一步步询问，齐宣王最终“顾左右而言他”，不接话了。这就是内在逻辑推进的魅力和威力。作文时，处理好文章各部分内在的逻辑关系非常重要。

（2）使用标志性词语。

教学实践中，我经常看到很多作文段落之间没有过渡、没有联系，犹如下楼梯，“咯噔”一下，非常不顺畅。

语文课上的作文不像英语课上的作文，可以用“first”“second”“third”；

也不像政治论述题，常用首先、其次、最后。这种现象在不会写作文的学生身上体现最多，在不会写作文的教师身上也经常出现。

那该怎么办呢？在作文时，多使用一些关联性词语，如连词、副词等。我们看一位同学的考场作文片段：

生活充满变数，因此对生活的预测往往不能那么准确。同时，我们自己才是生活的主人，我们有能力改变生活、主宰生活。毕淑敏谈到这个问题时曾说……诚哉斯言！……但反观我们当今社会……如果社会中这样的人多了起来，那社会又该何去何从？

作者使用"因此""同时""但""如果""那"等，使文章前后连接顺畅，显得逻辑严谨，也避免了上下文过渡的生硬。再看下面一篇习作。

作文题目：

2016年2月29日上午，第88届美国奥斯卡金像奖颁奖礼在洛杉矶举行，"陪跑"多年的莱昂纳多终于凭借《荒野猎人》成功封帝；2017年10月5日，凭借《挪威的森林》《海边的卡夫卡》《且听风吟》等畅销作品扬威世界的日本作家村上春树，连续6年入围诺贝尔文学奖，却又一次空手而归，被网友誉为史上最悲壮的诺贝尔文学奖"陪跑"人。"陪跑"现象广泛存在，对此现象你怎么看？请写一篇不少于800字的文章。

学生作文：

不惧陪跑，无冕称王

在这个以竞争博眼球的世界，各类奖项与名号充斥着各行各业。在各种各样的评选中，人们总发现一些"不幸之人"，他们总是与荣誉失之交臂，这种陪跑现象已成为各大奖项的一个"看点"，为人们津津乐道。

事实上，作为陪跑者他们并非没有实力，相反，能够入选这些角逐名单，已是他们实力的体现。张国荣在戛纳影帝的角逐中以一票之差遗憾落选，但他在《霸王别姬》中所饰演的角色程蝶衣的形象却成为经典，为世人称道。确实，在严格的选拔过程中，落选才是常态，获奖只是意外之喜，而在每次的受挫后依然不忘初心，不懈努力，这种矢志不渝的信念也是他们超乎常人的实力的体现，足以使他们无冕称王。

然而，陪跑现象如此受人关注并非陪跑者本身为自己鸣不平，而是一些平常的“看客”仅仅看重虚名的产物。这些看客们往往不会理性地欣赏获奖者与陪跑者作品的区别，他们既没有相对应领域的专业知识，亦没有平静的心境。于他们而言，两者的差异仅在于是否获奖，并拿这些虚名大做文章。这种现象的盛行实则是对专业领域的亵渎，使人们的关注点聚焦于名誉而非更深入的欣赏。这种讨论的广泛存在加重了社会的浮躁之风。

但是，这种在外人看来的遗憾失利于陪跑者而言却并非一无是处，相反，这客观上将他们与夺魁者的差距赤裸裸地展现在他们眼前，并以此激励着他们不断向前，有了“一雪前耻”的意志。当然，一两次的陪跑有益可言，但是不断的打击有时可能适得其反。阿隆·戈登三次入选扣篮大赛，飞跃2.3米的长人之举使人瞠目结舌，却最终以一分之差落败。他在赛后道出评委的不公，也宣布由此退出扣篮大赛的角逐。这种对于努力的一再否定，使得陪跑者放弃了长期的追求。

所以，要成为一名真正的“无冕之王”，就必须从陪跑的名号中看淡，排除外界的干扰，潜心追求。正如在诺贝尔文学奖陪跑六年的村上春树所言：“我不能抛弃心，我想。无论它多么沉重，有时是多么黑暗，但它还是可以时而像鸟一样在风中曼舞，可以眺望永恒。”的确，诺贝尔文学奖本非他写作的初衷，当他将他的思想融入文字，为世人阅读、传诵，他所追寻的价值就已经体现，其伟大也不证自明。由此不难发现，陪跑者的多次陪跑看似不幸与悲壮，但他们成功的关键在于一直“跑”下去，看淡名利，于“跑”中坚持，看到差距不断打磨并最终无冕称王。

愿每个陪跑中的追梦者都能不惧陪跑，成就无冕之王！

文章在段落的开头分别使用了“事实上”“然而”“但是”“所以”等词语，连接上下文，使前后衔接紧密、过渡自然。

可见，在逻辑推进时，使用关联词语等标志性词语，能够让文章结构更严谨。

四、分析作文结构形式

前面已经提到，写文章虽然不强求统一格式，但是一些基本结构形式还是需要掌握的。下面介绍作文的几种基本结构形式。

1.纵向展开式

纵向展开式，可以看成层层递进的作文结构形式，它是议论文写作的常见主要形式，因为议论文本身就需要层层推进。纵向展开式的结构大体上应遵循“提出观点—论证观点—总结观点”的形式。学生大多在“论证”这个环节出问题——不知道如何推进。纵向展开式结构如图6所示：

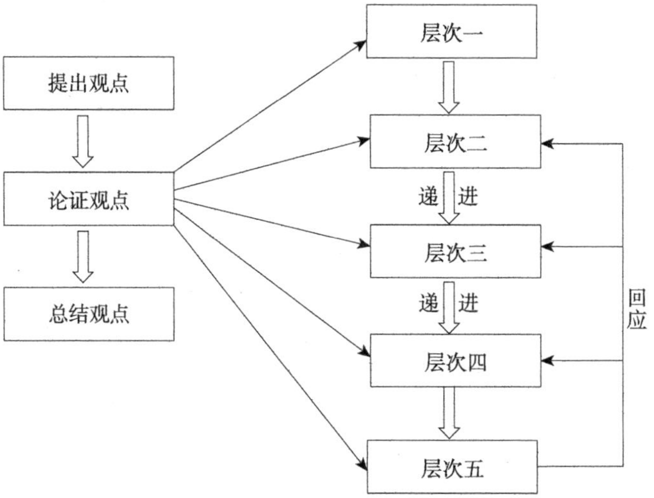

图6　纵向展开式结构

论证过程一般不应少于4个层次，层次太少则显得单薄、不充分，根据写作时的具体情况；有时可以是5个层次、6个层次，甚至更多；各层次之间一般是递进关系，如图6中的层次一至层次四；有时靠后的层次也可能是对前面层次的回应，如图6中的层次五。比如，围绕着“真正的成功就是……”写几个递进的层次，大致如下：

层次一：那些取得真正的成功的人必然具备某些良好的品质。

层次二：真正的成功需要锲而不舍的坚持。

层次三：只有锲而不舍的坚持才能获取知识。

层次四：获取知识才能战胜困难，取得成功。

层次五：真正的成功在于坚持、获取知识、战胜困难。

以上只是对纵向展开式结构的大致描述，具体写作过程中，不一定要完全参照。下面请看一个例子。

作文题目：

丹麦人去钓鱼会随身带一把尺子，钓到鱼，常常用尺子量一量，将不够尺寸的小鱼放回河里。他们说："让小鱼长大不更好吗？"两千多年前，我国孟子曾说过："数罟不入洿池，鱼鳖不可胜食也。"意思是，不要用细密的渔网在池塘里捕捞小鱼，这样才会有更多的鱼。实际上，其中的道理也贯穿在我们现实生活中的许多方面。

纵向展开式结构示例：

①提观点：要可持续发展。引入丹麦人、孟子的例子。

②当今社会，对资源的过度开发、使用……（举例）

③为什么这样过度开发？分析——追求眼前利益，没有长远眼光，不知放回小鱼……

④带来什么样严重的后果？（分析、举例）

⑤如果不及时采取措施会怎么样？（分析、举例）

⑥因而必须采取措施。（分析、举例——采取什么措施，哪些地方是这么做的？）

⑦如果大家都这么做了，会出现什么情况？（展望）

⑧结尾，呼吁。

教学时，可以让学生先写一写，然后全班一起评一评，集体调整、修改，最后教师再根据要求讲一讲。

2. 横向展开式

横向展开式结构，其实就是并列式论述。横向展开的时候要注意各层次之间不要出现交叉、包含、全同、全异等关系。请看下面三个句子。

> 真正的成功就是锲而不舍的坚持。
>
> 真正的成功就是充满勇气的超越。
>
> 真正的成功就是克服坎坷的淡定。

三个句子构成并列关系，锲而不舍的坚持、充满勇气的超越、克服坎坷的淡定之间不是交叉、包含、全同、全异的关系。横向展开式结构如图7所示：

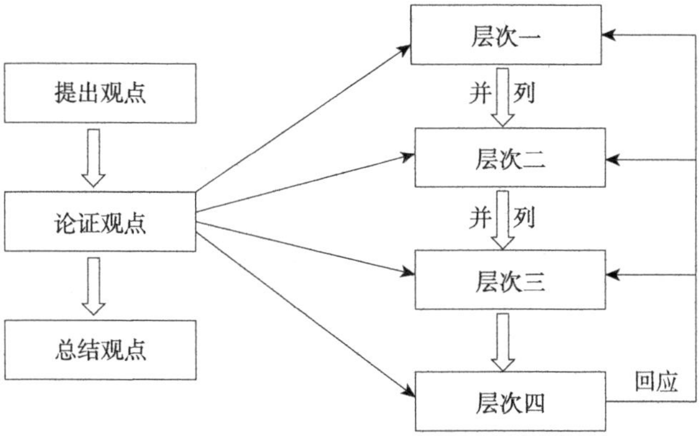

图7　横向展开式结构

使用横向展开的结构形式时要注意将一个话题拆分出若干个小话题，这些小话题要符合前文所说的逻辑概念的相关要求。像吴晗的《谈骨气》就是典型的横向展开式结构。

3. 正反对比式

正反对比式结构，顾名思义，就是在文章结构上采取正反相对的方式，请看下面两个句子。

坚持到底的人就会取得成功。（正）

意志不坚定的人不会取得成功。（反）

正反对比式结构的写法可以参照下面训练实例。

作文题目：以“勤说”为题，写一篇议论文。

训练步骤：

第一步：写一个简洁的开头，提出观点。可以引用名句，也可以自己写一个对偶或排比句。（教师在黑板上写下，学生在规定时间内完成）

（附部分学生创作的开头：①古人云：业精于勤荒于嬉，行成于思毁于随。“勤”乃成功之先决，无勤不能成功。②不是勤奋的人都能成功，但成功的人一定都很勤奋。③“书山有路勤为径，学海无涯苦作舟。”人生路上，以勤奋为色彩，才能描绘出美丽的彩虹。）

第二步：正面论述“勤有功”。①举名人事例，要求简练。②举名人名言，要求准确。结合事例或名言展开议论。（教师在黑板上写下，学生在规定时间内完成）

（附部分学生列举的事例及名言：①祖逖、爱迪生、苏秦、李白、王羲之……②有志者，事竟成，破釜沉舟，百二秦关终属楚；苦心人，天不负，卧薪尝胆，三千越甲可吞吴。成功等于百分之九十九的汗水加百分之一的灵感……）

第三步：反面论述“戏无益”。①举名人事例或熟知的事例，要求简练。②举名人名言，要求准确。结合事例或名言展开议论。（教师在黑板上写下，学生在规定时间内完成）

（附部分学生列举的事例及名言：①方仲永、周处……②黑发不知勤学早，白首方悔读书迟。少壮不努力，老大徒伤悲……）

第四步：在第二步和第三部之间写一两句话，作为过渡段。（教师在黑板上写下，学生在规定时间内完成）

（附部分学生的创作：自古至今，那些干出成果，做出功绩的人，无一不是“勤”字当头。相反，如果一味地嬉戏玩耍，终将一事无成……）

第五步：

写一小段话，总结全文，呼应开头，点明中心。

以上五步，是对一篇议论文的分解训练。教师有意识地指导和训练，会使学生对议论文的结构形成一个清晰的认识。如此反复训练，可使学生掌握结构的技巧。

正反对比式结构大多时候用在一篇文章的局部段落，很少通篇使用。

文章结构不只以上三种形式，在具体写作过程中也不是一次只能用一种结构形式，相反，几种结构形式往往是综合运用的，只不过，大多数时候，从整体布局来看，多采用纵向展开、层层推进的方式。

五、开展作文结构的"常态"教学

要想教学有效果，当然少不了一定量的教学实践。教师可以开展一些片段训练，如给出作文题目或话题，让学生分别按照横向展开式、纵向展开式、正反对比式结构来写一些句子；也可以设计完整的结构训练课，和学生一起探讨作文结构的方法。

作文结构的"常态"教学的开展，要注意四点：一是要开展语法知识教学和基本的逻辑知识教学；二是要学习他人的文章结构技巧，并从中汲取经验，为我所用；三是要讲清楚作文结构的一些基本知识和技巧；四是要引导学生在实践中针对不同的作文题目摸索出相应的结构方式。

第六章　作文材料的“常态”教学

作文教学中，人们往往会重视用来证明观点的材料（例子），但对用什么样的例子、怎么用这些例子研究不够。材料作文题目中的“材料”该怎么处理？要不要在作文中使用？怎么使用？也需要深入研究。

本章阐述了作文题目中的材料转述的方法，并对如何选择材料、叙述材料、使用材料、积累材料等进行了思考和研究，给出了一定的方法。

第一节　作文材料的“常态”教学概述

议论文的写作离不开“材料”。本书中，我把作文“材料”分为两种：一种是题目本身所给的除去“要求”部分的文字，也称之为“引导材料”，为了便于区别，我们称之为“题目中的材料”；另一种就是文章写作过程中用来证明观点的事例和语句，我们称之为“事例材料”。

关于“题目中的材料”，请看下面作文题目。

（2017年高考全国卷Ⅰ作文题）阅读下面的材料，根据要求写作。

①据近期一项对来华留学生的调查，他们较为关注的“中国关键词”有：一带一路、大熊猫、广场舞、中华美食、长城、共享单车、京剧、空气污染、美丽乡村、食品安全、高铁、移动支付。

②请从中选择两三个关键词来呈现你所认识的中国，写一篇文章帮助外国青年读懂中国。要求选好关键词，使之形成有机的关联；选好角度，明确文体，自拟标题；不要套作，不得抄袭；不少于800字。

第①段就是本书所说的题目中的材料（引导材料），第②段则是写作要求。

关于文章中用来证明观点的事例材料，请看下面习作片段。

> 而批评与建设亦可合于一身。时代“牛虻”鲁迅不也用他那《中国小说史略》和《魏晋风度及文章与药及酒之关系》搭出了现代人对古代小说及人物研究的体式吗？梁思成、林徽因在疾呼批驳对老建筑的随意拆毁及对新建筑外观的毫不在意的行为同时，也四处探访各地民居，为未来中国的设施建设提供灵感。许多人既是批评者又是建设者，因为归根到底这两者都代表着对社会、生活有着深层的思考与执着的热爱。

文段中提到的鲁迅搭建现代人对古代小说及人物研究的体式，梁思成和林徽因为未来中国的设施建设提供灵感等，都是用来证明“批评与建设亦可合于一身”的事例，我们称之为事例材料。

再看下面习作片段。

> 诚然，物质化的时代可能不断推搡着我们走向“欲望”。但是，在这经济基础足够稳固的新时代，我们年轻人要“沉淀”下来，明辨是非、坚守志气，像尼采所说，“在自己身上，克服这个时代”。来吧，勇敢地说一声：“再见吧，焦虑！”

文段中引用尼采的话，就是用来论证年轻人要能沉淀下来，明辨是非、坚守志气。我们称之为语句材料。

不能清楚地意识到“题目中的材料”的重要性，不知道如何对其进行转述，不知道如何有效地积累事例材料，不知道如何扩展和压缩事例材料，不知道如何恰当地分析事例材料，不知道如何引用和分析语句材料，不能有效地建立事例材料、语句材料和观点之间的联系，这些情况不仅存在于学生的“写”之中，也存在于教师的“教”之中。我们称之为作文材料教学的“非常态”。

那么，作文材料教学的“常态”又是什么样的呢？

在写作的时候，需要对作文“题目中的材料”进行提炼、概括，然后进行合理的转述，用到作文中去；用来证明观点的事例材料、语句材料，则要考虑到运用问题，如材料的使用、材料的压缩、材料的扩展等；材料的积累，要采取有效的方法；有时还会用到一些特殊的材料，如原理、定律等来增加论证的逻辑性和说服力。在写作教学的过程中，对“题目中的材料”进行合理的转述，对事例材料、语句材料进行有效的积累和合理的运用，就是作文材料的“常态”教学。

作文材料的“常态”教学包括作文材料转述的“常态”教学，作文材料运用的“常态”教学，作文材料积累的“常态”教学。

第二节　作文材料转述的“常态”教学

在日常作文教学过程中，我们发现，很多同学不知道如何处理作文题目中的材料。有的同学不管三七二十一，把作文题目中的材料先抄一遍，放在自己作文的开头；有的同学则似乎忘了作文题目中的材料，直接忽略，不管不顾，另起炉灶；还有的同学，抓住题目材料中的某一两个所谓的“关键词”，在作文的开头点一下，就开始自管自顾地去写了。而教师在教学过程中，对题目中的材料往往是分析有余，但没有教学生如何转述材料。这些做法都是“非常态”的。

作文材料转述的“常态”教学，首先是要有转述的意识，要明白作文题目中的材料是需要进行转述的，转述的好坏，也会直接影响着文章，要明白不能照抄材料或忽视材料；其次是要正确理解题目中的材料，然后进行提炼、概括与运用。

所谓材料的转述，是指对作文题目中的材料进行概括、提炼，合理地、巧妙地放在文章合适的地方，主要是开头部分或结尾部分，有时也可以放在文章中间的某个地方。简单来说，就是作文题目中所给的材料，既不能全抄在作文里，也不能一点也不要，而是要根据需要对其进行适当地概括和提炼，为我所用。

概括、提炼，是把题目材料中的重要信息概括、提炼出来，不是人们常说的“提取关键词”，这一点尤其要提醒学生注意。在第一章讲审题的时候，我们曾详细说过，在审题时，既要抓题目材料中的关键词，更要分析题目中各句子之间的关系，理清句子的主次，辨析清楚各句子之间的关系，然后删繁就简，抓住主要信息，这样才能明确写作方向和写作重点。

和转述材料相关的有两点要做好，一是要做好“始发叙述”，二是要注意写好“连接句”。

一、始发叙述

所谓的始发叙述，就是在文章的开头根据写作的需要对题目中的材料进行概况、提炼后的转述。我们来看一个例子[①]。

> 阅读下面材料，提炼观点，写一篇议论文。
>
> 一对孪生小姑娘走进玫瑰园，不多久，其中一个小姑娘跑来对母亲说：
>
> “妈妈，这是个坏地方！”
>
> “为什么呢，我的孩子？”
>
> “因为这里的每朵花下面都有刺。”
>
> 不一会儿，另一个小姑娘跑来对母亲说：
>
> “妈妈，这里是个好地方！”
>
> “为什么呢，我的孩子？”
>
> “因为这里的每丛刺上面都有花。”
>
> 听了这两个孩子的话，母亲陷入了沉思。

我们对这个作文题进行审题。

孪生姐妹，说明两人有更多的相似性，然而，其中一个人看到每朵花下都有刺，认为这是不好的地方，另一个人却看到每丛刺上面都有花，认为这是个好地方。可见看问题的角度不同，得出的结论也就不同。所以，立意为

① 例子选自人民教育出版社出版的高中选修教材《文章写作与修改》。

“角度影响看法”“要全面看待问题”“要辨证看待问题”都可以。

审好题后，我们来进行材料转述。请看下面几个同学对材料的转述。

①我认为上面第一个姑娘说得不对，第二个说得对……

②一对孪生姑娘同去看玫瑰，一个说，这地方不好，因为每朵花下面都有刺，而另一个却说这地方好，因为每丛刺上都有花。为什么会有这两种截然不同的说法呢？

③一对孪生小姑娘走进玫瑰园，不多久，其中一个小姑娘跑来对母亲说：“妈妈，这是个坏地方！这里的每朵花下面都有刺。”另一个小姑娘跑来对母亲说：“妈妈，这里是个好地方！这里的每丛刺上面都有花。”听了这两个孩子的话，母亲陷入了沉思：为什么会有不同的看法呢？

④面前有一丛玫瑰，你看到的是尖锐的刺呢，还是娇艳的花？

⑤“横看成岭侧成峰，远近高低各不同。”看问题的角度不同，所得观点也各异。因而有人只看到花下刺，也有人只看到刺上花。

第①个转述，有几个问题。一是，议论文中尽量不要出现“我”，因为不是记叙文，也不是面对面的辩论，不需要有代入感。二是，“上面”是哪一面？这是将口语带入书面语中去了。三是，“第一个姑娘说得不对，第二个说得对”中，“第一个姑娘”“第二个姑娘”这样的指代不准确，也无必要；“说得对”“说得不对”这样的表述过于简单粗暴，也会给后面的论证带来不必要的麻烦。

第②个转述中，前面的转述还是有点多余，还有压缩提炼的空间。

第③个转述，几乎是把材料全部抄过来了，没有提炼和概括，等于是废话。

第④个转述，高度概括，将“母亲”“孪生姐妹”“玫瑰园”“好地方”“坏地方”都隐去了，直奔主题——看问题的角度。如果说有不足的地方，就是过于简洁，有点单薄了。

第⑤个转述，先由苏轼的诗句引出观点，特别指出的是，不是说引用诗句就好，而是引用恰当的诗句才是好的。苏轼的这两句诗非常恰当，正是谈角度的问题。“因而有人只看到花下刺，也有人只看到刺上花”两个小句子，对材料高度概括，非常精练，去掉了冗余的信息。这个开头，也可以再进一步修改，如下：

> 面对同样的玫瑰花，有人看到花下刺，有人看到了刺上花，正所谓“横看成岭侧成峰，远近高低各不同。”看问题的角度不同，所得观点也各异。

这样，先概括题目材料，然后顺势引出苏轼的诗，最后提观点，一气呵成，非常流畅。

这就是我们所说的材料的转述，归纳起来，材料的转述要注意以下几点：

（1）要对材料进行概括、提炼。去掉细枝末节、冗余的信息，像“公园”“小姑娘”“母亲”“陷入深思”等都是无关紧要的，不用管它。要抓住核心和关键，像“孪生”“玫瑰花”“花下刺”就很重要了。

（2）尽量使用材料中的关键词。什么是关键词，我们在第三章中已经详细说过，这里再回顾一下。材料中的关键词可以是这段材料的陈述对象，是名词，也可以是材料中的动词或修饰限制的形容词。概述时，如果不使用这些词，往往就会跑偏，偏离题意。

（3）语言表述要干净利落。既然是概述，语言就要精练，不能照抄题目原话，或增加一些无关的废话。议论文本身就讲究语言干净利落，更何况是在文章开头的部分呢？要给阅读者留下干净、简练的好印象。

（4）适当地引用一些好句子。像例子中提到的第⑤个转述，引用苏轼的诗，是很好的做法。但这个并不是材料转述必须要做的，如果没有合适的，宁可不要。

（5）最好提出观点或引出话题。材料转述好以后，最好能顺势提出观点或引出话题，或者在转述的过程中，就给提出观点或引出话题留下合适的空间，使得在提观点或引话题的时候，不显得生硬。这就涉及下文要讲的另外一个内容——连接句了。

有时，对材料的转述不一定要放在文章的开头，也可以放在中间或结尾，也要注意转述语言的精练和恰当。请看下面这个例子：

一位学者在给大一新生做报告。他拿出一张百元钞票问："谁要?"一只只手举了起来。他将钞票揉成一团，然后问："谁还要?"仍有人在举手。他把钞票扔到地上，又踏上一只脚，并且用脚碾它，尔后拾起钞票，钞票已变得又脏又皱。"现在谁还要?"还是有人举起手来。"你们已经上了一堂很有意义的课。无论我如何对待这张钞票，你们还是想要它。为什么?"

上面的文字，引发了你怎样的联想或感悟？请根据你的联想或感悟写一篇文章，不少于800字。

可以将材料概括成这样一句话："一张百元钞票，即使揉皱了、踏破了，但它还是一百元，它的价值并没有变。"并把这句话放在文章的开头部分。

也可以将材料提炼成这样一句话："就像一张百元钞票，你把它揉皱了、弄脏了、淋湿了，它还是一张百元钞票，还是拥有它所应有的价值。"并把这一句话放在倒数第二段，效果也很好。

二、连接句

所谓连接句，就是将材料和观点连接起来的句子。它往往和始发叙述搭配使用。有时，在一个段落中，将分论点和论证材料连接起来的句子，我们也叫它连接句；有时，连接各段落之间的句子，我们也叫它连接句。将材料与观点连接起来的词，我们称为连接词。连接句的情况如下：

文章开头：始发叙述—连接句（词）—观点（或话题）

文章段落：分论点—连接句（词）—材料—分析

段落之间：连接句（词）—段首—分论点—材料—分析

连接句（上一段段尾或下一段开头）—分论点—材料—分析

连接句（词）不仅连接题目材料和观点，也连接分论点和材料，还连接相邻段落。连接句（词）具有“穿针引线”的指向作用，指向论述的重点（观点）；连接句（词）也具有前后勾连的作用，使段落内部严谨，使文章各部分之间自然衔接。连接句（词）切忌生拉硬扯，要做到巧妙自然，天衣无缝。下面，我们举一个例子来讲讲连接句（词）和始发叙述之间的几种形式。

作文题目：

挤公交车是生活中常见的现象。挤上车前，我们总是大喊大叫着让别人往里面挪一挪，里面还有地儿；挤上车后，我们又开始讨厌别人再挤上来，极不情愿挪动位置。

生活中这种现象很普遍，请写一篇文章谈谈你的看法。题目自拟，不少于800字。

（1）类比连接法。

（始发叙述）在公交车这样的公共领域，我们只考虑自己是否能挤上车，却不愿作出一点让步让他人挤上车，（连接句）这种现象在各种公共场所层出不穷，例如公共楼道、共享单车等，（观点）这正是自私自利的表现。

（2）设问连接法。

（始发叙述）生活中常常出现挤公交车的现象：没挤上的人叫嚷着想上去，挤上的乘客不愿挪动位置让其他人上来。（连接句）为什么会有这样的情况呢？（观点）因为自私自利的心理在作祟。

（3）因果连接法。

（始发叙述）上车前，我们总是大喊大叫着让人们往里面挪一挪；上车后我们又拼命守卫自己的一方空间，不愿移动半分。（连接词+观点）因为自私自利已经占据了我们的内心。

（4）假设连接法。

（始发叙述）上车前，我们总是大喊大叫着让人们往里面挪一挪；上车后我们又拼命守卫自己的一方空间，不愿移动半分。（连接词+观点）假如我们都这样做的话，那么这个社会将变成自私冰冷的世界。

(5) 反问连接法。

(始发叙述) 上车前，我们总是大喊大叫着让人们往里面挪一挪；上车后我们又拼命守卫自己的一方空间，不愿移动半分。(连接句+观点) 难道这不正是自私自利的体现吗?

至于连接句 (词) 在段落内部和分论点之间的关系，这里暂且不说，留在“材料的运用”一节里阐述。

我们再简单地说说，连接句 (词) 在各段之间的呈现形式。请看下面例子。

作文题目：

西西弗斯原为希腊神话中的人物，他的人生是不断地推动注定会再次滚落到山脚的巨石，看似完全没有意义，但这是他反抗诸神的结果，而这种反抗本就带着对世界的认识，并且即使陷入这样绝望的命运里也始终不曾放弃反抗。因而，相比那些对命运逆来顺受、全盘接受的普通人，西西弗斯是明智并且幸福的，因为他的命运属于自己。

上述的话启示我们认识自身与外部世界的关系。请写一篇不少于800字的文章，谈谈你的思考。要求：(1) 自拟题目；(2) 不要写成诗歌。

例文：

掌控自己的命运

①西西弗斯人生命运早已被众神注定，只能在推动巨石与目睹巨石滚落的绝望与痛苦中徘徊，但他从未向命运屈服。而我们的命运尚且未被注定，因而我们更应如西西弗斯一般，将命运掌控在自己手中。

②屈从于命运，对命运逆来顺受，全盘接受，这无异于将自身托付于外部世界，随波逐流。命运中注定有诸多艰难坎坷，我们时常会陷入困境之中。阿Q面对困境自我消亡，源于他溺于命运洪流之中而缺失抗争的意识，选择用“精神胜利法”麻痹自己。可见，虽然命运的坎坷我们无法改变，但若采取逆来顺受的态度，最终会失去个体的独立性，溺于被安排的命运中。

③因此，面对外部世界的危机困境，我们更应将命运掌握在自己手中。相比于阿Q，西西弗斯的命运固然更加悲惨，但他选择向命运抗争，将命运掌握在自己手中。“人定胜天”，虽然看上去荒谬，但这正传递出面对命运坎坷勇于抗争的信念。不论结局如何，将命运掌握在自己手中，做自己的主人，不至于被命运磨平了棱角，已然是一件幸福的事。

④当然，掌控自身命运也并非不能采取妥协的态度。在很多情况下，直接反抗命运并不一定能够安然度过危机，就像西西弗斯纵使不甘于命运也只能一次次眼睁睁看着巨石滚落。曾国藩身为晚清重臣，面对列强入侵、国家存亡的危机采取逆来顺受的斡旋态度，最终得以在复杂局势下全身而退。以退为进，采取圆滑的方式面对命运未尝不可，但是我们仍要将命运掌控在自己手中，不能像阿Q那样在外部世界的危机面前失去自我。

⑤但是，很多人假借逆来顺受之名，美其名曰“佛系”，实际上在命运面前失去自我，失去对外部世界的判断力，采取一种无所谓的态度，仿佛世界一切与他毫无关系。其实这种“佛系文化”的背后隐藏着深层次的危机，因为这不仅无法帮助我们对抗命运、度过危机，甚至丢失了“宁为玉碎，不为瓦全”的勇气，这对一个有灵魂、有个体意识的人来说是无法接受的软弱。

⑥因此，我们更应积极面对命运，先将命运掌握在自己手中。而后面对命运带来的苦难，或是选择抗争，或是选择逆来顺受，都是一种处理危机的方式，不至于失去自我。不论结果，我们都已实现了生而为人的意义。

⑦掌控自己的命运吧！让独立的人格精神在命运的坎坷中闪耀。

第③段开头用“因此”一词连接上文关于屈从命运的后果的论述，第④段开头用“当然”一词承接上文论述的将命运掌握在自己的手中，然后接着写掌控自身命运也可以采取妥协的态度。第⑤段开头则用“但是”进行转折，紧接上文，转而写很多人逆来顺受，不懂反抗，不能掌握命运。第⑥段用“因此”开头，得出结论。段落开头的这些词正是起到了承上启下的连接作用。

三、材料转述教学案例

下面，我们展示一则材料转述教学案例，作为教学参考。

任务：运用所学知识，分析下面材料，确定观点，写一段始发叙述，注意使用连接句（词）将观点和材料连接起来。

作文题目：

丹麦人去钓鱼会随身带一把尺子，钓到鱼，常常用尺子量一量，将不够尺寸的小鱼放回河里。他们说："让小鱼长大不更好吗?"两千多年前，我国孟子曾说过："数罟不入洿池，鱼鳖不可胜食也。"意思是，不要用细密的渔网在池塘里捕捞小鱼，这样才会有更多的鱼。

实际上，其中的道理也贯穿在我们现实生活中的许多方面。对此，你有何思考?

教学过程：

第一步，审题。带领学生一起审题，确定写作主题（中心）。这个作文题在审题方面没有什么障碍，主题就是关于"可持续发展"的。

第二步，运用所学知识，写好始发叙述，用好连接句。

（1）可以分小组写，每个小组使用一种连接句。

（2）各组选取学生作品进行展示，其他组进行评价。

（3）师生一起修改、完善。

第三步，抄录优秀的始发叙述，存为资料。

附1：几则存在问题的转述及分析

【材料转述】

①丹麦人垂钓时，会把小鱼放归大海。生活如渔，只有顺应自然，才能做到可持续发展，源才能远，流才能长，生生不息。

②钓鱼时，丹麦人放掉小鱼，孟子不让数罟入洿池，因此在未来，他们会收获大鱼，更多的鱼。假如我们用这样可持续发展的眼光看待生

活，我们就能跳出当下的牢笼，拥有那时间赋予的无穷无尽的礼物。

③很多时候我们在进行消费活动的时候需要合理利用资源，正如丹麦人钓鱼的时候用一把尺子衡量鱼是否可以捕获一样，只有注重可持续发展才会有源源不断的资源。

④丹麦人捕鱼时会放生小鱼，我们不应与其背道而驰，而应践行孟子所主张的“数罟不入洿池，鱼鳖不可胜食也”的内涵。我们需要注重可持续发展，为未来的“大鱼”投食。

⑤面对可持续发展这个议题，孟子提出“数罟不入洿池”，丹麦人则自觉地将不够尺寸的小鱼放回河里，其实，不仅仅是捕鱼，在生活的方方面面，可持续发展都有着重要的地位。

【问题分析】

第①个转述，只概述了丹麦人钓鱼，孟子的话没有出现，这样，作文题目的材料就少了一半。另外，“生活如渔，只有顺应自然”，这句话来得突然，不是题目材料应有之义。从材料到观点，过渡生硬，连接不自然。

第②个转述，对题目材料的概括比较全面，比较精练，用了假设连接法，从材料到观点过渡比较流畅自然，然而，假设句的后半句没有写到“可持续发展”上，却写出“我们就能跳出当下的牢笼，拥有那时间赋予的无穷无尽的礼物”这样虚无缥缈的话。②可以改成这样：

丹麦人放掉小鱼，孟子不让数罟入洿池，这样就会收获大鱼，更多的鱼。假如我们有这样的眼光，那就能做到可持续发展。

第③个转述先议论，再概括材料，这种方式也是可以的，但是对题目材料的概括不够全面，且用“只有……才”这种充分条件来引出观点，显得很绝对，不利于全文的论述。

第④个转述，概述材料和议论同时进行，但是却犯了“中途易辙”的逻辑问题，我们不应与丹麦人背道而驰，怎么就转到“应践行孟子所主张的‘数罟不入洿池，鱼鳖不可胜食也’的内涵”？且“践行”和“内涵”也搭配不当。后面提出“可持续发展”也是无根之木，无从说起。

第⑤个转述，先提出“面对可持续发展这个议题”，给人感觉像是丹麦人、孟子是针对这个议题来开会一样，违反了逻辑和生活常识。

附2：优秀转述展示

①丹麦人钓鱼时将小鱼放归，孟子也曾说“数罟不入洿池”。不同时代不同地域的人却有着同样的思想，共同彰显着可持续发展对人类不可或缺的作用。

②丹麦人放钓上的小鱼回河，孟子更是反对用细网捞小鱼。为什么会存在这样相同的行为和看法？其实，这恰是可持续发展的思想的重要体现。

③古人云：“留得青山在，不怕没柴烧。”恰如丹麦人放归幼鱼而鱼不息，孟子收罢数罟而鱼鳖繁，惟有为将来留得绿水青山，方能源远流长，人类社会生生不息，社会方能可持续发展。

④丹麦人钓鱼带上尺子，孟子说“数罟不入洿池”，不都是在说同一个道理——要注意可持续发展吗？

⑤古今中外钓鱼者通常会放走小鱼。我国古人也曾提出“竭泽而渔，则明年无鱼”。这些网开一面，凡事留一线的做法，其实都是在用留下的空间来达到可持续发展。

⑥人们往往因为贪心，将池中的鱼尽数捕尽。但让小鱼长大不是更好吗？俗话说，留得青山在，不怕没柴烧。网开一面，才能可持续发展。

⑦丹麦人不钓未长大的鱼，孟子不用细网捕小鱼。他们为什么都留下小鱼？这是为了未来有更多的鱼。这样的捕鱼思想映射了一个贯穿生活的方方面面的哲理——可持续发展。

这些优秀的转述有一个共同的特点：对材料概括全面，语言精练，使用设问、名句、反问、因果等连接的方法，使材料和观点衔接自然。

四、材料转述练习

练习一：认真阅读作文题目，确定写作中心，写一段始发叙述。

鲁迅曾说：“幸福永远存在于人类不安的追求中，而不存在于和谐与稳定之中。”然而，也有人认为，和谐、稳定才是真正的幸福所在。对此，你怎么看？请写一篇文章谈谈你的认识。

参考：幸福在哪里？有人说幸福在和谐、稳定中，鲁迅说幸福永远存在于人类不安的追求中。这两种观点都有道理，但我认为，幸福无关乎外在，它存在于你我的内心之中。

练习二：下面是根据练习一的作文题写的习作中的几段内容，请在横线处写上合适的连接句。

“流光一瞬，华表千年。”在历史长河中，人们始终不曾停下对和谐、稳定生活的追求。这是一种平淡、朴素的幸福。人们在和谐、稳定的环境中踏实行走，社会亦在秩序中稳步前行。试想，若是一个人连最基本的温饱问题都无法解决，又何以收获幸福呢？可以说，和谐、稳定的的确确是幸福所在。

（1）________________，又不免沦为安逸享乐的傀儡。二十世纪初，俄国作家扎米亚京敏锐地洞察到“和谐、稳定”带来的新的社会弊端，他写下了《我们》，字里行间都像是淌着血，每一个句点都在述说着乌托邦社会的哀恸。我们须清醒地认识到，以和谐、稳定为幸福之源会吞噬我们的想法，在重复日常事务中，丢失了为人的创造力。

（2）________________。正如鲁迅之箴言：“幸福永远存在于人类不安的追求中。”对于“不安”的追求，即人们不安于现状，走出舒适圈，永不满足的奋斗热情。“不安”并非焦虑，而是一种对生活清醒的审视。作家东野圭吾“不安”于悬疑小说，《时生》的横空出世带领他突破创作的瓶颈；网红李子柒“不安”于直播挣流量，抛弃大城市的灯红酒绿回归田园，引得网友一片好评。正是不安的追求，使得他们超越了原先的自己，收获真正的幸福。

参考：(1) 然而，一味地追求和谐稳定；(2) 那么，怎样才能收获真正的幸福呢?

作文材料转述的“常态”教学首先要注意的是在审好题的基础上，对题目中的材料进行提炼、概括，将提炼、概括出来的内容适当地放在作文里。在行文过程中，要注意使用连接句来连接材料和观点（话题）；使用连接句或连接词来连接段落内部和相邻段落（有点像作文结构中的过渡句）。连接句（词）的作用就是使行文流畅自然。

第三节　作文材料运用的“常态”教学

在写作的时候，常要用到一些“例子”来证明文章的观点，这些例子就是事例材料。学生在事例材料的运用上往往会出现一些“非常态”的情况，如：事例本身不合适、不恰当，不能证明观点；事例直接拿来用，没有剪裁、加工，有时冗长，有时偏离论点；没有合理安排好事例的顺序；没有对事例进行分析，建立事例和观点之间的联系；等等。

作文材料运用的“常态”教学就是要让学生明白，如何选择材料，如何运用材料，如何分析材料。下面分别阐述。

一、材料的选择

材料的选择有个基本的原则，即选择的材料能有效地证明观点。什么是“有效”呢？我们举几个例子来说明。

【例1】观点：后天学习很重要。

材料一：周处，少时横行乡里，为“三害”之一，后拜师学习，为官清正，战死疆场。

材料二：方仲永，五岁会作诗，其父贪财，带他到处捞钱，不让他学习，后泯然众人。

如果要用上面两则材料来证明“后天学习很重要”，哪一则更合适呢？

分析观点，“后天学习很重要”中暗含了“先天”方面的内容。材料一中，周处是通过学习才为官清正，战死疆场，和他少时的经历形成对比，说明学习的重要性，并未突出“后天”，周处的例子是可以用来证明观点的，但并非很“有效”。材料二中，方仲永先天就聪明，会作诗，后天没有学习导致泯然众人，对比中突出了后天学习的重要。因而，材料二比材料一更合适，材料一是可以用，材料二是有效、典型。

【例2】观点：勤奋刻苦才能有所成就。

材料一：王羲之学书法，成为书圣。

材料二：贾岛推敲作诗，留下佳话。

材料三：某人十年寒窗，考上北大。

如果要用上面三则材料来证明“勤奋刻苦才能有所成就”，哪一则更有效呢？

分析观点，“勤奋刻苦”和“有所成就”构成条件关系，且“成就”一词表示的程度比较高，普通的成绩应该不算在内。材料二中，贾岛推敲作诗，最后确实留下诗名，但是以贾岛一生所写的诗及其影响来看，还不能算“成就”。材料三中，且不说考上北大算不算“成就”，单说“某人”就不具有典型性。材料一中的王羲之苦练书法的故事正好契合“勤奋刻苦”，他最终成为家喻户晓的“书圣”也符合“成就”一词。故材料一是最典型，也是最有效的。

材料的选择是比较困难的，很多学生在写作的时候，很难分清什么材料不能用，什么材料能用，什么材料典型，往往是能想到一则材料就赶紧写到作文里，结果不仅不能有效地证明观点，反而起了副作用。请看下面习作片段。

作文题目：

有人说："如今我们头也不回地疾行，而身后的脚印、村庄、影子早已无踪。"你是否同意这一看法？请写一篇文章，谈谈你的思考。

片段一：更何况，没有人能够彻底的割弃身后的脚印、村庄与影子，因为我们过去已经历了一切，很大程度上定义了我们现在的自己。朱元璋登上皇位之后，也明白自己是农民出身，深知民间疾苦，于是他颁布严惩贪官污吏的法令。不以身后的村庄与脚印为耻，反而接受自己的农民出身，让他在乡野里留下的脚印更好地帮助他成就帝业，定义当下。我们也不必割弃身后的一切，因为这使我们独一无二，这份独特也许能帮助我们在疾行之时找到方向与方法。

片段二：时代的洪流推着人们仓促地向前奔跑，催着人们不停歇，可是人们也可以在洪流之中坚定自己的想法，多回头看看。梭罗生在蒸汽时代的美国，时代浪潮裹挟着金钱主义和工业化的进程让每一个人都不得不投入到西部开发和工业生产之中去。然而梭罗却孤身一人来到瓦尔登湖畔，丢下了一切现代社会的印记，在湖边停下了自己向前的脚步，只是静静地感受生活，感受内心的自我，并反思过往的一切。相同的是在西晋八王之乱时，人人都在乱世之中求取功名，而张翰却急流勇退，抛下了功名利禄，只求家乡的莼菜与鲈鱼羹。他们虽都处在时代的滚滚洪流之中，却都能做到不失本心，坚定自我。那身在和平盛世年代的我们，又怎会做不到慢下脚步，回头去看看呢？更何况家乡始终是自己的根，回顾过往，才能更好地迎接未来。

题目要写作者思考的是当今快节奏的生活，让人们早已忘却曾经走过的路，曾经有的田园风光，曾经留下的足迹。片段一举例用了朱元璋，片段二举例用了梭罗、张翰，且不说他们的事例和题目有多大的关系，仅仅是时间就不符合，因为这几个人基本上和题目要表现的"当下"都不在一个时代，怎么能证明题目中应有之义呢？其实，这种以古证今的举例在学生的作文中普遍存在。在如今的考试作文中，大多时候，用古代的例子都不太适合了——除非特殊情况或在表达上作技术处理。这也是在作文教学中教师需要向学生强调的。

二、材料的叙述

运用材料首先需要对材料进行恰如其分的叙述。选定材料后，要对材料进行增删、重组，重新叙述，那些不合适的、可有可无的内容都不要。可大多数学生对此往往并不清楚，好不容易想到的材料，就一股脑儿地全部搬来，也不进行增删、重组，这样就会导致出现很多冗余信息，或导致叙述角度、方向不对，不能有效地证明观点；同时，也要注意叙述语言的简洁明了，不要啰哩啰唆，因为是议论文，不是记叙文，不需要铺垫，也不需要描写。材料的叙述要注意以下几点。

1.叙述要恰如其分

我们来看下面这个题目。

根据所给的材料答题。

文天祥年轻时曾是个纨绔子弟，整日花天酒地。元兵入侵南宋，他奋起抵抗。南宋灭亡后，他继续组织义军抗击元兵，后来兵败被捕。元朝统治者把他关到天牢里，许诺给他高官厚禄，金银财宝，希望他能归顺，但是他不为所动。元朝统治者又对他施以刑罚，把他打得遍体鳞伤，让他投降，他也没有屈服，最终被元朝统治者残忍地杀害了。他是宋末抗元英雄，令人景仰。

（1）根据所给的开头，对以上材料进行增删、重组，来证明“富贵不能淫”的观点，40字左右。

开头：文天祥被关进天牢，……

（2）根据所给的开头，对以上材料进行增删、重组，来证明“威武不能屈”的观点，40字左右。

开头：文天祥被关进天牢，……

本题改编自吴晗的《谈骨气》。原文在论述“富贵不能淫”的时候，举了文天祥的例子，但在叙述的时候有点问题，不仅写了元朝统治者对文天祥的利诱，还写了元朝统治者对文天祥施以刑罚，这是威逼。从论证的角度来说，叙述多余了，跑偏了。本题的参考答案是：

（1）文天祥被关进天牢，元朝统治者许诺给他高官厚禄，金银财宝，希望他能归顺，但是这个曾经的纨绔子弟，一点也不为所动，最终被杀害。

（2）文天祥被关进天牢，元朝统治者对他施以刑罚，把他打得遍体鳞伤，让他投降，但是他没有屈服，最终被元朝统治者残忍地杀害了。

本题的命制目的很明确，就是要告诉学生，材料的叙述要恰如其分，不是什么内容都可以引用的，而是需要对材料进行必要的增删、重组，使叙述恰如其分。再看下面作文片段。

作文题目：

有人说，一个人的强大，不在于外在体量，也不在于气势声威，而在于内心。对此，你有怎样的看法？请就此写一篇文章。

作文片段：

事实上，内心强大才是真正的强大。帕斯卡尔说，人是一棵有思想的苇草。即使弱如苇草，但内有灵魂——这便是“成人”的条件。史铁生双腿残疾，大半生于轮椅上度过，却能写出“宇宙以其不息的欲望将一个歌舞炼为永恒”这样的人生哲思。是他内心不断地自我拷问与思考给了他生活的力量、铸就了他精彩的人生。仿佛轻如鸿毛的字眼，落在心间却重如千钧，谁能否认他的强大？

这段的段首提出了分论点“内心强大才是真正的强大”，接着引用帕斯卡尔的话——“人是一棵有思想的苇草”来阐释，可是，这和“内心强大才是真正的强大”有什么关系呢？在论述的时候，举了史铁生的例子，但是并没有突出、强调史铁生“内心的强大”，也没有分析内心强大和真正的强大之间的关系，更没有分析为什么内心的强大才是真正的强大。可以改成这样：

有时，内心强大才是真正的强大。史铁生青春正盛，却双腿残疾，生命只能在轮椅上度过，但在日复一日的磨炼与坚持，在不断地对人生思考与追问之后，终于练就了强大的内心，并将生命与写作紧密联系起来，终于在精神上、思想上变得强大。他以强大的内心展示了生命的力量，演绎了精彩的人生，成为一个强大的人。

对材料的叙述一定要集中、凝练，围绕着论点（中心论点、分论点），要恰如其分，不要旁逸斜出，枝枝蔓蔓。然而，在实际的写作中，要做到这样却很难。下面是一次练习中学生写的习作。

观点：成功需要创新精神。

材料：袁隆平长期从事杂交水稻育种理论研究和制种技术实践。1964年首先提出培育“不育系、保持系、恢复系”三系法，利用水稻杂种优势的设想并进行科学实验。1970年，与其助手李必湖和冯克珊在海南发现一株花粉败育的雄性不育野生稻，成为突破“三系”配套的关键。1972年育成中国第一个大面积应用的水稻雄性不育系“二九南一号A”和相应的保持系“二九南一号B”，次年育成了第一个大面积推广的强优组合“南优二号”，并研究出整套制种技术。1986年提出杂交水稻育种分为“三系法品种间杂种优势利用、两系法亚种间杂种优势利用到一系法远缘杂种优势利用”的战略设想。被同行们誉为“杂交水稻之父”。

要求：将所给的材料改成简略的例子，50字左右。

所给的材料是关于袁隆平和杂交水稻的故事，材料叙述比较详细，也比较繁杂，直接用在作文中显然不合适，需要处理。如材料中出现不少时间，不需要一一写出来，如果要的话，只要概括即可。就材料来看，可以写袁隆平的长期坚持、爱好、不怕苦等都可以，但要证明的观点是“成功需要创新精神”，所以在叙述材料的时候就要注意，要围绕着观点去叙述，要叙述出袁隆平成功培育杂交水稻和创新有关，其他的都不需要。

学生习作：

①从1964年至今，袁隆平在杂交水稻研究方面不断创新。从首次提出“三系法”，到育成大面积水稻雄性不育系，再到研究出整套制种技术，袁老数十年间的不断创新，使他成为“杂交水稻之父”。

②心系苍生的袁隆平先生因杂交水稻的成就闻名中外，然而，若是没有早年那水稻杂种优势的大胆设想，怎样的努力也无法铸就他的成功。

③袁隆平首先提出三系法，利用杂种优势进行试验。在发现一株花粉败育的不育野生稻后，突破了三系配套，并研究出整套制种技术。不断创新，被誉为“杂交水稻之父”。

④袁隆平，杂交水稻之父，早在1964年便创新式地提出了三系法，并在之后的4年中结合实践，自创了整套研究体系。不可置否，他“求新”的战略思想正是成功的关键所在。

⑤半个世纪，袁隆平面朝黄土背朝天，坚持按照自己设想的三系法框架三法并施，突破当代科技固守的球壳，终造福了三亿苍生。

⑥袁隆平长期从事杂交水稻领域研究，首先提出设想并进行科学实验，吃苦耐劳，经过不懈努力发现实验关键株，在大面积应用成功后提出更高的战略设想。

习作①中的“从1964年至今”不妥，不必这么具体，“使他成为”表达也欠妥。习作②中的“心系苍生”和要证明的观点无关，不要旁逸斜出，“大胆设想”不等于创新，不要改动关键词，另外，整个表达的语言有点奇怪，似乎都是在反着说话。习作③中的“在发现一株花粉败育的不育野生稻后”过于具体。习作④像是写记叙文讲故事，且没有提及创新，后面突然冒出了“求新”。习作⑤用不着“面朝黄土背朝天”这样的形象描述，既然是“坚持按照自己设想”，那么创新在哪里？习作⑥中的“领域”“吃苦耐劳”多余，

“不懈努力”也不代表创新。

通过分析上面的学生习作可看出，在叙述材料的时候，学生没有抓住要点，没有选取和观点一致的内容，也没有采取简明扼要的语言，而是节外生枝、偷换词语，甚至讲故事。说到底大多数学生还是不懂怎么选择材料。

再看下面几则优秀习作。

①袁隆平在22年间，从提出到研发再到应用三系法，在培育杂交水稻方面不断创新进取，后被同行赞誉为“杂交水稻之父”。

②袁隆平长期研究杂交水稻，坚持探索，不断创新，将自创的“三系法”与稀有野生稻相结合，终于成功大面积推广，被同行尊为“杂交水稻之父”。

③袁隆平在杂交水稻育种理论研究和制种技术实践上不断创新。通过20多年努力，不断实验完善三系法，使假想变为现实，成功将杂交水稻大面积推广，被同行们被誉为“杂交水稻之父”。

④“杂交水稻之父”袁隆平首先提出“三系法”，率先研究配套技术，带头给出战略设想。在长期的杂交水稻的探索研究中，袁隆平先生的创新精神是成功的关键。

⑤袁隆平独创杂交水稻“三系法”，于随后的科学实验中不断地由实验结果发现新知，并创造性地运用于水稻培育之中，终成就了最优质的杂交水稻，亦成就了他“杂交水稻之父”的美名。

⑥袁隆平长期从事杂交水稻的研究和实践，数十年来，他不断试验，不断改良，不断推陈出新，多次成功地培育出优良高产的杂交水稻新品种，他也因此被人们誉为“杂交水稻之父”。

习作①概括了时间段和袁隆平的研究过程，突出“创新”和最后的成就。习作②中“长期”两个字概括了时间，用“不断创新”“自创”紧扣观点，后面写成就。习作③第一句话概括了袁隆平的研究和实践，突出创新，第二句话概括时间和成就。习作④用“首先”“率先”“带头”来表示创新的意思，第二句话突出时间并直接点出创新是成功的关键。习作⑤用“独创”“发现新知”“创造性”来扣住创新，后面写成就。习作⑥扼要概括时间、实践、创新和成果。这些优秀的习作的共同点是：概括精确，语言精练，紧扣观点。

2.叙述要简洁明了

议论文中引用的材料不能太长，以免导致文体不分——这也正是学生作文最常见的问题。很多学生不知道怎么叙述材料，经常用生动的语言进行描写，而忘了材料是用来证明观点的。语言生动也不是不行，甚至是应该追求的，可是首先要明白，议论文里的叙述不同于记叙文里的叙述。议论文里的叙述要做到语言简略，内容概括，把主要信息、对论证有用的信息讲清楚即可，不需要像记叙文那样详细、生动，更不需要描写。请看下面作文片段：

棋盘上的条条框框会限制落子，而在人生的棋局中却没有四方的棋盘规定落子之处，因此人能走出棋盘外的制胜一招。石油大王洛克菲勒为了控制美国的石油业务，先行掌控了新泽西的铁路运输，抑制了别家的运输，最终他创立的标准石油公司控制了全美九成的炼油。高超的商业理性让他舍去了以石油本身决胜负的刻板思想，跳出了业内的常识，在石油业外的落子为他创造了石油业内的优势。若是能甩开棋盘上的刻板规矩，积极转进，亦能创造胜机。

本段的分论点是有人能走出规定之外的道路从而获得成功，并举洛克菲勒的例子加以证明，在叙述的时候说洛克菲勒通过掌控铁路运输来创造在石油行业的优势，叙中有议，叙议结合，语言干净利落、简洁明了。这才是好的叙述。

下面是一个关于材料叙述的训练案例，可以借鉴。

观点：勤奋刻苦才能有所成就。

例子：王羲之刻苦练习，成为书圣。

要求：改成较为详细的例子，50字左右。

这是要求将王羲之刻苦练习成为书圣的事例稍作充实，来证明“勤奋刻苦才能有所成就”这个观点。要怎么叙述呢？请看学生写的习作。

①王羲之每天刻苦练习书法，在此期间，他不知写烂了多少支笔，也不知用掉了多少墨水，以致一池的水都被染成了墨色，写在木板上的字可谓入木三分，终成一代书圣。

②王羲之自幼跟随其父练习书法，偷拿父亲床头书法字帖临摹，其父发现后欣喜不已，遂教其书法。王羲之于小池洗笔，经年累月竟使其变墨池。练成后木板书写入木三分。虽有所夸张，但足见其书法之绝。

③王羲之练字刻苦。传言他写坏的毛笔能堆成一座小山，人们称之为“笔山”；他洗笔洗砚台的池子，竟然被墨水染成了黑色，人们称之为“墨池”。日夜辛勤练习之后，终成一代书圣。

④王羲之练字刻苦十年如一日，笔头磨烂，墨水写尽，连洗砚的池水都成了墨色。功夫不负有心人，终成一代书圣。

⑤历史上被称为书圣的王羲之素有洗笔成墨池，练字忘食馍的典故。可见，他名留千古的成就，与他“墨池笔山”中的刻苦用心是分不开的。

⑥王羲之苦练书法，坚持不懈——洗砚台墨染池塘，练祭文入木三分，勤习字废笔成山……天道酬勤，逸少终成千古“书圣”。可见，勤奋刻苦才能有所成就。

习作①的叙述还可以再简练，像“在此期间，他不知写烂了多少支笔，也不知用掉了多少墨水”就可以改成“写烂了无数支笔，用尽了无数瓶墨”。

习作②就太生动、具体了，跟随父亲、偷字帖、父亲欣喜不已等都是多余的叙述，像是在讲故事了。可以直接改成：王羲之自幼练习书法，于池洗笔，染成墨池；于木书写，入木三分。

习作③改成：王羲之刻苦练字，写坏的毛笔堆成“笔山”，洗砚的池子染成了“墨池”。日夜辛勤练习之后，他终成一代书圣。

习作④⑤⑥基本上是可以的。

如果只叙述一件事，除了上面学生的几则较好的叙述之外，还可以像下面这样，把主要事情叙述清楚即可，不要拖泥带水。

王羲之刻苦练习书法，每天都在池边洗笔，染黑了池水。正因如此勤奋刻苦，他才成为一代书圣。

如果想把几件事放在一起来强化论证，可以按下面的方式叙述：

王羲之刻苦练习书法，划破了衣服，染黑了池水，吃下了沾墨的馍，模仿着走路的鹅。正因如此，他才成为一代书圣。

简洁明了，是议论文中叙述材料时要万分重视的，否则，不仅不能起到有力地证明观点的作用，反而有可能会导致文体不分。

三、材料的使用

知道怎么选择材料、叙述材料还不够，用好材料也很重要。不少学生在使用材料的时候，常常犯以下毛病：

一是直接将材料拿来放在作文里，犹如空降一般。材料前面没有引入的句子或词语，材料后面也没有分析的内容，就是光秃秃的一个例子（材料），至于材料和观点之间是什么关系，材料是怎么证明观点的，没有说明和分析。

二是直接将一个例子（材料）独立成段，这个也犯了本书前面讲的文章结构、材料叙述方面的毛病。

请看下面习作。

作文题目：

上天关上一扇门，也同时打开一扇窗。而我们却往往长久地注视着那扇关上的门，忘了去关注那扇为我们新开的窗。针对这种现象，请写一篇文章谈谈你的思考。

学生习作片段：

①让我们以乐观的心态，去关注窗外的新世界吧！

②当史玉柱从一名企业主突然间变成负债累累的穷光蛋，当事业的大门在一夜之间关闭时，他没有气馁，没有绝望，更没有怨天尤人。带着“千金散尽还复来”的乐观，他关注到了老年保健品这扇窗，靠一句“送礼还送脑白金”卷土重来。在看似无路的山重水复中，他以乐观之心关注到了一扇全新的窗，闯出了“柳暗花明又一村”。

③关注新开的窗并非对困难的逃避，而是一份面对挫折的乐观，一份对坎坷的不屈，更是一份重新迎接挑战的勇气。大门已经关闭，与其选择乌江自刎屈服于命运，何不重新带领江东子弟卷土重来，结果岂不是“未可知”？让乐观点亮我们的心，关注那悄悄开启的新窗户，奔赴一个美好的新天地吧！

这篇习作的第②段，就是典型的“一段一个例子”，在叙述例子的时候没有选择，叙述后夹杂着几句没界线（哪是例子哪是观点）、没方向的议论。这种情况在学生习作里是普遍存在的，怎么办呢？教师可以教学生用材料的方法，然后给出示范，再进行训练。

材料的使用如图8所示：

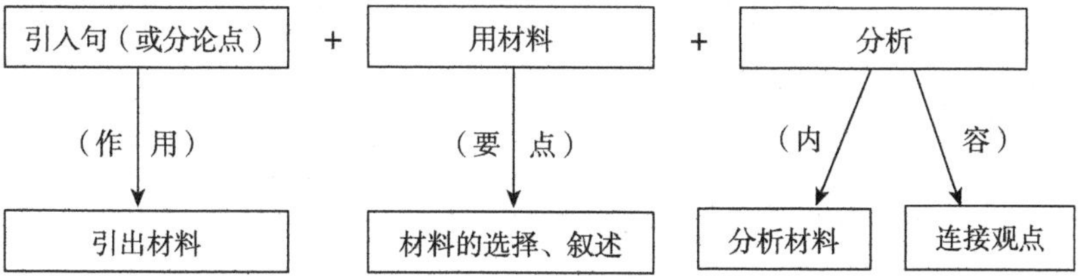

图8　材料的使用示意

“用材料”（材料的选择、材料的叙述）之前，要有引入句（可以是段落的分论点），不要就直接写叙述材料，会让人感觉莫名其妙。“用材料”之后，要有分析，分析包括两部分：一是对所使用的材料本身的分析，材料是什么，有什么意思（含义），语言要简洁；二是这个材料和观点（往往是分论点）之间是什么关系，要通过分析建立。不是说引用材料（举了例子）就能证明观点，没有对材料的分析，没有将材料和观点建立联系，即使这个例子再典型，也没有用。请看下面例子。

作文题目：

人们时时刻刻都在向往着幸福，也往往通过不懈的努力，用尽一切手段去追求幸福。然而在追求幸福的过程中，幸福却常常离我们越来越远。这段话可以启示我们如何去获取幸福。请写一篇文章，谈谈你的思考和感悟。

习作片段：

我们确实在追寻幸福的道路上，但快节奏的生活使我们身处其中早已迷失了方向，也迷失了自己。幸福不知在何方，压力却一直在前方。这是因为，我们在追求学业的成功，或是事业的成就时任由悲观情绪吞噬自身。孔子曰："譬如平地，虽覆一篑，进，吾往也！"身心的疲惫也正是我们追求幸福的勋章。乐观地看待生活，幸福其实一直都在我们身边。

孔子的话是什么意思？它和观点之间有什么联系？文中并没有分析。正确的做法是什么呢？请看下面的训练案例。

训练题：请根据所给的观点和例子写引入句和分析。

观点：人不要太自私，或利己心理是有害的。

引入句：

例子：北京、上海等发达地区已经占有了优质的教育资源，人们不愿拿出来和别的地区分享。

分析：

题目给出了观点和例子，按照有些学生的写法——直接省略引入句和分析，这样做是不对的，应该有一个句子来引出例子，例子后面要有分析。示例如下：

观点：人不要太自私，或利己心理是有害的。

引入句：这种占有了公共资源之后，就不想与别人分享的自私心理非常常见。（或者：但是利益当前，很多时候，人们却是自私的。）

例子：北京、上海等发达地区已经占有了优质的教育资源，人们不愿拿出来和别的地区分享。

分析1（分析材料）：北京、上海等地人们这种心理可以理解，但是长期下去，整个社会不都变成了自私自利？中华民族的伟大复兴从何谈起？

分析2（连接观点）：很难理解这些人的心理，试问如果占有优质教育资源的是别的地区，他们又作何感想？看来，有时我们还要学会换位思考才行。

这就是完整的使用材料：观点+引入句+材料（例子）+分析1（分析材料）+分析2（连接观点）。

有一点需要强调：不要把对例子的评价作为对整个文章观点的分析！学生作文时常常在文章中引用一个例子，然后对例子里的人或事进行了分析、评价，就结束了。可是，没有分析、论述这个例子和要证明的观点之间是什么关系，这是不对的。在平时的教学中，教师要多带着学生做做相关的训练，请看下面一则练习。

观点：规则需要遵守。

引入句：

例子：考试作弊。

分析：

学生习作：

①引入句：而我们的日常生活中，就有不少需要遵守的规则。

分析：大家考试为什么会作弊呢，无非就是想要取得更好的成绩。可是为了这一点点好看的成绩，舍弃自己在别人心中的诚信，真的值得吗?

②引入句：但是很多时候，我们却因为自私而没有遵守规则。

分析：考试作弊源于我们心底的那一丝侥幸。我们总以为不会被发现，总以为把答案抄上去我们就真正掌握了。就这样，我们无视了规则，突破了自己的底线。

③引入句：没有严格的规矩，便无法形成有效的纪律。如果人人都不遵守规矩，那规矩就失去了力度。

分析：考试的规矩只是现世规矩中很小的一部分，但一旦有人用作弊的手段违背它，测试便失去了公平，师生间丢掉了信任，甚至学生的品格也因此被质疑。广而推之，若公民不遵守社会上的规矩，社会的秩序与风气，将会受到多么负面的影响!

④引入句：然而，因为一己私欲去违反规则的现象并不少见。

分析：他们之所以会有作弊的行为，是因为他们漠视规则，认为没有必要遵守规则。他们的行为会导致自己的学习情况得不到真正的检验，无法发现自己对知识掌握的不足的问题，使自己停滞不前，最终自食恶果。

⑤引入句：规则需要遵守，但是生活中破坏规则的行为却不少见。

分析：如此作弊的行为，不仅是对规则的罔顾与践踏，更淡漠了规则意识，于作弊者，于社会，都有着极负面的影响。

⑥引入句：但往往不遵守规则带来的利益是十分诱人的，有些人就无法抵御这种诱惑。

分析：那些考试作弊的人虽然光鲜亮丽，却破坏了公平，更破坏了人性中的诚信与善良。为了人的美好品质，我们怎么能不遵守规则呢?

习作①中的引入句是正面的，题目给的材料是反面的“考试作弊”，这样引不出来材料；且分析落脚到诚信，跑偏了。习作②中的引入句中突然冒出来“自私”，这是强加概念；分析中出现了“侥幸”“突破了自己的底线”，这些都是无中生有。习作③中的直接将“规则”换成了“规矩”，这是议论文写作大忌。习作④中的分析只是围绕例子“考试作弊”打转，没有联系到观点——规则。习作⑤⑥的引入句和分析都非常好。

作文材料运用的“常态”教学要紧扣材料的选择、材料的叙述和材料的使用，教会学生作文时要做到材料选择恰当、典型，叙述恰如其分、简洁明了，使用时有引入、有分析，分析时有材料、有观点。教学的过程中，要先讲清楚要领，再做适当的练习。

第四节　作文材料积累的“常态”教学

学生写作文往往有这样的苦恼——没有材料。搜肠刮肚，也想不出有什么材料可以用来证明观点，这种情况也间接导致无话可说，写不满800字。于是，为了写满800字，学生往往会采取两个办法：一是好不容易想起来某个材料，就拼命叙述，导致材料使用的一系列问题；二是使用老掉牙的材料，如司马迁、陶渊明、岳飞、文天祥等，更有甚者，胡编乱造，高考作文中还出现过“沃兹基硕德（我自己说的）”这样的情况。

对于学生的困难，教师也没有拿出很好的应对办法。教师常告诫学生说“要多读书”，还推荐了一堆名著给学生读，可是效果并不理想。多读书就能写好作文？显然不能！就如多看电影并不能当好导演、演员一样，“多读书”和积累材料也不能划等号。为什么？因为读了并不等于理解了、记住了，记住了也并不等于需要的时候就能立即调出来用。这就是，为什么有的人读了很多书，甚至背了很多书，在写作时也不会用一样。再说，写作文要使用的材料，也不一定都是从书中来，也可以从别处来。

教师不会教积累材料，学生不会积累材料，这是作文材料积累教学的两大“非常态”现象。那么，材料积累的“常态”教学应该是什么样的呢？

一是要教学生材料积累的方法，二是要不断强化对所积累的材料的运用。作文材料积累方法如图9所示：

阅读（信息收集）→ 摘抄（信息记录）→ 运用（信息使用）

图9　作文材料积累方法示意

如果让学生阅读，教师就应要求学生做到阅读的同时摘抄，摘抄后要在作文中使用。只阅读、摘抄，不使用，一点效果也没有。一开始，学生没有摘抄后使用的习惯，所以教师要用强制的方式，让学生必须在作文中使用摘抄的材料，久而久之，就养成了习惯，习惯则成自然。阅读一些热点新闻，也要收集信息，然后按照材料叙述、使用的要求来进行改造，用在作文中。

材料积累不一定都是来自名著、新闻，在具体的积累材料的过程中，有六个方面可以关注，即关注课本、关注学材、关注时事、关注生活、关注内心、关注“原理”，就学生作文材料积累而言，便于操作，也是教师要着力教给学生的。下面将按照这六个方面作详细介绍。

一、关注课本

所谓的关注课本，就是对课本中出现的比较典型的人或事进行提炼、概括，作为作文的材料。下面介绍三种梳理教材中内容作为作文材料的方法。

1.按课文内容梳理积累

将课文中比较突出的人或事提炼出来，如《项链》一文，可以提炼以下内容。

一条项链改变了玛蒂尔德的命运——人生是不确定的；

玛蒂尔德因爱虚荣而吃苦十年——做人不要爱慕虚荣；

玛蒂尔德不耍赖，十年辛苦还项链，佛来思节夫人说出项链是假的——做人应以诚信为本；

路瓦栽给玛蒂尔德买礼服，和她一起还债——夫妻之间要相濡以沫。

2.按主题梳理积累

根据一个主题，提炼、概括几篇课文，如围绕着“人与人之间要相互扶助”，可以选用下面的课文内容。

《一碗阳春面》——母子间、邻居间、陌生人间，互相帮助，互相鼓励；

《最后一片叶子》——贝尔曼牺牲自己画叶子，挽救了琼斯的生命；

《老王》——人和人之间的理解与扶助。

以上只是举例来说明，课文中有写作文可以使用的材料，要懂得去提炼、筛选。

3.按单元梳理积累

在学习完一个单元课文之后，可以进行集中的提炼、概括，以便积累材料。下面就是我们曾对教材某一单元的内容进行的作文材料梳理，供参考。

(1)《窦娥冤》。

窦娥的反抗，蔡婆的软弱——人要为尊严而活。

张驴儿父子——见利忘义终不会有好结果。

桃杌太守——当官不为民做主，反将人民作衣食父母。

孟姜女、望夫石、伍子胥、盗跖颜渊、苌弘化碧、望帝啼鹃、飞霜六月等典故。

(2) 宋词部分。

柳永词——

做人就要有一点激情，做白衣卿相又何妨？——《鹤冲天》

苏轼词——

经历大风大雨之后，最重要的是看得开，做到“一蓑烟雨任平生”的淡定。——《定风波》

辛弃疾词——

满腔爱国情，至死不渝，即使栏杆拍遍，也无人理睬。

求田问舍，当然羞见手握吴钩者。

莼鲈之思，常在梦中。——《水龙吟·登建康赏心亭》

统治者的好大喜功，往往表现出来的就是幼稚，刘义隆、韩侂胄不都是这样的吗？

生子当如孙仲谋，做人要做刘寄奴。成就伟业有天才的成分，更有后天的努力。

人是最容易遗忘的，否则哪来的神鸦社鼓？——《永遇乐·京口北固亭怀古》

李清照词——

秋日何处不销魂？当西风卷帘时，满眼黄花，怎不使人凄凄惨惨戚戚？——《醉花阴》

当雁字回时，带来的不是旧时相识，这次第，又有多少愁绪萦绕胸间？——《一剪梅》

当淅淅沥沥的细雨敲打梧桐，扑向冷窗时，又有谁能守空房倚枕独眠？——《声声慢》

(3)《廉颇蔺相如列传》。

廉颇：将国家利益放在第一位的人，当然能知错就改。

蔺相如：将国家利益放在第一位的人，当然能不计个人得失。

赵王：自己无才，但却善纳雅言，善用人才。

秦王：能屈能伸，胸有天下，方能成就大业。

(4)《苏武传》。

有一种人，身处逆境能坚守，面对荣华不动心，他叫苏武；

有一种人，卖主求荣以自利，狐假虎威以欺人，他叫卫律；

有一种人，胆小怕死是懦夫，投降敌国没原则，他叫张胜。

这只是一种参考，可以让学生模仿这种方式去梳理其他单元内容，看看有没有什么可用的材料。

关注课本，按照课文内容、主题、单元对教材中的内容进行梳理，积累作文材料。

二、关注学材

学材，就是学习材料。凡是在学习过程中用到的书籍、补充资料、阅读材料、试卷等，都是学习材料。这些学习材料中往往有很多文章（有的是文章节选），这些文章里会涉及很多人物及相关故事，有的是名人故事，有的则是给人印象深刻的有意义的人或事，这些故事都可以拿过来，为我所用。学生可以在阅读过程中，做一点简单的摘录，或概括，写在专用的笔记本上，方便以后集中翻阅。教师可以指导学生按以下方式操作：

（1）准备一个大小厚薄适中的笔记本，放在书桌边。

（2）在阅读、做试卷的时候，将遇到的有意思、有价值的人或事简要记录下来。

（3）每周和周末随笔一起上交，以备教师查阅。

（4）提醒学生在考试前一天，翻阅自己的摘录。

（5）在教学的过程中，开展一些摘录事例、语句的赏析与仿写活动，如在做韩少功《阳台上的遗憾》这篇阅读的时候，发现里面有好句子：

> 春日观花，夏日听蝉，箫吹秋月，酒饮冬霜。
>
> 因雪想高士，因花想美人，因酒想侠客，因月想好友，因山水想得意诗文。
>
> 因雪想堵车，因花想开业，因酒想公关，因月想星球大战，因山水想开发区批文。

先摘抄，再开展赏析活动，然后模仿着写一写。

阅读司马中原的散文《握一把苍凉》时，就可以分析这个标题的美，还可以分析、仿写其中的一个句子：

> 我的青春是一排蝴蝶标本，我的记忆可曾飞入你的幻想？

（6）合适的时候，组织一次班级活动，交流大家的摘录材料，可以从内容、摘录时的叙述语言进行评价，评出优秀的材料，供全班记录、使用。

总之，不要孤立地将学材作为阅读、做题的材料，要从中挖掘出更多有价值的东西，特别是对作文材料积累有帮助的东西。

三、关注时事

由于新闻时事是新发生的事，更贴近生活，更能引发思考，也更让学生有话可说。所以，经过选择、提炼后，用到作文里，效果会非常好。在这方面，有不少教师也进行了有益的探索和实践。

关注时事，一是选择合适的时事，二是用好材料。合适的时事应该有这几个特点：社会关注度比较高的；影响比较大（深远）的；正能量的；能引发思考的（哲学、社会、人生等方面）。用好材料就不多说了。

关于时事的积累，在教学中可以采用以下办法：

（1）可以利用洗漱、早餐的时间听广播新闻，听过后再利用课间时间概括地写在本子上。

（2）一段时间内，教师利用专门的课时（或早读课），集中交流最近发生的新闻时事，做梳理、分析，全班记录。

（3）强制学生在作文练习中使用这些新闻时事，使用时遵循材料的选择、材料的运用要求。

这里再次重申一点：任何材料的积累，最后都需要落实到运用上，这是关键，而很多时候作文教学就是差这一步，才会出现积累了很多的材料但不会使用的情况。所以教师需要强制学生运用所积累的材料，逐渐养成习惯。

四、关注生活

所谓关注生活，就是关注身边的人或事。有时候，身边发生的人或事，给人印象最深，也最容易记得住。但是，要想写进作文里，还要做个有心人，多观察，多思考，多动手（习惯性记录一点）。

五、关注内心

再好的材料，如果不能进入内心，从心里触动你，即使用在作文里，也必然比较干瘪，甚至别扭。不能打动自己，怎能打动别人？所以，要积累那些自己感兴趣的、内心有所触动的材料，这样用起来才顺手，才自然。

六、关注“原理”

在材料积累的过程中，还可以积累一些带有哲理的或公理性质的语句，我们姑且称之为“原理”。作文中加入“原理”材料，可以使文章不那么直白，有一定的深度、高度。下面是在教学过程中可以用到的一些“原理”，供参考。

1.约拿情结

“约拿情结”是美国心理学家马斯洛提出的一个心理学名词。简单地说，“约拿情结”就是对成长的恐惧，它来源于心理动力学理论上的一个假设：“人不仅害怕失败，也害怕成功。”这是一种机遇面前自我逃避、退后畏缩的心理和情绪状态，导致我们不敢去做自己能做得很好的事，甚至逃避发掘自己的潜力，从自我实现的角度来看，这是一种阻碍自我实现的心理障碍因素。

2.马斯洛需求层次理论

马斯洛认为，人类具有一些先天需求，人的需求越是低级就越基本，越与动物相似；越是高级的需求就越为人类所特有。同时这些需求都是按照先后顺序出现的，当一个人满足了较低的需求之后，才能出现较高级的需求，即需求层次。从层次结构的底部向上，需求分别为生理需求、安全需求、社交需求、尊重需求和自我实现需求，但并不一定全部都是按照这个顺序出现。

3.短板理论、长板理论

短板理论又称“木桶原理”“水桶效应”。该理论由美国管理学家彼得提出：盛水的木桶是由许多块木板箍成的，盛水量也是由这些木板共同决定的。若其中一块木板很短，则盛水量就被短板所限制。这块短板就成了木桶盛水量的“限制因素”（或称“短板效应”）。若要使木桶盛水量增加，只有换掉短板或将短板加长才成。

长板理论又称多腿凳定律，指一个拥有多条长短不一凳腿的板凳如果想要尽可能的平稳，不是垫高最短的腿，而是消减最长的凳腿。

长板理论的另一种解释为，将水桶倾斜，装水也多，这取决于长板。

4.普瑞马法则

按照普瑞马法则，人们把一件困难的事情放在容易完成的事情前面去做，把工作中不想完成的事情放在前面完成，这样做不仅强化了工作能力，增强效率，同时也让人们意识到，世界上没有什么不能完成的任务。同时会发现，困难的任务其实也没这么困难。

5.马太效应

任何个体、群体或地区，在某一个方面（如金钱、名誉、地位等）获得成功和进步，就会产生一种积累优势，就会有更多的机会取得更大的成功和进步。

6.从众心理与破窗效应

从众心理：指个人受到外界人群行为的影响，而在自己的知觉、判断、认识上表现出符合于公众舆论或多数人的行为方式。

破窗效应：环境中的不良现象如果被放任存在，会诱使人们仿效，甚至变本加厉。如果窗子有破洞不被修理好，可能将会有破坏者破坏更多的窗户。

7.费斯汀格法则

生活中的10%是由发生在你身上的事情组成，而另外的90%则是由你对所发生的事情如何反应所决定。

8.刺猬理论

刺猬在天冷时彼此靠拢取暖，但保持一定距离，以免互相刺伤。

9.定位效应

社会心理学家曾做过一个试验：在召集会议时先让人们自由选择位子，之后到室外休息片刻再进入室内入座，如此五至六次，发现大多数人都选择他们第一次坐过的位子。

10.皮尔卡丹定理

法国著名企业家皮尔卡丹说，用人上一加一不等于二，搞不好等于零。

11.蝴蝶效应、多米诺骨牌效应、秃头论证、稻草原理

南半球某地的一只蝴蝶偶尔扇动一下翅膀所引起的微弱气流，几星期后可变成席卷北半球某地的一场龙卷风。研究者将这种由一个极小起因，经过一定的时间，在其他因素的参与作用下，发展成极为巨大和复杂后果的现象称为蝴蝶效应。【传递】

多米诺骨牌效应，指在一个相互联系的系统中，一个很小的初始能量就可能产生一系列的连锁反应，又叫多米诺效应。【连锁】

秃头论证：头上掉一根头发，很正常；再掉一根，也不用担心；还掉一根，仍旧不必忧虑……长此以往，一根根头发掉下去，最后秃头出现了。哲

学上叫这种现象为“秃头论证”。【反向聚集】

稻草原理：往一匹健壮的骏马身上放一根稻草，马毫无反应；再添加一根稻草，马还是丝毫没有感觉；又添加一根……一直往马儿身上添稻草，当最后一根轻飘飘的稻草放到了马身上后，骏马竟不堪重负瘫倒在地。【聚集】

12.幸存者偏差与贝叶斯公式

幸存者偏差，指的是只能看到经过某种筛选而产生的结果，而没有意识到筛选的过程，因此忽略了被筛选掉的关键信息。日常表达为“沉默的数据”“死人不会说话”等，可以用贝叶斯公式来消除幸存者偏差。

贝叶斯公式，指当分析样本大到接近总体数时，样本中事件发生的概率将接近于总体中事件发生的概率。

但行为经济学家发现，人们在决策过程中往往并不遵循贝叶斯公式，而是给予最近发生的事件和最新的经验更多的权值，在决策和做出判断时过分看重近期的事件。面对复杂而笼统的问题，人们往往走捷径，依据可能性而非根据概率来决策。这种对经典模型的系统性偏离称为“偏差”。

第七章　作文语言的“常态”教学

什么样的语言才是好的？能做到通顺、准确、得体的语言就是好的，这也是作文语言的基本要求。如果追求更高层次的表达，当然是有个性的语言更好。

本章分析了作文语言表达中常见的“非常态”现象，并阐述了作文语言如何做到通顺、准确、得体，也对个性化的语言表达做出了一些探讨。

第一节　作文语言的“常态”教学概述

在日常的口头和书面交流（包括网络交流）中，别字，病句，乱用、错用词语，随意使用标点符号等语言表达问题很常见。这些情况，在学生作文里也普遍存在。除此之外，学生作文的语言还存在以下一些问题。

一是引用错误，胡乱引用，甚至是编造名言。这种情况在近年来的高考作文中有蔓延的趋势。就议论文语言的严谨性来说，是不应该这样的。请看下面几个句子。

①《诗经》有云：“周虽旧邦，其命维新；如若不尽，与古为新。”（“如若不尽，与古为新”应是“如将不尽，与古为新”，出自司空图的《二十四诗品》。）

②鲁迅曾言：“外之既不后于世界之思潮，内之亦弗之其固有之精神。”（后半句应为“内之仍弗失固有之血脉”。）

③安其所习，毁其不见。（应为“安其所习，毁所不见”。）

④傅国涌在《知识分子的公德心》中写道：“在历史中，总有一个不

变的尺度，不论你生前死后获得了多大的荣耀，都逃不过这一尺度的衡量。”（这句应为：“在人类的文明史当中，始终有不变的确定的尺度，无论生前死后你获得了多大的人间荣耀，最终都逃不过这个不变尺度的衡量。”）

不是说一定要把引用的原话一字不差地写出来，但是，既然采用了直接引用的方式，就不能错，要不就采用间接引用的方式。

二是缺乏逻辑，语句间没有逻辑性，表达混乱。请看下面考场作文片段：

“①而外国文化则正可以帮助清楚地认识到自己的文化。②外国文化是一种对照。③我们为何要学习外语，这并不是不爱国，而是让我们更爱国。④众所周知，当今时代在进步，社会在进步，全球化和国际交往已成为一种不可避免的必然趋势。⑤外语是国与国之间互相往来的基本工具。⑥且交往过程中，文化互相碰撞，有时融合，我们也须接触并学习外国文化。”

这一段各语句间存在着逻辑问题。第①②两句是讲外国文化可以起到对照作用。第③句显然是用外语代替了外国文化，而且扯到了爱国上，完全跑题。第④句继续跑，跑到全球化上了。第⑤句说外语是国与国之间互相往来的工具，这句话本身就有问题。什么外语？是英语、法语，还是阿拉伯语？第⑥句强调必须学习外国文化。为什么必须？也没说。这一段内各句子间、句子内部都很混乱。思维混乱的直观表现就是语言的不知所云，思维的问题反映在语言上。

三是口语化严重，表达随意，缺乏美感，更谈不上有文化了。作文的语言表达虽然不要求一定有多美，也不要求一定要显示文化深厚，但是也不能粗鄙、随意。请看下面学生习作片段。

生活中，每个人周围都存在数不清的东西，每天要做数不清的事情。而人的本性即是占有，其中很多是“看似需要实则无用”的东西。清理他们，可以给我们带来诸多好处。

人的精力是有限的。在当今这个快节奏的社会中更是如此。只有把精力放在重要的事情上才能做好值得我们去做的事。工作、学习毫无疑问是最重要的。经常见诸报端的疯狂沉迷打游戏、刷短视频等都是将精力放在了“看似需要实则无用”的事上。做这些事，只能给我们带来快感，不会给我们带来其他任何益处。当我们的人生轨迹中充斥着这些诱惑，我们必将被连累。将这些从我们的人生中清理出去，百利而无一害。

当今社会，快餐式文化盛行。一切都以兴奋与快感为目标，以盈利为唯一动力。优惠广告、热点新闻、奇闻逸事仿佛潮水般涌入我们的视线，深恐我们不知道这些东西的存在。关注这些，只会使我们迷失努力的方向，卷入被动并一事无成。

而另一方面，我们心中仿佛也被“看似需要实则无用”的东西所占有。开车时与其他车主产生矛盾、餐馆中吃饭鞋被踩到、与同事发生口角……明知是小事，但我们还是经常因为这些不快而耗费大量心神。我们的心神被生活中鸡毛蒜皮的小事所占据，而计较这些是毫无意义的。即使经过谨慎论证或是与亲朋好友诉说能缓解心情，但这个过程本身便是浪费时间与精力。清理这些“看似需要实则无用”的东西的确势在必行。

这个片段中全是口头语，俗且松散，给人拉拉杂杂的感觉。如果是日常生活中的口语表达，当然可以，但作为书面表达的作文，这样的语言表达既不典雅，也达不到议论文语言精练、干脆的要求。其实，这种情况在学生作文里比比皆是，甚至有的全篇如此。

从高中作文教学来看，教师在作文语言表达的教学中常告诉学生要写排比句，要引用名言，然而效果并不明显。为什么？如果能写出漂亮的排比句当然好，但是在教学实践中，我们发现，写排比句有两个问题：一是写两句结构形式相近的句子容易，写第三句就难；二是即使写出了三个句子，但是语言表达很难流畅、自然，大多很生硬，这和我们前文讲到的逻辑概念知识有关。引用名言也难，难在两方面：一是没有积累，肚子里没货；二是即使有积累，在用的时候想不到，不会用。这两个问题在“材料积累”部分已经做过阐述，此处不再赘述。

学生作文语言存在的问题，教师在作文语言的教学上缺少办法，形成了作文语言教学的“非常态”现象。

常态的作文语言表达，要符合《课标》中关于核心素养的相关要求。

《课标》提出“学科核心素养”这一概念，其中对“语言建构与运用”这一核心素养的内涵有如下表述：

> 语言建构与运用是指学生在丰富的语言实践中，通过主动的积累、梳理和整合，逐步掌握祖国语言文字特点及其运用规律，形成个体言语经验，发展在具体语言情境中正确有效地运用祖国语言文字进行交流沟通的能力。

这有三层意思：一是语言的学习是要在语言实践中、具体情境中进行的，二是语言的学习要掌握语言的特点及规律，三是形成个性化的语言。这给教师的教和学生的学指明了路径、内容及目标。路径是语言实践和具体情境，内容是语言特点及规律，目标是让学生形成正确的、个性化的语言表达能力。

同时，《课标》在“课程目标”部分特别提到：“能凭借语感和对语言运用规律的把握，根据具体的语言情境和不同的对象，运用口头和书面语言文明得体地进行表达与交流。”就作文而言，需要根据所给的作文题目，自主设定真实的语言情境，然后运用书面语进行得体的表达，而不是偏、怪、繁、古的表达。

作文的语言表达和思维、审美、文化都有着密切的关系。这一点，在《课标》中也有清晰的阐述：

> ①语言文字运用和思维密切相关，语文教育必须同时促进学生思维能力的发展与思维品质的提升。
>
> ②语文教育也是提高审美素养的重要途径，要让学生在语言文字运用的学习中受到美的熏陶，培养自觉的审美意识和高尚的审美情趣，培

养审美感知和创造表现的能力。

③语言文字的运用体现时代的发展状况和人的文化修养，语文课程应该引导学生自觉继承中华优秀传统文化和革命文化，吸收世界各民族文化精华，积极参与中国特色社会主义先进文化的建设与传播。

很明显，在四个“核心素养”中，语言构建与运用是基础，思维的发展与提升需要借助语言，审美鉴赏与创造需要借助语言、文化传承与创新需要借助语言。反过来说，在作文中，语言的运用在某种程度上是需要体现出一个人的思维、审美、文化方面的品质的。

由此可见，作文要做到符合写作者自身认知和水平的真实的语言表达；语言表达要通顺、准确、得体；语言表达要能体现一定的思维、审美和文化特质；语言表达最好有个性特点。

通顺、准确、得体，是语言表达基本要求。通顺是指没有语病，表达流畅；准确是指表达的语意贴切、指向明确；得体是指符合说话者（中学生）的身份，符合文体要求。个性化是作文语言的理想要求，至于是什么样的个性化，则因人而异，后文会有专门论述。一篇文章，整体的语言表达实际上是思维的反映。语言既能在形式上体现审美和文化，也可在内容里承载审美和文化。本书着重探讨作文语言的通顺、准确、得体和个性化，至于语言和思维、审美、文化的关系，就不作专门论述了。作文的语言表达要求层级如图10所示：

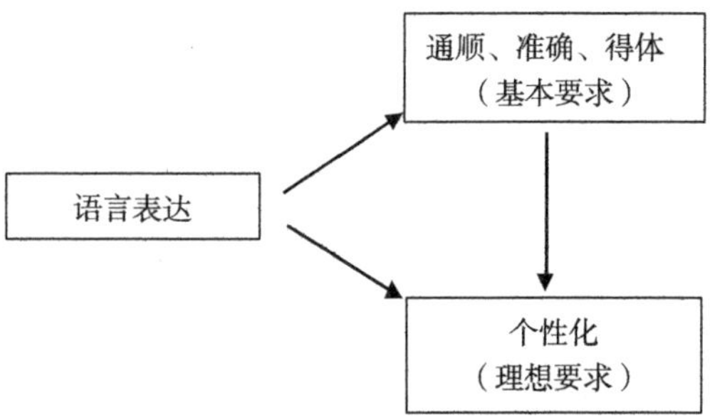

图10　作文的语言表达要求层级示意

作文语言的“常态”教学，就是要采用一些可行的方法，让学生的作文语言符合《课标》的要求，根据学生自身的语言素养和语言水平分别达到基本要求、理想要求。

第二节　作文语言的"常态"教学

作文语言的"常态"教学，要求教师首先要认识到，作文的语言是可以教的，其次是作文语言的教学要分层次，基础层次是通顺、准确与得体，更高的层次是个性化。不同学情的学生，要求不同。

一、通顺、准确与得体

通顺、准确与得体，是语言表达的基本要求，如果连这一点都做不到，那就是语言不过关。因此，教师需要在教学中加以落实，可以从以下几点入手。

1.夯实语言表达的基础知识

针对作文中存在的错别字、用词不规范、标点符号乱用、病句等情况，重点还是要强化语文基础知识。例如，平时加强汉字构造知识的教学，教学生辨别字形，从源头上让学生了解汉字字形，防止写错别字；提升词义辨别的能力，教学生词语使用的方法，以使用对词语、用准词语；讲解标点符号的知识和使用规范；讲解常见的语病种类，并教学生一些辨别语病的方法；也可以将这些内容综合起来学习。有关这方面的内容，本书前文已有叙述，此处不赘述了。

2.提升语言表达的基本技巧

语言表达能力除了在积累、模仿中慢慢提升外，也是有技巧可提炼、学习的。高一的学生可以采用阅读、积累、模仿的办法，临近高考的高三学生，则可采用一些快速提升语言表达技巧的方法。例如，针对常见的错用、乱用名言问题，除了强调平时的积累外，也可教学生用间接引用和引用大概意思的方法来轻松化解。这样做，既取其意，也使行文更严谨。编造"名言"的行为，要直接杜绝。

对于那些用日常生活口语来表达的学生，教师要教他们简单易学的方法，教他们学习特殊的语言表达方式，来增加语言的表现力。

（1）使用反问句、感叹句、否定句。

比较下面几组句子。

①过这样的生活，不也是一种悲哀吗？②过这样的生活，是一种悲哀。

③若真如此，社会危矣！④如果真的是这样，那社会就危险了。

很明显，第①句比第②句气势强，第③句比第④句气势强，就是因为使用了反问语气和感叹语气。

与其使用一般的陈述句式，不如使用反问句、感叹句、否定句、双重否定句，简单的调整带来的语言表达效果却大不相同。

（2）使用强调词语（副词）、连接词语（关联词、连词），短句子。

确实，预测消除了生活的不确定性，给我们的生活带来很大的好处。然而，预测是一把双刃剑。它固然可以消除不确定性，让我们对未来有一个固定的预期，但也会束缚我们的手脚。如果因为天气预报说要下雨便一直在街上撑着伞，岂不是成了路人的笑柄？

文中多处使用“确实”“然而”“固然”“但”“因为”“岂不是”等副词和连词，使语言表达铿锵有力。要特别强调一点，短句子比长句子更适合议论性文章，一是因为短句子不容易出现语病，二是因为短句子比长句子更有气势。比如两个人吵架，往往用的是短句子，这是因为长句子运气长，气势起不来，就吵不起来了。

（3）采用反复的修辞手法。

鲁迅《秋夜》开头一句便是：

在我的后园，可以看见墙外有两株树，一株是枣树，还有一株也是枣树。

这不是病句，是文学的表达，用了反复的修辞手法。读者两次看到“枣树”，自然印象深刻。

前面说过，排比句、对偶句对学生来说很难写好，反复句则很容易写。请看马丁·路德·金的演讲词《我有一个梦想》中的部分内容：

> 我梦想有一天，这个国家会站立起来，真正实现其信条的真谛：“我们认为真理是不言而喻，人人生而平等。”
>
> 我梦想有一天，在佐治亚的红山上，昔日奴隶的儿子将能够和昔日奴隶主的儿子坐在一起，共叙兄弟情谊。
>
> 我梦想有一天，甚至连密西西比州这个正义匿迹，压迫成风，如同沙漠般的地方，也将变成自由和正义的绿洲。
>
> 我梦想有一天，我的四个孩子将在一个不是以他们的肤色，而是以他们的品格优劣来评价他们的国度里生活。
>
> 今天，我有一个梦想。我梦想有一天，亚拉巴马州能够有所转变，尽管该州州长现在仍然满口异议，反对联邦法令，但有朝一日，那里的黑人男孩和女孩将能与白人男孩和女孩情同骨肉，携手并进。
>
> 今天，我有一个梦想。我梦想有一天，幽谷上升，高山下降，坎坷曲折之路成坦途，圣光披露，满照人间。

为什么人们能记住“我有一个梦想”，还不是因为这几个字在演讲稿中反复出现?!

请看下面作文片段：

> 永远不放弃自己的梦想，哪怕只有一点希望，哪怕只有一缕微光。你一定会肯定今天的执着，你一定会庆幸现在的选择。

其中使用了两个“哪怕只有”“你一定会”，这就是间隔反复，可以增加语言的气势。

当然，使用反复的修辞手法也要注意，不能什么都反复，一般是将那些需要强调的内容进行反复，既突出了重点，也强化了读者的印象。

（4）使用呼告的修辞手法。

下面是马丁·路德·金的演讲词《我有一个梦想》中的部分内容：

> 让自由之声从新罕布什尔州的巍峨的崇山峻岭响起来！
>
> 让自由之声从纽约州的崇山峻岭响起来！
>
> 让自由之声从宾夕法尼亚州的阿勒格尼山响起来！
>
> 让自由之声从科罗拉多州冰雪覆盖的落基山响起来！
>
> 让自由之声从加利福尼亚州蜿蜒的群峰响起来！
>
> 不仅如此，还要让自由之声从佐治亚州的石岭响起来！
>
> 让自由之声从田纳西州的瞭望山响起来！
>
> 让自由之声从密西西比的每一座丘陵响起来！
>
> 让自由之声从每一片山坡响起来！

这一段用了呼告的修辞手法，直接向听众们喊话，给人激情澎湃、热血沸腾之感，极大地调动了听众的情绪。作文里也可以采用这种呼告的修辞手法，增加抒情效果和感染力。

其实，这些方法只是简单地改变了语言表达的形式，由一般陈述句改成了反问、否定、感叹等句式，语言的气势立即变得很强。然而，梳理学生作文，我们发现，改直接引用为间接引用、概括意思引用，使用强调的词语，使用反复、呼告等修辞手法，使用反问句、感叹句等句式，使用短句子等，这些简单易行的方法，却很少有学生使用，使用得好的则更是少之又少。这不是因为学生不会，而是没有用的意识，也就是说，学生根本不知道语言表达还能这么做。提升作文的语言表达能力，并不是十分困难的事，关键在于有意识，有行动，最后形成习惯。这就需要教师在教学中不断引导、强调。

3.增强语言表达的逻辑性

学生基本的语言逻辑方面知识的缺乏，导致语言表达能力不足，进而使语言表达没有逻辑性。如何提升语言表达的逻辑性呢？可以从以下几个方面着手。

（1）强化语法知识，尤其是复句知识。现在的中学语文课堂上几乎不讲语法，这导致学生不懂语法，语言表达容易出现逻辑性错误。所以，强化语法知识，讲解复句知识很重要。沪版高二年级第二学期语文教材就专门附设一节“复句”，让师生学习复句知识。

（2）教学生一些逻辑方面的知识。统编教材高中语文选择性必修上册专门用一个单元来讲逻辑知识，虽然讲的是逻辑知识，也关乎语言的表达。教师可以在教学中做一点拓展和训练。近年来的高考试卷中，也有对语言表达逻辑方面的考查。如2017年高考全国卷Ⅰ第21题、2018年上海高考卷第4题等，都是在考查语言表达的逻辑。这种通过测试的方式来检验学生逻辑知识的学习，提升语言表达的逻辑性，也不失为一种好方法。

上述内容，本书前文已有阐述，此处就不再赘述了。

4.培养语言表达的形象性

语言的建构与运用除了需要逻辑性外，还需要形象性，而这一点往往容易被忽略。在教学实践中如何培养语言的形象性呢？可以从以下几个方面着手。

（1）训练辨析词语形象色彩的能力。如当我们说“鹅卵石”的时候，是将“鹅卵”的形状和“石头”结合起来，在大脑中形成一种可感的形象；再如“汗滴禾下土”中的“滴”能表现出汗一滴一滴往下落的情景，而且将汗滴和谷粒的形状（都是椭圆形）联系起来了，更形象贴切。其他词语，像“落”“淌”“流”就没有这么形象了。教学中可以对此加以辨析。

（2）将想象力的训练贯穿于语文教学中。凡是带有形象色彩的词语，具有形象可感的事物都可以拿来进行形象思维能力的训练。例如，课本中大量的古诗词以及像《故都的秋》《荷塘月色》等文章中的景物描写，《药》《套中人》等文章中的人物描写等，都可作为训练素材。

（3）以命题测试来引导形象思维的培养。简单地说，就是在命题测试中，有意识地设置考查形象思维的题目，引导学生重视形象思维。

（4）其他一些方法，诸如给课文配插图活动，编演课本剧活动，诵读想象活动，组织学生外出采风、参观等活动，都能起到一定的训练作用。

5.加强语言表达的训练

明确了方法，还要不间断地进行训练。训练可以从句子到片段，再到整篇。

（1）仿写句子。

在课堂教学时，可以设立一个话题，让全班学生围绕这个话题来写几个整齐的句子。

例如，让学生围绕“苦与累”的话题来写句子，给出例句，让学生仿写。

例句：头悬梁，锥刺股，苏秦寒窗苦读，终挂九国相印。

学生仿写摘录：

勤运笔，染墨池，羲之努力学书，终成一代书圣；
临寒窗，苦攻读，贾岛勤奋苦学，十年终磨一剑；
跋高山，涉恶水，玄奘历经苦难，终于修成正果；
爬雪山，过草地，红军长征万里，终存革命火种；
卧草薪，尝苦胆，勾践忍辱负重，终报灭国之耻。

不纠结于细节，只要写出差不多的句子即可。这样做，有利于让学生养成精练语言的习惯。在早些年的全国高考试卷中，仿写题就是常见题型，目的大概如此。

（2）片段训练。

我们可以让学生以“真正的成功就是”为开头写几句话，并让这几句话成为段落的开头，学生写的段落如下：

真正的成功就是锲而不舍的坚持和努力。莎士比亚说过，金字塔是用一块块石头堆砌而成的。不懈的坚持和努力渗透着全身心的付出，其中的艰辛和坚定会感动一代又一代人，成为伟大的奇迹。贝多芬不受世俗理解，一生穷困潦倒，但他静静地坚持着自己的音乐。哪怕在他失聪以后，依然顽强与生命抗争，在一片黑暗中拼命努力，坚定走完了音乐人生。后人记住的不仅是他的无数佳作，更是他充满努力和坚持的伟大一生。

真正的成功就是超越自己。人最大的敌人就是自己，如果能克服自己心中的阴云，那将会是一生中最伟大的成功。史铁生初中刚毕业，正值风华正茂，却在“文革”中被派去延安插队落户。九年后，他因双腿瘫痪回到北京。痛苦的他苦苦寻求希望，终于超越自己，踏上了文学之路，发表了多篇轰动文坛的作品。之后，又患尿毒症，在病痛的折磨下，他一直超越自己，坚持创作。

真正的成功就是经历大风大浪后的平静。很多成功人士给人印象最深的是经历大喜大悲或大风大浪后的那份沉稳和安静，这需要看清世事的思想和不平凡的心理素质。苏轼在被反复的启用和贬谪之间走完了他的一生。在盛名和被贬这两种矛盾的情况下，他心态保持平和，用一种淡泊和乐观的眼光看待一切，写出“回首向来萧瑟处，归去，也无风雨也无晴”的平静却感动后世的诗句。他让后世震撼的不仅是他的千古佳句，更是他荣辱不惊的高尚品格。

很显然，几个划线的句子在结构上并不统一，经过指导，学生将之改成如下几个结构较为一致的句子，同时，也对段落内容进行了调整。

真正的成功就是锲而不舍的坚持。冰冻三尺非一日之寒，不懈的坚持和努力就是真正的成功。贝多芬不被当时的社会理解和接纳，生活穷困潦倒，但他仍静静地坚持着自己的音乐。在他失聪以后，依然顽强地与生命抗争，在一片黑暗中坚持奋斗，努力谱写属于自己的乐章，坚定地走完了音乐人生。他让后人记住的不仅是他的无数佳作，更是他充满努力和坚持的伟大一生。

真正的成功就是充满勇气的超越。人最大的敌人就是自己，勇敢地超越自己就是真正的成功。史铁生初中刚毕业，正值风华正茂的时候，却在“文革”中被派去延安插队落户。九年后，他因双腿瘫痪回到北京。一段身心双重痛苦的煎熬后，他终于超越自己，走出阴影，踏上了文学之路，发表了多篇轰动文坛的作品。之后，患有尿毒症的他承受着身体的巨大痛苦，一直坚持创作。他让人们感动的不仅是他动人的作品，更是他超越自己，再塑自我的勇气。

真正的成功就是克服坎坷的淡定。做到“不以物喜，不以己喜”很难，经历喜悲沉浮之后的那份沉稳和安静就是真正的成功。苏轼在被反复的启用和贬谪中走完了他的一生。在拥有盛名却被贬的情况下，他心态保持平和，用一种淡泊和乐观的眼光看待一切，留给人们的是“回首向来萧瑟处，归去，也无风雨也无晴”的平静却动人的诗句。他让后世震撼的不仅是他的千古佳句，更是他荣辱不惊和平静淡然的高尚品格。

这种片段式的训练，既有助于训练作文语言，也有助于训练作文结构。

(3) 整篇训练。

进行整篇习作训练，强化语言表达。我们来看看学生训练前后写出的文章在语言方面及整体方面的差别。

修改前——

苦·累·苗·果

中国这一泱泱大国，有着五千年的深远文化，仅从汉语语言文字这一方面便可见一斑。在数以万计的汉字中，有这样四个特别的字：苦、累、苗、果。

何为苦？自上古时代以来，我们的祖先尝遍百草识得苦味。在林间，在田中与草木“斗争”，方知何为艰苦。

何为累？从原始社会开始，人类始终被系于田中。日夜辛劳，方知何为苦累。

何为苗？田间小草，即为苗。由此可见，苦于草，累于田，方成苗。先贤用文字组合告诉我们：有苦，有累，才可能有苗。

何为果？果由苗而来，田中之草变为木，便结成果。草如何变木呢？有苦有累才有积累，有勤学苦练、苦心孤诣才有苦尽甘来，这时，方成正果。

因而，初级的苦、累会长成苗的希望，进一步的苦、累才会结出果的成功。

一只蠋要费尽力气，才能从卵壳中钻出；要历尽苦痛的蜕变，才能不断长大；要不断爬动，才能躲避天敌的威胁；要经受风吹日晒的洗礼，才能最终结成一颗蛹壳，结成希望，等待生命的新生。这其中的苦与累，是我们所难以想象的。

而在人类社会中，又有哪一个伟人不是经历了苦与累才获得希望的呢？正如孟子所言：“天将降大任于斯人也，必先苦其心志，劳其筋骨，饿其体肤。”肉体上的苦与累，是初级的苦累，是希望的土壤。

随着苦累的增加，其意义也有了更深层次的提高。王羲之苦学书法，直至染黑一池清水，虽身心劳累，却积累了经验，终成一代“书圣”；贝多芬苦练钢琴，直至双手发烫，不得不浸入凉水中冷却，虽身心劳累，却积累了方法，终成伟大的音乐家……这时，肉体上的苦已转化为意志上的集中注意，全神贯注；肉体上的累已深化为精神上的坚韧及知识上的“积水成渊，积土成山”。这一层次的苦与累，是从苗至果所需的养料，是成功不可或缺的因素。

人们总是不喜欢苦与累，却总也无法逃避苦与累。可是，对于渴求希望的人来说，对于守望成功的人来说，苦与累，确是必经之路。

修改后——

让成功在苦与累中涅槃

“天将降大任于斯人也，必先苦其心志，劳其筋骨，饿其体肤，空乏其身，行拂乱其所为，所以动心忍性，曾益其所不能。”先贤孟子的劝诫，经历历史长河的沉淀，仍闪耀着光芒，它向世人昭示：成功在苦与累中涅槃。

头悬梁，锥刺股，苏秦寒窗苦读，终挂九国相印；勤运笔，染墨池，羲之努力学书，终成一代书圣；临寒窗，苦攻读，贾岛勤奋苦学，十年终磨一剑；跋高山，涉恶水，玄奘历经苦难，终于修成正果。

古往今来，苦与累这块试金石，消磨了多少碌碌无为者的意志与勇气，又有多少豪杰名士因其显露锋芒。

曹雪芹幼时锦衣玉食，后家道中落，生活困苦，却写成《红楼梦》，流芳百世。试想，若没有其间的苦与累，只怕历史上又多了一个纨绔子弟，而少了一代文豪。“满纸荒唐言，一把辛酸泪”，苦与累给他的人生带来了转折。优裕的生活在苦与累中破灭，而成功在苦与累之后涅槃。

贝多芬壮年双耳失聪，仍坚持用牙咬紧木棍感受音乐，苦练钢琴，直至双手发烫不得不用冷水降温。“卓越的人的一大优点是：在不利与艰难的遭遇里百折不挠。”贝多芬的这句名言阐明了他对苦与累的态度，他在《英雄》中向苦与累挑战，在《命运》中和苦与累拼搏，在《欢乐颂》中将苦与累打败。苦与累使贝多芬成为一个永不屈服的伟大的人。欢乐在苦与累中湮灭，而成功在苦与累之后涅槃。

红军二万五千里长征，前有雪山草地，后有敌人大军围追堵截，困难重重，其中苦累言不能尽。然而，“红军不怕远征难，万水千山只等闲”，毛主席一首《长征》道出了战士们面对困难的不屈不挠的精神。可正是苦与累造就了生命的丰碑，锻炼了团结的精神，塑造了乐观的心态，铸成了坚强的意志。生命在苦与累中消失，而成功在苦与累之后涅槃。

“吃得苦中苦，方为人上人”，先人用简朴的话向我们揭示，成功在苦与累之后涅槃；扼住命运的咽喉，常奏欢乐的颂歌，贝多芬用动听的乐章向我们倾诉，成功在苦与累之后涅槃；一只鸡蛋尽显千姿百态，一幅壁画耗尽半生心血，达·芬奇用灵动的画笔向我们展示，成功在苦与累之后涅槃。就让我们用一生去努力，向世人宣告：成功在苦与累之后涅槃！

划线句子为重点修改的地方，可以看出，修改后的文章，语言有明显锤炼的痕迹，在结构上更严谨了，论述也更集中了。语言的训练，有时也就是思维的训练。

经过这样的训练，学生的作文语言就会有显著的提高。请看下面的习作片段。

【学生一】

人生何处不风雨？风雨在，我们也在。不要因为寒风退缩了你前行的脚步，不要因为暴雨吓退了你勇敢的心灵。就算你被风雨一次又一次地打趴下，你也要一次又一次地站起来！只要你站起来了，你就还是原来的你，只是又添了三分睿智，在上天眼里，你就是一块无价之宝！来吧，屹立在风雨中，向风雨发出挑战，像苏轼一般长啸“一蓑烟雨任平生”，像杨慎一样吟唱“惯看秋月春风”，像杜甫一样高歌“风雨不动安如山”，这才是我们的本色。

【学生二】

没有经历过打击的人生不是真正的人生。人生的意义就在于在逆境中成长，在失败中坚强，在挫折里呐喊，在幸福中徜徉。温室里的花朵虽然美丽，但却经不起风霜雨雪的打击；胡杨林虽然生存环境恶劣，但它顽强的生命力却被人千古传颂。华丽的纸船虽能在小溪里游荡，但它永远经受不住惊涛骇浪；笨重的大船虽然杂乱破旧，但却能在大海中远航。

……

越过千山水不浊。不要害怕眼前的、甚至未知的苦难，永远坚信，在山的那边，一定是朝思暮想、梦寐以求的大海；永远坚信，在无数条大江大河的对岸，一定是空气清新、翠木林立的世外桃源；永远坚信，在一次又一次失败之后，一定有成功的充实与喜悦。

千鸟飞远天不远。期待的人，梦想的事永远在彼岸繁花盛开的地方等着你。你要相信，你一定会找到她，你一定会看到她欣喜的眼眸；你要相信，你们一定有时间相交的那一瞬，你一定会融化于他的温柔，忘记路上的艰辛。

万花落尽春不尽。永远不放弃自己的梦想，哪怕只有一点希望，哪怕只有一缕微光。你一定会肯定今天的执着，你一定会庆幸现在的选择。因为成功的喜悦将掩埋所有为之付出的汗水及泪水。

【学生三】

确实，预测消除了生活的不确定性，给我们的生活带来很大的好处。

然而，预测是一把双刃剑。它固然可以消除不确定性，让我们对未来有一个固定的预期，但也会束缚我们的手脚。如果因为天气预报说要下雨便一直在街上撑着伞，岂不是成了路人的笑柄？如果因为算命者预测我们有血光之灾便整天把自己锁在房间里、蒙在被子里，那岂不是成了装在套子里的别里科夫？这样死板的生活还有什么乐趣和意义可言？

正因如此，许多人对生活的预测不以为意，因而他们的生活有更多的惊喜和感动。

【学生四】

诚哉斯言！我们应如《飘》中的斯嘉丽，在家族没落时，仍坚信明天是新的一天；应如《老人与海》中的圣地亚哥，不理会旁人的预测坚持出海打鱼；应如马云在一片悲观的预测中相信自己有改变生活的能力。不把生活交给预测，积极改变生活、创造生活，这才是正确的生活态度。

由学生习作可见，这种训练是很有成效的。关键在于坚持，要反复进行类似的语言训练。

有人认为，这种训练会使学生的思维僵化，写出来的文章千篇一律，其实这是误解。训练并不是要把学生训练“死”，恰恰相反，是要帮助他们建立一种作文语言表达的范式，正如练武要学套路，游泳要学姿势一样，熟练地掌握基本套路后就可以向更高层次迈进，个性化的表达。

二、个性化

作文的语言表达，最高境界还是个性化。一切的方法、技巧都是辅助，学生能用独具特色的语言来表达，才是好的。个性化的语言往往会让人悦读、乐读，给人耳目一新之感。如何做到语言的个性化呢？有以下几个方法。

1. 铺陈对仗，有雅致的表达

我国古代文学长廊中有许多优美的篇章，它们吸引着人们去阅读欣赏。那优美的词句、铿锵的音节、深厚的内涵，无不陶冶着人们的情操，打动读者的心。在作文中，采用文言句式会起到很好的效果。使用文言来写作可用如下几种方法：一是运用名言警句、诗词歌赋，二是改编名句或自编整句，三是模仿某一篇文言作品的语言。运用文言表达，必须是建立在深厚的文言功底的基础上。如何才能形成深厚的文言功底呢？除了课堂上要努力学习外，大量阅读文言作品并背诵其中的优秀篇章也是很重要的。请看以下片段：

凡今所谓高科技者，有其一利必有其一弊。譬如枪支弹药，可持之保家卫国、伸张正义，亦可持之杀人越货、逞己私欲。而余以为，物之利弊，大抵在于驭物之人。驭者善，则用物于善处，故物善；驭者恶，则用物于恶处，故物恶。手机乃一通讯小器，善用则便利多多，恶用则乱心扰扰。呜呼，余尚庆手机之弊小矣，仅止于淡薄人情、疏远人心尔。倘若恶用电脑、枪械乃至舰艇、核弹者，轻则害人性命，重则毁其家国。科技之用，敢不慎乎？由是余有言：欲扬科技之利而抑其害，则驭科技之人，其责重矣！

这是2013年高考北京卷一篇满分作文的片段。这个作文片段颇有韩愈论说文的影子，气势磅礴、纵横开阖，论证雄辩有力，通过对比、反问等手法增强文章的论证力量，足见作者深厚的文言功底。

2. 调侃幽默，有风趣的表达

从写作的角度来看，幽默风趣的语言可分为以下两种：一是幽默风趣，让人读后忍俊不禁；一是调侃讽刺，让人笑后掩卷深思。如：

对于每一位拼死拼活渴望通过在高等学府（名牌、重点更好）深造来光宗耀祖的学生来说，最为重要的高三时代已经在我的懵懂不知所以中来到我的面前。就像一位饱经风霜，最会做买卖的生意人，它用细致而又敏锐还带了几分嘲弄的目光审视着我，并以586的速度在心中盘算，它可以用较高的成绩来以尽可能低廉的价格收买我饱含着汗水和死细胞的劳动力。而我，头一次面对这位精明的生意人，显得有点儿不知所措。它显然看出了我的幼稚和老实，于是，就在我笨拙地讨价还价的当儿，它顺手摸走了我身上不少宝贵的财富——那本来是我不打算作为商品处

理的。（王越《高三与我的交易》）

上面片段主要反映的是高三紧张而又超负荷的学习生活。作者将高三比作“一位饱经风霜，最会做买卖的生意人”，揭示了高三学习生活对“我”的压榨。作者用幽默讽刺的语言来表达自己对高三学习生活的不满。幽默中带着讽刺，令人笑后掩卷深思。

3.不拘一格，有灵动的表达

如何做到“不拘一格”呢？首先得培养自己的个性气质，形成洒脱的艺术个性，同时还需要在平时的写作实践中不断磨炼，在学习别人优秀表达的基础上形成自己的风格。具体可以采用以下几种方法：在文中引用名人诗词使语言丰富华丽起来，运用排比、比喻等修辞使语言生动形象起来，还可运用一些新的创作方法使语言灵活洒脱起来。如：

上海一日的早晨，我一如既往地走在上学的路上。天阴冷冷的，空气无色无味透明地散布在我的周围——之所以不说无嗅，是因为我喜欢按心情给空气抹上颜色，以显示自己的生活情趣。我使劲地抽着鼻子，今天的空气是甜甜的，我想到。……这些长发飘零的日子。我有一头齐肩的头发，黑黑的，油性的发质使它闪着些亮光，我喜欢洗完澡后披着湿漉漉黏乎乎的头发，闻着若有若无的“蓝倍丝”那种甜甜的水果味，然后任凭软软的温柔将自己包围，我一向喜欢复杂的长发而非简单的短发，就如同我一贯欣赏一些我弄不太懂的东西，或感觉。我还很喜欢王菲的歌声，长发般地充满灵气，特别是她的歌词，总是以“你……你……”的形式出现，而把自己藏得很深，很后面，神秘得使我们不得不用一种景仰的眼光来看待。（丁妍《东京爱情故事》）

作者运用有点类似“意识流”的创作方法，笔随意动，想到哪里写到哪里，不拘一格，不刻意追求。流畅的语言勾画出一个不受约束、追求自由的带有一种叛逆的当代中学生形象，于大开大合之中可见作者深厚的文学修养。

4.循规蹈矩，有理性的表达

一般来说，以下几种情况比较适合写实：描写亲情、友情、爱情，可使之深挚感人，引人共鸣；纵横议论，表达个人观点，可掷地有声，发人深省。此种语言风格主要适用于议论文或散文。因为就议论文而言，要把问题讲清楚，必须严谨；散文，尤其叙事散文要将情表现得深沉感人，采用严谨的语言表达会起到良好的效果。如何形成严谨的语言风格呢？最重要的是培养自己的理性思维与逻辑能力。如：

一个大雨天的下午，我独自一人在昏暗的教室里看书。忽听“咚咚”几声跺脚声。我转头朝窗外一看，是父亲！我赶紧奔出教室。父亲戴着草帽，披着一块塑料皮，手里拿着一个塑料包。雨水顺着破帽沿淋到塑料皮上，又顺着衣服流到走廊上，地面顿时湿了一大片。我迎上去叫了一声“爸”。父亲看看我没作声，只是用手拍了拍塑料包，然后小心翼翼地解开。里面放着一套崭新的衣服！父亲把它递给我道：“我和你妈商量着用卖稻的钱给你做的，趁雨天空儿就给你送来了。”我接过衣服，望着父亲那渐渐弯下去的身子，心中一阵难过，泪水便要流出来了，仿佛见到父亲喘着气，吃力地挑着柴走在遍地白霜的清晨中……我再也忍不住了，泪水夺眶而出，滴到手中的衣服上……（朱诵玉《难忘的新衣》）

写“父子之爱”一类的文章，本就适宜用朴实无华的语言，本文亦是如此，作者用白描的手法，以朴实的语言将父子之爱表达得淋漓尽致。同时，又浓墨重笔地绘出一幅父亲“雨中送衣”图，将父子情深推至高潮。语言简洁凝练，文笔朴实无华，感情真挚动人。

5.浓抹淡妆，有融合的表达

一篇文章的语言并非仅有一种个性化表达，可以是兼容并包，各种风格并存。但是将上述四种个性化表达融合起来，在一篇文章中综合使用，其难度可想而知。如何做到有融合的表达呢？这就需要在平时的学习中广泛阅读、博览群书、用心体会、认真学习、多练多写，久之则可以自由地切换语言风格，挥洒自如了。如：

人生天地间，我们被大大小小的承诺包围着。远方是道路的承诺，大海是小溪的承诺，绿茵是春天的承诺，白云是蓝天的承诺，大自然因为这些承诺而美妙起来。同样的，“洛阳亲友如相问，一片冰心在玉壶”是庄严的承诺，“在天愿作比翼鸟，在地愿为连理枝”是对爱情的承诺，“寄意寒星荃不察，我以我血荐轩辕”同样是对祖国母亲最深情的承诺。为着这些承诺，才会有乘风破浪，才会有披荆斩棘。

文章围绕着“承诺”这一主题行文，语言气势磅礴，既洒脱不羁，又富有韵律，如文中“远方是道路的承诺，大海是小溪的承诺，绿茵是春天的承诺，白云是蓝天的承诺”既整齐又洒脱，而紧接着的古诗句引用，又使得文章潇洒飘逸，可谓文质兼美，整齐而又富于变化，严谨而又不失洒脱。

总的来说，作文要出彩，语言需个性化。个性化语言的炼成，是建立在长期的阅读、模仿基础上的，这之后才会有创新，才会形成自己个性化的作文语言风格。

第八章　现象类作文的“常态”教学

本书中，我们将思考、讨论社会生活中某种现象的作文题称为现象类作文题（现象类作文），将直接或间接包含某种观点的作文题称为观点类作文题（观点类作文）。本章和下一章将就这两类作文展开阐述。

本章介绍了现象类作文题的形式、写作结构，并用案例具体呈现现象类作文的教学过程。

第一节　现象类作文的“常态”教学概述

思考、讨论社会生活中某种现象的作文题，我们称为现象类作文。请看下面两个作文题。

例 1. 如今这大数据时代，发达的科技使我们的生活变成了“私人订制”：淘宝，会针对你的爱好给你推送产品；百度，会针对你的兴趣给你推送新闻；抖音，会针对你的喜好推送视频……

针对这种现象，你怎么看？请写一篇文章，不少于800字。

例 2. 我们这个时代，“复制”无处不在：点击一下鼠标，可以复制一篇文稿；接受一次美容，可以复制一个明星；圈划一块土地，可以复制一座城市；策划一个节目，可以复制一种模式……

上述现象引发了你怎样的思考？请结合自己的体验与感悟，写一篇文章。

两个题目都提到了社会生活中的某种现象，要求写作者谈谈对这种现象的看法。题目中并没有表露出任何观点，或给出某种需要判断的内容。

对于这样的题目，不少学生感到困惑：中心论点应该是什么呢？该怎样围绕论点展开论述呢？是不是要直接提出中心论点，然后展开论述？如果在开头直接提出中心论点，是否过于绝对？在论述的时候，是否就比较难以展开？

然而，在教学实践中，不少教师并没有意识到这个问题，仍然要求学生在文章的开篇提出观点，然后加以论述。不少学生不明白现象类作文该如何写，仍然按照观点类作文的写法来写，结果发现写不下去。这正是现象类作文教学中存在的“非常态”现象。请看下面一篇习作。

别因“复制”而停下创新的脚步

你有没有遇到过，甚至亲自做过这样的事：教师布置的作文，你却去网上复制一些段落并美其名曰为参考；羡慕他人的长相，不由自主地模仿他的装扮和言语。类似的现象层出不穷。用这种方式让自己表面上取得进步，似乎是最快、最便捷的。其实不然，“复制”会让我们失去创新的机会。【这样提观点，后面怎么接呢?】

复制拉近我们与那些伟大思想的距离。【太突然了】当在网络或某篇文章上看到那些让自己充满灵感或感触颇深的句子时，复制功能就是个很好的工具，复制到自己的文档或笔记本上，无事时便可翻出来诵读以鞭策自己。利用复制将那些零落在各个角落的伟大思想都搜集起来，用于提高自己，何乐而不为呢?【想阐述复制的好处，没有把话讲好。】

但复制带来的弊端更是不容忽视，一切的学习都是从“复制”更优秀的东西开始的【这句应该放在上段】。郑板桥苦练各著名书法家的各种字体，达到几乎完全“复制”的程度却不受赏识，最终他顿悟“人各有其身体，字亦各有其字体，本应有别”，这才渐渐形成了他独特的“六分半书”，完成了创新，取得了成就。郑板桥如果仅仅是“复制”，又怎会去思考属于自己的风格，怎会将隶书、行书、楷书结合起来，“乱石铺街体”又怎会做到俗雅共赏，受人喜爱呢？习惯于复制会让我们停下创新的脚步，最终失去自我。每个人都应有自己的样子，而不是成为他人的

镜子。【这段内容庞杂，说来说去，到底想表达什么？】

也有部分人会利用复制功能做出完全错误的事情。翟天临为了利益又惰于创新，抄袭他人的论文，辜负公众对他的信任，更是对其他人不公。这类行为都源于他们的虚荣、不诚信又不愿创新的心理，想要坐享其成，自己不努力、不创新而去窃取他人的成果，以谋得公众的赏识，收获不属于他们的利益。如果社会上人人如此，又会有多少人愿意脚踏实地地努力？我们会失去多少真正宝贵的东西？国家和社会的发展又从何谈起？【本段和上段没有关系，衔接不上。前面说复制的坏处，后面又突然拔高。】

复制与创新相辅相成，适当地复制好的东西是为自己的作品锦上添花，可如果依赖复制，我们会失去自己的东西，失去创新的机会和能力。【这里来谈“创新”，还是不够合适，因为前文并未用相当的文字阐述“创新”和“复制”的关系。】

难道要让“复制”停下我们创新的脚步吗？

作者在第一段就提出观点“‘复制’会让我们失去创新的机会”，这就导致，后文只能写“复制”对创新的危害，写其他的就不合适了，像“‘复制’也有其好的地方，需要加以利用”等观点，就无法写了。就这篇文章来看，后文果然没写好（也很少论及“创新”），各段之间的联系也比较薄弱。如果教师、学生都不能意识到这一点，现象类作文就很难教好、写好。

现象类作文的写作有别于观点类作文，现象类作文写作时应该对现象进行分析——这是核心，分析的过程就是表达观点的过程。基于此，我们拟出现象类作文写作的大致结构：

1. 引出话题（列举现象）

2. 分析原因（主要原因、次要原因①、次要原因②）

3. 分析影响（影响①、影响②、影响③）

4. 解决办法（办法①、办法②）

5. 总结文章

6. 收束文章

文章的第一段，是用来联系题目中材料的，可以有两种处理方式：一是结合题目中的材料，引出对此现象的讨论；二是顺着材料的内容，列举生活中相关的现象。第一段不要提观点，否则会把自己的路堵死，写不下去。文章的第二段分析产生这种现象的原因，原因有主要原因和多个次要原因。主要原因重点分析，次要原因可以一笔带过。对主要原因的判断很考验写作者的观察、分析能力。第三段是分析这种现象的影响，影响往往不止一个，有正面影响和负面影响之分，要根据实际情况确定哪个是分析的重点。文章的第四段是根据理解提出针对这种现象的解决办法、方案、措施，第五段是对前文的总结、呼应，第六段是一句话，即呼应作文题目中材料的句子，用来结尾的。要注意的是，一般分析原因、分析影响是文章的论述重点，且可以根据情况分成几个段落来写；至于解决办法，要针对中心论点、联系实际提出，但不是重点。

以上是针对现象类作文的“常态”写法的一点阐述，重点在于提醒教师在进行现象类作文教学时，不要和观点类作文混同，而不是要教师在教写作的时候严格按照这个模式——这里需要再次说明，本书中提到的任何方法、模式，都是从规范的角度而言的，不是要固化教师教作文的方法。

第二节　现象类作文的“常态”教学设计

现象类作文的“常态”教学首先要做的是，让学生在明确题目类型的前提下，按照既定的结构框架来写，要明确现象类作文不是没有观点，而是将观点贯穿在文章对现象产生的原因、影响及解决办法的分析中。其次是要在审准题目的基础上，确定写作重点，写作重点一般是对产生此现象的原因的分析，尤其是要分清主要原因和次要原因。下面是一则教学案例，可供参考。

现象类作文“常态”教学设计案例

作文题目：

过马路时我们常遇到一种有趣的现象：一开始大家都耐心等着红灯，

当一小部分人认为左右往来无车辆时，他们迈开步子，闯红灯过马路。当这一小部分人开始闯红灯时，后面就有大批人跟上，即使他们心里清楚地知道，闯红灯是错误的行为。

社会上这类现象很普遍，请联系现实，谈谈你的看法。题目自拟，不少于800字。

一、教学过程

1.导入环节

现象类作文在近年的高考中越来越常见。我们来看看几个高考现象类作文题。

（1）2016年天津高考作文题。

在阅读方式多元化的今天，你可以通过手机、电脑等电子设备，在宽广无垠的网络空间中汲取知识；你可以借助多媒体技术，“悦读”有形有色、有声有像的中外名著；你也可以继续手捧传统的纸质书本，享受在墨海书香中与鼓劲圣贤对话的乐趣……

当代青年渴求新知，眼界开阔、个性鲜明，在阅读方式的选择上不拘一格。请围绕自己的阅读方式，结合个人的体验和思考，谈谈“我的青春阅读”。

要求：①自选角度，自拟标题；②文体不限（诗歌除外），文体特征鲜明；③不少于800字；④不得抄袭，不得套作。

（2）2016年浙江高考作文题。

网上购物，视频聊天，线上娱乐，已成为当下很多人生活中不可或缺的一部分。

业内人士指出，不远的将来，我们只需在家里安装VR（虚拟现实）设备，便可以足不出户地穿梭于各个虚拟场景：时而在商店的衣帽间里试穿新衣，时而在诊室里与医生面对面交流，时而在足球场上观看比赛，时而化身为新闻事件的“现场目击者”……

当虚拟世界中的“虚拟”越来越成为现实世界中的“现实”时，是选择拥抱这个新世界，还是刻意远离，或者与它保持适当距离？

对材料提出的问题，你有怎样的思考？写一篇论述类文章。

注意：①角度自选，立意自定。②标题自拟。③不少于800字。④不得抄袭，套作。

2. 审题环节

师：无论什么作文题，首先要做的就是审题。审题，是有技巧的，先请大家说说，审题的技巧有哪些？

生1：抓住题目中的关键词，如本题中的“闯红灯”就是关键词。

师：“闯红灯”在这里应该是陈述的对象，整体材料都是围绕着它来陈述的。审题时当然要加以考虑，但它还不算关键词。

生2：“小部分人”和“大批人”。

师：很好。这两类人是什么关系？

生2：一个是主动行为，一个是盲从行为。

师：讲得好。重点在盲从的那大批人。还有没有关键词了？

生3：“红灯”。这里的“红灯”应该有所指，“闯红灯”应该有特别意义。

师：对。那有什么特别意义？

生3：这个我还没有思考好。

生4：我也觉得，这则材料是有寓意的。我是这么理解的，“红灯”指的是法规、规则（秩序），“认为左右来往无车辆”是指认为无风险，小部分人闯红灯是破坏规则，大批人跟上是追随违规。

师：讲得非常好。题目也讲了，“社会上这类现象很普遍”，“这类现象”就不仅指“闯红灯”了。从整体来审题：“现象”由两部分构成，两部分属于承接复句，可以有所侧重，但两者都要谈。单纯谈表面意义上的“闯红灯”，当然有局限，尚需联系“这类现象”，不是“这个现象”，联系现实，由此及彼、由浅入深地展开。

3.结构环节

师：大家看看，这篇文章该如何结构？

生5：先引用材料，再分析现象。

师：太简单了，可否详细一点？

生5：我还没想好。

生6：先引用材料，当然，材料的引用就像您以前讲的，要注意“始发叙述”，尽量扼要。然后，分析这种现象产生的原因，再提出解决办法。

师：产生这种现象的原因是什么？

生6：从众心理。

师：是从众心理吗？大部分人起初并没有闯红灯，因此起初的追随者没有跟从身后的众人等候，却跟从了前面的少数人闯红灯。这一点很难用“从众”一词来解释。

生7：这是漠视规则，不是从众心理。

师：对！还有没其他解释？

生8：我觉得，从众心理可以写。后面的一批人不是“众”吗？他们一起闯红灯的。

师：这样说，是有一定道理的。但写的时候，还是不要将从众心理作为主要原因来分析。除了分析原因，还要写什么？

生9：针对这种现象，要采取一定的措施。

师：什么措施？

生9：强化规则意识，对那些违反规则的人加以处罚。

师：很好。强化规则意识，就是对人们加以教育，让大家明白规则的重要性，不能闯红灯。加大处罚力度，就是让人们不敢闯红灯。生活中，还有哪些和“闯红灯”类似的现象？

生10：插队。不愿意排队，也是破坏规则。

生11：乱丢垃圾。

生12：在公共场合大声喧哗。

…………

师：很好。这样想，就从“闯红灯”这一个现象联系到其他现象了。

师：还要分析闯红灯现象的影响。如对社会规则的破坏，对社会文明环境的破坏，等等。

师：大家在写作文的时候要注意以下几点：第一，主要谈违反规则，也应谈点从众；第二，不要混淆道德与法律，“闯红灯”行为属违法违规，论及道德，有些不合适；第三，不要谈底线、谈（坚持）初心，也不要谈慎独，慎独是指在独处时能谨慎不苟，闯红灯是公众场合，不是“独处”。

师：总的来说，现象类作文写作要注意遵循以下逻辑思路：列现象、析原因、谈影响、提办法。这是大的写作思路，是必须遵循的，具体写作可以依据实际情况有所侧重。

4.习作展示

谨防踏出规则的那一步（一稿）

①过马路时，人们常能耐心地等红灯，但一旦有零星几只“出头鸟”，闯红灯的人就可能越来越多。多数“后来者”虽明晰此类行为的错误性，却依旧大步向前。

②这是一个生活中屡见不鲜的小现象，但当我们深思其背后的人性问题时却感到不寒而栗。拿从众心理做靶，人们用这块充满辩解性的遮羞布，掩盖了违背规则的罪责。或许素养良好的你，在有四五个人闯红灯时仍能够严守底线；但当浩浩荡荡的人群在红灯下从你身边走过时，可能你会怀疑自己才是“不守规矩”的那个人，莫名的羞赧使你舍弃底线、忘却规则——这一刻，“从众心理”攻克了规则。

③社会规则一旦制定，每个人都有义务维护，凡是违反规则的人都难辞其咎。一小部分的“出头鸟”必须给予严厉的惩罚，“后来者”们的罪责也不能不追究。前者固然率先撕开了规则的围栏，但倘若后继无人效仿，这便不足以成为社会问题。正是有后面大批的人，戴着从众的面具心安理得地跟随着，导致更多的人因为看见他们，就在踌躇犹豫中踏出了规则的边界，这便成了社会问题。当我们对后者视而不见时，前者不免要嚷嚷道：“不过是五十步笑百步罢了！”更何况彼此都清楚明白自己的行为是多么错误。

④因此，我们必须牢守心中底线，谨防踏出规则的任何可能。

⑤然而，不仅是闯红灯，其他如食品安全、电信诈骗等社会问题，也时有发生。我不由地想到近日出现的论文抄袭现象。他们都是明知故犯，后者更加令人扼腕叹息！有人不禁哀叹道德败坏……

⑥我们不仅仅要对他人的道德败坏口诛笔伐，更要自省。当一盆珍馐摆在面前，也许谁都不会在道德上更加高尚，毕竟我们都有着自己的欲望与喜好。如果我们仅凭道德的束缚在红灯线徘徊来往，没有重罚严令如缰绳般死死勒住脖子，拴住贪利的心，就难免会被身后的闯出者撞得踉跄。

⑦我并非提出唯有严刑重罚方可维护社会规则，国家在发展，道德提升也不可或缺。两者若可相辅相成，那些社会问题也能越来越少，只要执法者有雷厉风行的气魄，守法者绝不逾矩，一切问题都可迎刃而解。

⑧我们在翘首以待，盼望着良好的道德规范蔚然成风的那一天。

⑨我站在这头，耐心地等待红灯。

【点评】

本文前四段都是在讲闯红灯现象之所以出现是因为规则意识淡薄，就材料而言，这样立意是对的。然而，从第五段开始，文章转而走向写道德问题，并且将重点放在道德问题上，这样就导致中途易辙，和前面的立意不一致了。接下来的第六、七段仍然谈了道德，而结尾也没再提规则。这导致后半部分内容彻底跑偏，前后成了截然不同的两部分。

这种中途易辙的毛病在作文中非常常见，究其原因，还是因为写前缺少整体构思，也没有写提纲，任由思绪越飘越远。

5.作文升格

谨防踏出规则的那一步（修改稿）

①过马路时，人们常能耐心地等红灯，但一旦有零星几只“出头鸟”，闯红灯的人就可能越来越多。多数“后来者”虽明晰此类行为的错误性，却依旧大步向前。

②这是一个生活中屡见不鲜的小现象，但当我们深思其背后的人性问题时却感到不寒而栗。拿从众心理做靶，人们用这块充满辩解性的遮

羞布，掩盖了违背规则的罪责。或许素养良好的你，在有四五个人闯红灯时仍能够严守底线；但当浩浩荡荡的人群在红灯下从你身边走过时，你可能会怀疑自己才是“不守规矩”的那个人，莫名的羞赧使你舍弃底线、忘却规则——这一刻，“从众心理”攻克了规则。

③社会规则一旦制定，每个人都有义务维护，凡是违反规则的人都难辞其咎。一小部分的“出头鸟”必须给予严厉的惩罚，“后来者”们的罪责也不能不追究，前者固然率先撕开了规则的围栏，但倘若后继无人效仿，这便不足以成为社会问题。正是有后面大批的人，戴着从众的面具心安理得地跟随着，而更多的人因为看见他们，就在踌躇犹豫中踏出了规则的边界，这便成了社会问题。当我们对后者视而不见时，前者不免要嚷嚷道：“不过是五十步笑百步罢了！”更何况彼此都清楚明白自己的行为是多么错误。

④因此，我们必须牢守心中底线，谨防踏出规则的任何可能。

⑤我不禁想到，近日出现的论文抄袭现象与平日所见的闯红灯现象何其相似！都是明知故犯，而后者更加令人扼腕叹息！我们不禁再一次深省：这究竟是道德问题，还是规则意识淡薄？……

⑥我们不仅仅要对他们的道德败坏口诛笔伐，更要自省。当一盆珍馐摆在面前，也许谁都不会在道德上更加高尚，毕竟我们都有着自己的欲望与喜好。如果我们仅凭道德的束缚在红灯线徘徊来往，没有重罚严令如缰绳般死死勒住脖子，拴住贪利的心，就难免会被身后的闯出者撞得踉跄。

⑦当然，我并非提出唯有严刑重罚方可维护社会规则，国家在发展，道德提升也不可或缺。两者若可相辅相成，那些如食品安全、电信诈骗等社会问题，也能如贪赃枉法的现象一般越来越少，只要执法者有雷厉风行的气魄，守法者绝不逾矩，一切问题都可迎刃而解。

⑧我们在等，也在翘首以待，盼望着每个人都循规蹈矩，良好的道德规范蔚然成风。

⑨现在，我站在这头，耐心地等待红灯。

【点评】

修改稿很明显在结构上保持了前后一致。文章第一段写现象，然后引出第二段的观点——闯红灯是因为规则意识淡薄；紧接着第三段分析闯红灯者的心理，自然而然地引出第四段——重申观点，并转入下文议论；之后，将道德问题列举出来并加以否定，言之凿凿地提出这还是因为不遵守规则；最后提出遵守规则的重要性，并期待人人遵守规则的那一天。

修改后的文章，中心突出，紧紧围绕"规则"展开，其他诸如提到的"道德"是拿来和"规则"做比较的。文章结构井然，逻辑清晰。

二、链接高考

2016年上海高考作文题。

随着现代社会的发展，人们的生活更容易进入大众视野，评价他人生活变得越来越常见，这些评价对个人和社会的影响越来越大。人们对"评价他人的生活"这种现象的看法不尽相同，请写一篇文章，谈谈你对这种现象的思考。

要求：（1）自拟题目；（2）不少于800字。

例文一：论人生活，不如思己

【题目即观点，明确，但略有缩小话题之嫌疑】

①信息化俨然一张无形巨网，把社会人拢在逼仄的空间内，于是人与人之间的隔板逐渐透明，他人的生活就像一张平摊开的报纸一样，呈现人前，由人评判。评人，实不如思己。【观点提得太突兀，和前面缺少联系。可以改成——仰观明月，俯瞰山川，感受清风的自由，幽林的清净，又何必将自己的飞沫溅在别人的身上呢？故曰：评人，实不如思己。这样就和结尾的语言风格相统一了。】

②评价他人的生活的现象自古有之，司马迁等史学家辄评人于文后。如今，现代媒体的发展只是助长了这一现象。我们评价他人，常是因心中有一个"理想生活"的标准，又或是在现实中有所失意，姑且借他人

生活为谈资聊以宣泄——现代社会的压力让评议他人成为一种缓解压力的方式。鲁迅的《药》与老舍的《茶馆》，多的是谈论、评议他人生活的茶客，谈人生活，或溢美或讥嘲。议论别人不是消磨时光，就是传扬自己认定的“生活”模本。【本段谈评价他人的原因，一是以自己的标准评判别人，二是宣泄减压。只有这两个原因吗？恐怕还有别的。用古人的例子要慎重，因为材料说的是现代社会。最好先列举现象，然后概括原因，注意列举详尽，如不能，用语要注意不能绝对，另外，注意和下文呼应。】

③这种评议，归根结底，反映的是一种优越感。【用语太绝对，原因归结也不准确，是优越感吗？】“评”是个玩味字眼，观者将被评论的人物拎到脚下，俯瞰一二，再来评头论足一番。但评他人者，只是把自己的价值评判强加于他人之身罢了。惠子斥庄子丧妻后言行无状，正是以“孝”“情”等传统观念加以评议。范玮琪在“晒娃”时被斥“不爱国”，无非也是网友的“爱国观”使然。但庄周说：“子非鱼，安知鱼之乐？”，孔子云：“勿施于人”，评判他人生活，始终站在局外“指点江山”，自不知局中人的是是非非。评判他人生活的标准本就是难论的，而一失标准，评判则难以成立，又有何意义？【惠子的例子又是古代的，且不是太合适，删掉。将本段分成两部分：原因一，人们喜欢用自己的标准评论他人；原因二，宣泄、盲目从众，闲来无事等其他。可以略写。】

④一些评价会导致跟风与盲从，又会带来不佳影响。袁珊珊遭受网络暴力，陈光标行善高调遭批——评价会压垮脊梁，使一个人承不住压力，也会使不知情者受前人评价误导产生误解。诚然，适度评价是需要的，美与丑，善与恶，是亘古不变的准则，正确的观念、社会良好风气的引导都需“评价他人生活”辅助。比如“柯震东复出”一事，批评其吸毒的言论是必要的。但评价他人生活，终归有些难处——确信何为对错，故有些评议也易失去公正与理性，转入激情的批判或坠入言语的陷阱。【本段应该一分为二，写评价他人生活的正面影响和负面影响。】“评议”，实难非易。何如？

⑤评议他人，还不如反思自我，修身养性。【改成过渡段：“评议”，

实难非易。何如？不如反思自我，修身养性。】

⑥掬一捧清水，照一轮明月，洗心中浊泥，守本心不改。苏轼可无视荣辱之变，“竹杖芒鞋轻胜马”；刘伶嗜酒，以天地为炉，山河为居，也有其洒脱；更有踏入深山的支教青年，范寒星，披沙土，或不顺应公众认同的“理想生活目标”，或像清贫臣子遭受“布被之饥”，照旧能使自己人生增色生辉。只有当我们反思并深入自我生命，极塑自我人格与人生时，他人评价才变得无足轻重。别人的生活是一面镜子，我们通过比照，谨慎地擦去脸上的脏污，让自己变得洁净可爱，却不能让镜中影像，成为真实的生活。生活，本应属于自己，不为“评”役。【按理说，本段应该接第④段或第⑤段谈如何正确评价他人生活。但这样转成不评价他人而是修身养性也可以，只是经不起推敲，逻辑性稍弱。】

⑦评人以修己谬误，是以人为镜，绝非以人为乐。他人的生活，是苦是忧，是甜是乐，斯人当自知。自己的生活，唯有自己最为明白清楚。【有点游离，没有扣住前面内容。根据前面的修改作相应调整。】

例文二：无形的兵器

①随着【这个词导致整个句子没主语。】社交媒体、互联网的迅速发展，刺激了“评价他人的生活”这一现象的蓬勃滋长。这【指代不明】就好比是一件“舌尖上的兵器”，虽然无形，却锐利万分。【为什么说“锐利万分”，后面要提才行。】

②这件“无形的兵器”使用得当，便可刺破黑暗，锋芒照亮乌烟瘴气【正面阐述】；参不透其中门道，就会不分黑白，造成鲜血淋淋的惨剧【反面阐述】。【本段从正反两方面阐述，是为了后文从正反两方面分别论述，本段起到了统领作用。】

③“评价他人的生活”可以在一定程度上规范人们的行为举止，就如同是河岸给流水规定了奔涌的渠道。“评价他人的生活”外在规范了人们的行为。诸如“凤爪女”“麻辣女”等都受到了人们的“评价”，人们在意识到不文明的行为会引来批评时，就会有意识地避免。同时【做连接，很好】，“评价他人的生活”也使一些社会“沙粒”无处可隐，某官

在免职之后照常工作，经过大众“评价”之后，顷刻就会得到政府关注。

④诚然【承上】，“评价他人的生活”就如林中的一记响箭，穿破层层帷幕，正中社会之不和谐的心脏。但是【做连接，很好】，有时，“评价他人的生活”犹如一把噬血的“魔剑”，将好人坏人一并砍得遍体鳞伤。【启下，很好】

⑤【举例，很好，但没有引入句。】速途研究院发布的报告中显示：有三分之二的网民参加过舆论的分享与传播，其中对于“舆情”的错误评论概率高达百分之九十。众人的一次次误判，将无罪之人推向风口浪尖，将原本平静生活的小百姓拉到众目睽睽之下，将本就明明白白的事情渲染得“花非花，雾非雾”。

⑥可见，这一无形的兵器的锐利危险。那么，我们该如何正确使用这件兵器呢？【总结过渡】

⑦哈珀·李在《杀死一只知更鸟》中写道：“有一种东西不能遵循从众原则，那就是人的良心。”【引用目的是什么？没有分析说明。】扪心自问，我们在面对舆情时，还未思考清晰其中是非，就急着照搬他人的评价。哈珀·李在写给《奥普拉》的信中如是说：在这个充斥着手提电脑和人的思想就如同是一幢空荡荡的房子一样的社会中，我依然与我的书本迈着缓慢的步子前行。【引用目的是什么？没有分析说明。另外，引用的这句话也找不到出处，有生造之嫌。】身处这尘世的现代人，早已没有了“折冲樽俎”的睿智去做出合乎理性的评价。英国诗人乔叟说：“若把黑白和善恶放到一处，相形之下，彼此才可见得分明。”然而，我们没有进行比对，就将过去类似事件的标签贴在完全不同的事件上。【本段应该从反面写，如果不怎么样会怎么样。】

⑧作为社会大众中的一员，我们都手执着这无形的兵器，万不可将其胡乱挥砍，落刀之前，务必摸着自己的良心，再次思索，这一刀落得是否公正无误。【应该分成2段：应该怎么样；重申观点。】

【总评：看完全文，有一点疑惑，“无形的兵器”到底是指“评价”呢，还是指“评价他人的生活”？文章一直在混着用。】

说明：以上内容，由教师和学生根据平时的作文训练要点，作当堂评点，可以先印发给学生。不过，教师要提前备好课，自己先做好点评。

三、课后实践

请对所给的习作进行点评。

作文题目：

如今这大数据时代，发达的科技使我们的生活变成了“私人订制”：淘宝，会针对你的爱好给你推送产品；百度，会针对你的兴趣给你推送新闻；抖音，会针对你的喜好推送视频……

针对这种现象，你怎么看？请写一篇文章，不少于800字。

学生作文：

私人订制，隐私杀手（原稿）

请闭眼回想：在一个无所事事的晚上，你是否曾打开淘宝、百度，抑或网易云音乐、哔哩哔哩，满足惬意地浏览着每日推送，惊呼这些都是“你的菜”吗？的确，在这大数据时代，“私人订制”如潮水般涌来，在我们的生活中留下了深深的烙印。

毫无疑问，“私人订制”的现象得益于当今社会网络的飞速发展与科技的日新月异，又通过“软广告”形式大大增加了商家的盈利。自1946年冯·诺依曼的“ENIAC”问世以来，电子信息领域的发展可谓是空前绝后。而私人订制，便紧随着前进的步伐，应运而生。商家通过大数据分析记录用户的浏览路径，从而定位用户的听歌、购物品味，为其推送可能感兴趣的内容，无形之中使收益大增。

如此看来，兼顾商家利益与消费者享受的“私人订制”，果真是有利无弊的吗？非也！

从“私人订制”的形成过程与存在条件来看，商家只有拥有了顾客先前的浏览踪迹、注册信息等数据，才能有针对性地为其推送符合口味的产品、娱乐趣闻、视频等等。不止于此，有些商家为谋求最大化的利益，扮演着“流通中介”的角色，作为第三方将用户的数据输送给其他企业。而一旦个人信息暴露于外，就如同一只装有机密文件的保险箱被外人打开，其危险性想来便会使人倒吸一口凉气。2018年4月，社交软件巨头“脸书”又一次因为疑似侵犯用户隐私、曝出数据的事件而引起轩然大波。这一事件让广大网民焦躁不安，纷纷发文表示惶恐与担忧，一时之间掀起了一股“注销所有社交软件”的浪潮。而“私人订制”作为窃取隐私、进行大数据分析的最终呈现形式，虎视眈眈地等着你的用户信息，随时准备将其开膛破肚，用“隐私杀手”来形容它再确切不过了。

多米诺骨牌的“排头兵”倒下了，紧随其后的骨牌便一瞬溜儿地全趴了下来。隐私问题正是那第一块骨牌，而“私人订制”又旋即触发了一系列的问题：它或许会操纵人们的个性，使人们失去独立思考的能力，沉溺于虚幻世界；它或许会增加人们对其的依赖性，使人们陷入其中而玩物丧志；它或许还会助长谣言的传播，使人们难以明辨是非……

“私人订制”，请停止你的屠杀吧！做那个兼顾商家利益与消费者享受的好小孩儿，又何尝是件难事呢？

让私人订制不再“私人”（修改稿）

请闭眼回想：在一个无所事事的晚上，你是否曾打开淘宝、百度，抑或网易云音乐、哔哩哔哩，满足惬意地浏览着每日推送，惊呼这些都是“你的菜”吗？的确，在这大数据时代，“私人订制”如潮水般涌来，在我们的生活中留下了深深的烙印。

毫无疑问，“私人订制”的现象得益于当今社会网络的飞速发展与科技的日新月异，又通过“软广告”形式大大增加了商家的盈利。自1946年冯·诺依曼的“ENIAC”问世以来，电子信息领域的发展可谓是空前绝后。而私人订制，便紧随前进的步伐，应运而生。商家通过大数据分析记录用户的浏览路径，从而定位用户的听歌、购物品味，为其推送可能感兴趣的内容，无形之中使收益大增。

如此看来，兼顾商家利益与消费者享受的“私人订制”，果真是有利无弊的吗？非也！

从“私人订制”的形成过程与存在条件来看，商家只有拥有了顾客先前的浏览踪迹、注册信息等数据，才能有针对性地为其推送符合口味的产品、娱乐趣闻、视频等等。不止于此，有些商家为谋求最大化的利益，扮演着“流通中介”的角色，作为第三方将用户的数据输送给其他企业。而一旦个人信息暴露于外，就如同一只装有机密文件的保险箱被外人打开，其危险性想来便使人倒吸一口凉气。2018年4月，社交软件巨头“脸书”又一次因为疑似侵犯用户隐私、曝出数据的事件而引起轩然大波。这一事件让广大网民焦躁不安，纷纷发文表示惶恐与担忧，一时之间掀起了一股“注销所有社交软件”的浪潮。而“私人订制”作为窃取隐私、进行大数据分析的最终呈现形式，虎视眈眈地等着你的用户信息，随时准备将其开膛破肚，用“隐私杀手”来形容它再确切不过了。

多米诺骨牌的“排头兵”倒下了，紧随其后的骨牌便一瞬溜儿地全趴了下来。隐私问题正是那第一块骨牌，而“私人订制”又旋即触发了一系列的问题：它或许会操纵人们的个性，使人们失去独立思考的能力，沉溺于虚幻世界；它或许会增加人们对其的依赖性，使人们陷入其中而玩物丧志；它或许还会助长谣言的传播，使人们难以明辨是非……当我们已经享尽了“私人订制”的一切便利时，蓦然回首，才发现自己原来已经被“私人订制”所控制。长此以往，甚是危矣。

“私人订制”，请停止你的屠杀吧！做那个兼顾商家利益与消费者享受的好小孩儿，又何尝是件难事呢？

由此，我们要大声疾呼：请让“私人订制”不要再“私人”，给我们每个人保留一点空间吧！

第九章　观点类作文的“常态”教学

本章介绍了观点类作文题的常见形式和几种写作结构，并用案例具体呈现观点类作文的教学过程。

第一节　观点类作文的“常态”教学概述

本书将直接或间接包含某种观点的作文题称为观点类作文题，为叙述方便，称为观点类作文。请看下面作文题。

【例 1】会说话是一门学问：恰当的时候说话是智慧，沉默得恰当也是一种智慧。对此你怎么看？请写一篇文章谈谈你的看法。

【例 2】印度诗人泰戈尔曾说：“有一个夜晚，我烧毁了所有的记忆，从此我的梦就透明了；有一个早晨，我扔掉了所有的昨天，从此我的脚步就轻盈了。”对此你怎么看？请写一篇文章谈谈你的看法。

例 1 中，材料只有一句话，而这句话直接表明了命题者的观点——会说话是一门学问，恰当的时候说话、恰当的时候沉默，都是智慧。对于题目中的观点，写作者可以同意，可以不同意，也可以部分同意，只要能论述清楚自己的观点就可以了。

例 2 中，只有泰戈尔的一句话，这句话以形象的语言阐明了他的观点——烧毁记忆、扔掉昨天，梦就透明、脚步就轻盈。同样，对于题目中的观点，写作者仍然可以同意，可以不同意，也可以部分同意，然后展开论述即可。

对于这样的题目，该怎么写呢？

我们可以回归写作的根本，那就是，不管写什么样的议论文，都要提出观点。这观点是写作者提的，也就必然包含写作者的情感。提出了观点，然后就必须通过一些手段、方法来支撑自己的观点，这就是论证，而论证恰恰是文章写作的关键，除了要运用典型的材料、合适的语言外，更重要的是要设计好论证的结构。然而，学生的作文恰恰容易在结构上出问题。请看下面根据例1写的一篇习作。

说与不说，智慧所在

说话，是人最基本、最自然的交流方式。古往今来，即使语言不断更迭，说话仍是交流最主要的途径。然而，正如业余运动爱好者与专业运动员的区别，说话同样拥有“技术”与窍门。而在恰当的时机说话或沉默，是一个人智慧的体现。【本段总体上是可以的，只是第一句扯得有点远。】

在恰当的时候说话，可以表达自己的观点，从而彰显个人价值。当别人征求意见时，你便可以自然地阐述你的观点，无论合理与否，是否最终被采纳，都无妨；而在别人陷入困境需要帮助时，关心的言语会让人心头一暖，而这对自己有利无害。【本段论述“在恰当的时候说话”的好处。】

【上下段之间缺少过渡，可以加上：然而，有人却不懂得在恰当的时候说话，总是想说就说，结果，对别人……对自己……】

在恰当的时候沉默则更为重要。【如果是在恰当的时候沉默“更重要”，那么，就和题目的意思不一样了。】始终保持沉默并不会给自己带来坏事，至多与他人关系疏远。【前面的观点还没论述，又换了话题。】但话太多会让人心生厌烦，甚至得罪他人，与他人发生摩擦。【为什么？又扯远了。】网络上的“键盘侠”“喷子”“水军”等，一刻不停地发表自己的观点，人云亦云，随波逐流，让人不禁紧皱眉头，关闭页面。话多了，说的话自然没有重点，不被重视。而少言寡语的人，一旦开口，便会引起他人的关注，所说的话得到重视。【恰恰是说话多的。】墨子认为，

青蛙与蚊虫不断鸣叫，无人会听；而清晨鸡鸣则会使天下震撼。显然，后者更有价值。【本段论述“在恰当的时候沉默”的重要。】

而别人的言外之意、暗示，一旦被说穿，必将使当事人心生芥蒂，让听到的人尴尬。【这是什么层次？什么逻辑？什么角度？】偶尔“踩线”还可，多次之后，必将给别人留下负面印象。三国时期，曹操为防被暗杀，以“梦中好杀人”作为借口不允许他人在其就寝时靠近，并当场杀一位违反的近侍作为警示。其他人相信了，而杨修“唯知其意”并“叹”。杨修作为曹操的近臣，不懂得察言观色，多次识破曹操的言语和行为背后的想法，并说了出来。而曹操作为统治者，不能容忍能看穿自己计谋并见招拆招的杨修，最终杀了杨修。虽然今时不同往日，说错话不会有生命危险，但别人的厌恶一定不亚于当时的曹操。【纠结于曹操太多，没有抓住重点。】

那么，究竟如何把握说话的时机？我认为，这需要多多实践。

说话，是一门学问，也是一门艺术。而说与不说，则体现一个人的智慧。言默皆须当。

这篇习作的问题很多，文中的点评提到了一些，但最大的问题是结构。题目是“说与不说，智慧所在”，可以看作文章的观点，很不错。文章开头是可以的，接下来第二段的论述也没问题，第三段开始，结构问题就暴露出来了，后面更是惨不忍睹。写作者的思维明显是混乱的，不知道如何推进。关于这道作文题，可以重新理一下思路：

①生活中有没有乱说话、话多的现象？简要地举个例子，一两句话即可。

②话多会带来什么后果？让人感到热情，或感到厌烦，甚至影响自己的发展。（杨修引来杀身之祸，员工在老板面前话多必失，等等）

③可见，在适当的时候保持沉默是很重要的，举例、引用、分析。

④然而，并不是一味的话少就好。该说的时候没说，怎么解决问题？举例分析。

⑤其实关键不在于话的多少，而在于懂得什么时候该说、多说，什么时候不该说、少说。外交使臣诸葛亮舌战群儒，不是尽展风采？演说家站在台上，不是挥洒自如？……这是一种“会说话”的智慧。

⑥同样，该说的时候不说，不该说的时候乱说，则是不会说话的表现，是没有智慧的表现。

⑦人在社会中，必然要说话，何时说，说多少，何时不说，都体现了我们在说话方面的智慧。这是大学问，要用一生来学习。

⑧希望你我从现在开始，学习并慢慢掌握说话的艺术。

这样理一下，思路就很清晰了。

所以，写观点类的作文，写作者提出什么观点并不是最重要的，最重要的是要逻辑严密地推进文章，展开论述。

然而，在作文教学中却经常存在着学生不会推进文章，教师也不会教学生怎么推进的“非常态”情况。在本书第五章讲作文结构的教学时，也曾提到过。那么，观点类作文的“常态”教学应该是什么样的呢？在正确审读题目，准确把握材料的基础上，提出自己的观点，建立合理的论证逻辑。学生要做的和教师要教的就是这个。提出自己的观点，就是不一定要完全赞同命题者所给的、材料中蕴含的观点，要有自己的看法，而建立合理的论证逻辑则是观点类作文的重点。请看2014年四川高考作文题。

人，只有在自己站起来之后，这个世界才能属于他。这句话引发了你哪些思考？请自选角度写一篇不少于800字的文章。

第一种：基本结构。

（1）材料转述（始发叙述、连接句），提出观点。

（2）开始论述。

直接起手论述，从其中某一点开始，或从其中某一个方面开始——人要自己站起来。（举例）

（3）接着论述。

从另一点接着论述，或从另一方面接着论述——别人帮你的，站不起来。（举例）

（4）继续论述。

要站起来，睡着、躺着不行！或者，补充论述——并不是不可以借助别人的力量站起来。（举例）

（5）对前面的论述进行反向思考，展开论述——如果自己不站起来，会怎么样。（举例）

（6）照应前文的论述，简要回顾（回顾前文所举的例子或内容），总结。

（7）写一句漂亮的结尾，来自材料，语言形象。（一句话）

第二种：变式结构——反面起手。

（1）材料转述（始发叙述、连接句），提出观点。

（2）开始论述。

反面起手论述——这世界上，有很多人永远都不会自己站起来，所以他们也就永远不会有属于自己的精彩的世界。（举例）

（3）接着论述。

否定反面，从正面论述——因而，人还是需要自己站起来，站起来靠的是自己的力量，自己的意志，自己的努力。（举例）

补充论述——当然，我们说自己站起来，并不是完全否定依靠别人的力量，有时候借助别人的力量会让你更好地站起来。（举例）

（4）继续论述。

进一步正面论述——靠自己的努力站起来后，你会发现你拥有了与众不同的世界……与以往不一样的世界……

（5）补充论述——那种自己不站起来，还想拥有世界的，是痴心妄想。（举例）

（6）照应前文的论述，简要回顾、总结。

（7）写一句漂亮的结尾，来自材料，语言形象。（一句话）

第三种：变式结构——退一步起手。

（1）材料转述（始发叙述、连接句），提出观点。

（2）开始论述。

退一步起手论述（增加层次）。（见下面“学生作文2”的第二段。）

（3）接着论述。

进一步正面论述。

（4）继续论述。

再进一步深入论述。

（5）对前面的论述进行反向思考，展开论述。

（6）照应前文的论述，简要回顾、总结。

（7）写一句漂亮的结尾，来自材料，语言形象。（一句话）

第四种：变式结构——混合式。

（1）材料转述（始发叙述、连接句），提出观点。

（2）开始论述。

①直接起手论述，从其中某一点开始，或从其中某一个方面开始。

②反面起手论述。

③退一步起手论述。（增加层次）

（3）接着论述。

①从另一点接着论述，或从另一方面接着论述。

②否定反面，从正面论述。

③进一步正面论述。

（4）继续论述。

①补充论述。

②进一步正面论述。

③再进一步深入论述。

（5）对前面的论述进行反向思考，展开论述。

（6）照应前文的论述，简要回顾、总结。

（7）写一句漂亮的结尾，来自材料，语言形象。（一句话）

说明：混合式结构中的（2）（3）（4）可以交叉混合，可以根据实际情况进行安排。总之，要保证前后逻辑连贯，层次尽量多。

步骤（1）和（7）都是联系材料，做到首尾圆合，要防止写作过程中把材料抛开了，其中步骤（7）仅仅是联系材料，用材料中的某些词语、句子生发出一句漂亮的结尾，而不是总结全文，总结全文的任务一般在步骤（6）完成，总结的时候，要尽量回应前面的论述，不要另起炉灶。步骤（2）（3）（4）（5）是文章的主体，要步步推进地展开论述。

以上四种逻辑推进方式，仅供教师教学和学生写作参考，并不是一成不变的定律，更不是要把写作固化，而是进行一定的规范。语文教学要摒弃方法上的虚无主义——很多教师认为阅读靠语感，作文靠阅读量和背诵，读多了就有语感，背多了就会写。且不说这种做法会占用学生大量的时间，费时低效，单就实际情况看，效果并不好。

请看在这种训练下学生的作文。

学生作文1：

站起来，看世界

①“每一个人，都注定是旷野里的寂寞”，俯仰一世，我们终究要学会自己站起来，看到那属于自己的一方世界。【提出自己的观点，赞同题目中的观点。】

②站不起来的人，只能被支配，只有站起来，世界才属于他。项羽一世英名，却在乌江边倒下，于是世界离他而去；封建的阴影笼罩，革命者却站立起来，于是开创了不同以往的新世界。以为属于自己的世界，会在无法站起时霎时崩塌；以为遥不可及的世界，却在自己站起之后拥有。【从站不起来和站起来两方面对比论述。为了增加论述层次，本段可以拆成两段来论述，再增加一些分析，使内容充实。】

③可究竟为何如此呢？因为世界属于能者。没有人可以在安逸享乐中肆意拥有世界，就如同财富不属于懒惰之人，知识不属于不好学之人。因此，被打垮的人也好，慵懒沉睡的人也好，退缩不起的人也好，想要拥有世界，只有努力站起来。“站起来”这个动作，只能自己完成，他人的帮助无法起多大的作用，这是因为，自己完成才能锻炼出坚如铁石的毅力，让自己获得足够的能力去拥有世界。【进一步分析原因。但是将原因归为“世界属于能者”，不太好理解，而且多出来“能者”这个词，很模糊，难以界定。后面又有一个层次：“站起来”这个动作，只能自己完成。可以独立为一段。】

④而当人能够自己站起来时，他会发现，无论是自己还是眼中的世界，都发生了天翻地覆的变化。他拥有了许许多多原本缺少的品质，比如面对困难的勇气、实现理想的志气等等。他成为更优秀的自己，一个使世界属于自己的能者。同时，正因为克服了万难，做到了自己站起来。于是，原本难于上青天的障碍也变得易于化解，世界自然而然是属于他的。【进一步阐述站起来之后的情形。】

⑤所以啊，人，总要学会依靠自己，独立地站起来，才能看到，这个世界，确实可以属于自己。【总结，也是过渡。】

⑥这看起来很难，我们究竟该如何去做？需要记得的是，首先得自己站起来。这不是依赖他人的时候。或许你是个急性子，但请多给自己一些时间积蓄力量；或许你的能力始终弱小，但请锲而不舍地尝试站起来；又或许你丧失了自己站起来的信心，请试着给自己一个拥有世界的信念，让它在破晓之时张开双翼。当你坚强地站起来，回首看去，定然满怀感慨，因为，最难的永远是上山之路。【和上文有点重复。】

⑦在旷野的寂寞中，人需要依靠自己，想要的，可望而不可得。于是，他只有自己站起来，才会看到，这个世界原本是属于自己的。【回应材料。】

总评：本文在论证逻辑上已经比较顺畅了，作者也注意到逻辑的层层推进了，整体上看，是一篇不错的作文，但具体的逻辑推进，还应像段后评点的那样，做一点修改。

学生作文2【作文题目为本节开始举的例2】：

于前进中回望

①周梦蝶于其诗《菩提树下》中发问：“谁是心里藏着镜子的人呢？谁肯赤着脚踏过他的一生？”——那个烧毁记忆、扔掉昨天，从而使他的梦更透明、脚步更轻盈的行客呀，便是愿意赤着脚踏过一生的人，泰戈尔是这样回答的。【用诗意的语言巧妙地概括出材料的意思，但没有明确自己的观点。】

②这是何等“竹杖芒鞋轻胜马”般的人生！不被过去的荣耀与失败所束缚，仅携一蓑烟雨，便放手追逐未来的理想与目标，其从容、泰然与淡定着实令每个人心向往之。然而，请跳脱出泰戈尔这首小诗的美好意境，回到真实得甚至有时有些残酷压抑的现实生活中来，我们果真应毅然决然地“烧毁记忆”“扔掉昨天”吗？【本段就是退一步论述，没有接着第一段提观点，也没有接着第一段推进，而是向后退一步，提出思考，这是给后面的论述留下空间，以便增加论述的层次。】

③不得不指出的是，诗歌作为一种将文学的朦胧感演绎得登峰造极的表现形式，其所传达的思想在很多情况下并不完全是字面含义。因此，泰戈尔在他的小诗中所提倡的处世态度，并不是忘记已发生的一切，更多的是指我们应不受过去的牵绊，不被先前的失败击垮，也不被昨日的憋屈闷得喘不过气来。【本段在解释泰戈尔的话，实际上是要提出看法了，只是开头几句显得有点啰唆。】

④诚然，“昨日”中承载着太多的酸甜苦辣，倘若将他们都视为“臭油坏酱”而一味地倒出脑海，损失的是充斥着银铃般笑声的童年记忆，与三两好友一路走来一路歌的欢愉，以及逐渐累积的经验。更有甚者，当人人都忘记了昨天时，历史上的悲剧与惨案定会重演。还记得因在戛纳电影节上声称“我同情希特勒”而遭组委会驱逐出法国国境的丹麦导演冯·提尔，“我们绝不允许这样忘记黑暗历史的人出现”，组委会如是说。想来这不仅仅是对于一个口出狂言的个体的惩罚，这更是在所有人心中响彻的警钟：忘记昨日，又怎能做到《为了忘却的记念》中鲁迅所呼吁的那样，在向前行进的过程中又不忘过去的伤疤呢？【本段写“昨天”的价值，关于电影节的举例过于具体，不太好。】

⑤由此，于前进中回望，才是站在一个更高的平台上展望人生的方式。这便是苏东坡那“归去，也无风雨也无晴”，回望往昔、世事洞明后的豁达胸襟；是“人不能在他的历史中表现出他自己，他在历史中奋斗着露出头角”那站在“历史”的肩膀上看得更高更远后的轻摇羽扇纶巾。心里装着过去的记忆，看透山河变迁、人情世故，还依然微笑着一言不发，才是生活的大智。【推进了一步，按理说这是文章论述的重点，可是

写得单薄了。】

⑥可我们也完全不必刻意地“选择”忘掉哪些记忆，又留下哪些，因为胡赛尼在《追风筝的人》中就已说过：“多年过去了，人们说陈年旧事可以被埋葬，然而我终于明白这是错的，因为往事会自行爬上来。”【补充论述。】

⑦于前进中回望，这人生路，能走得更舒坦了吧！【一句话结尾。】

总评：这篇文章就是典型的训练过的文章，雕琢的痕迹非常明显，作者一直在克制，不让论述脱缰向前，以使论述层次丰富，这些显得都很老练。但是，也正因为如此，前面写了太多不重要的内容，导致本应是论述主体的第⑤段没有展开就匆匆结束，倒显得头重脚轻了。

观点类作文的逻辑推进不同于现象类作文，虽然现象类作文也讲究逻辑推进，但更多的是对现象背后的原因、影响及解决办法的思考。观点类作文的逻辑推进更在意的是怎么围绕着观点进行逻辑清楚、严谨的推进，并在有序的推进中有效地证明观点。

观点类作文的写作要点，可以用图11来表示：

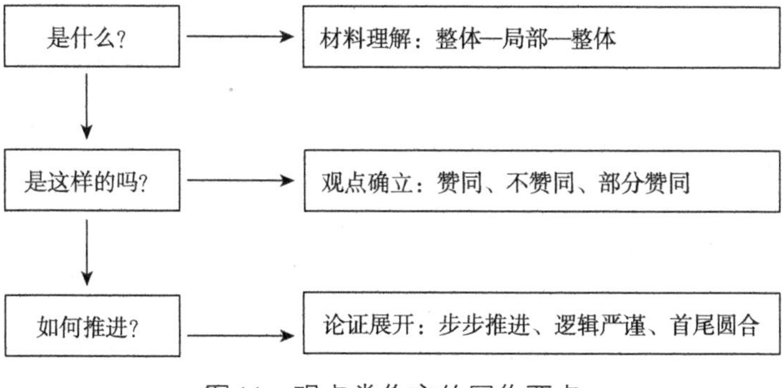

图11　观点类作文的写作要点

观点类作文的“常态”教学，重点就是要教会学生在理解材料、确立观点的基础上，怎么步步推进，展开逻辑严谨的论证。

第二节　观点类作文的“常态”教学设计

作文题目：

一只站在树上的鸟，从来不会害怕树枝断裂，因为它相信的不是树枝，而是自己的翅膀。这句话可以启发人们认识自身与外部世界的关系。请写一篇不少于800字的文章，谈谈你的看法。

一、教学过程

1.导入环节

观点类作文在近年的高考中越来越普遍。我们来看两道观点类高考作文题。

（1）2019年江苏高考作文题。

根据以下材料，选取角度，自拟题目，写一篇不少于800字的文章；除诗歌外，文体自选。

物各有性，水至淡，盐得味。水加水还是水，盐加盐还是盐。酸甜苦辣咸，五味调和，共存相生，百味纷呈。物如此，事犹是，人亦然。

（2）2020年上海高考作文题。

世上许多重要的转折是在意想不到时发生的，这是否意味着人对事物发展进程无能为力？请写一篇文章，谈谈你对这个问题的认识和思考。

要求：（1）自拟题目；（2）不少于800字。

2.审题环节

师：从整体看，你从这道题目中获得了哪些主要信息？

生1：题目由两部分组成，一部分是材料，一部分是写作要求（或写作提示）。

师：材料的主要意思是什么？

生2：站在树枝上的鸟之所以不害怕树枝断裂，是因为有翅膀。

师：怎么和写作要求建立联系？

生3：人和鸟一样，都要有自己的翅膀。

生4：一个人在社会中不堕落，靠的是自己，而不是外在条件。

师：从局部看，哪些是写作的重点？

生5：树枝、翅膀、相信自己。

师：“树枝”是什么？

生6：是外在的一些条件。

师：“翅膀”呢？

生7：“翅膀”是自身的能力。

师：还要审什么？

生8：“树枝”和“翅膀”的关系。

师：什么关系？

生9：“翅膀”为主，但也需要“树枝”。

师：联系到自身与外界的关系，就是自身为主，外界条件为辅。

3.结构环节

师：首先做什么？

生10：材料转述。

师：怎么转述？

生11：鸟不害怕树枝断裂，是因为它相信自己的翅膀。人也一样，如果怕自己“掉下去”，就要练好自己的“翅膀”。

师：很好。怎么接着论述？

生12：退一步论述，我们要不要“翅膀”——借助外在条件？要！

师：接下来怎么论述？

生13：进一步论述，是不是只依靠外部条件？不是。要靠自己的翅膀，相信自己，举例说明。

师：只靠自己吗？

生14：不是，也要靠外部条件，善于利用外部条件。

师：还有没有论述层次了？

生15：补充层次——有些人依靠外部条件成了习惯，最后成了长不大的巨婴，带来不好的后果，举例证明。

师：是不是要总结了？

生16：是的。总结：虽然要合理借助外部条件，但更要做好自己的事（相信自己的翅膀）。

师：最后联系材料给文章加一个尾巴。

4.习作展示

做一只会飞的鸟（一稿）

①一只站在树上的鸟，从来不会害怕树枝断裂，因为它相信的不是树枝，而是自己的翅膀。私以为，我们应该不断提升自己的能力，更多地依靠自己的力量。

②人常常被比作一个圆，在不断前进的过程中，充实自己，填满自己，外界的一切都只能让圆变得更完美，更像一个圆，而非成为一个无瑕疵的圆润几何体。外界的条件会在我们的人生中不断改变，也许上一刻遇到的“边角料”，没有现在遇到的适合自己，可能下一刻遇到的会更好，更契合。过分在意，反而适得其反，让人患得患失。再者，当来自外部的助力无法及时帮助我们时，属于自己的能力相对更为得心应手，更加及时有效，因而我们不能过于依赖外界条件。

③倘若我们对外界条件产生心理依赖，产生思想的变形，就会在患得患失中发生异化。就像在竞争激烈的社会中，无数个“格里高尔”反被资本奴役，本应利用外部条件以达到提升自己能力的人们，却被困在外界条件的桎梏中，为了所谓“更好的”条件而忽略了提升自身实力的重要性。过度依赖外界终将走向失败。中兴因为没有自主研发的成熟芯片技术，导致不少企业步入寒冬，寸步难行，而华为大力支持科研事业，每年上百亿的科研经费，使它不会因为外部因素的限制而陷入困局。

④三岛由纪夫曾说：“生活是无边无际的、浮满各种漂流物的、变幻无常的、暴力的，但总是一片澄澈而湛蓝的海。”窃以为，当今社会的许

多人都迷失在曲折的外部世界中，没有厘清自身与外部世界的关系，本末倒置。正如小鸟，尽管它相信自己的翅膀，但是它仍是需要树枝的。借助外力是不可避免的，它是锦上添花，不是我们应该倾其所有来追逐的，真正的强大自身不正是不断将外部条件化为己有的能力吗？为我们所需要的，是凭着不凡的能力和外界助力一往无前，不迷失在纷繁的助力中，不迷失在曲折的外部世界里。是以，“借助外力”和“强大自身”并非相互对立，我们大可不必视外力如猛虎。我想，三岛先生能写下这样的文字，想必已经悟透了其中关系。当人们身处外部世界，既能利用外部条件，又不会过度依赖、迷失其中，平衡外力与自身的关系，那么，等待我们的便是一片蔚蓝的海洋。

⑤做一只会飞的鸟吧，既能在树枝上栖息，又可以凭着一对翅膀翱翔在湛蓝的空中。

【点评】

第①段直接把材料中的话抄过来，没有提炼，而且观点提得莫名其妙，从哪里得出这样的观点呢？第②段内容庞杂，且和材料没有直接联系。第③段举了一个很长的例子，没有对材料进行提炼。第④段内容接不上第③段，而且字数过多，要知道，高考要求一篇作文也就800字，如果写六七段的话，一段也就一百多字，最多两百字，再多，其他段落阐述必然不充分，这也是很多不会结构文章的学生常犯的错。第⑤段更是显得突兀，因为前文没有铺垫。从整体看，这篇作文没有分析好题目，没有结构好文章。

5.作文升格

做一只会飞的鸟（修改稿）

①一只站在树上的鸟，从来不会害怕树枝断裂，因为它相信的不是树枝，而是自己的翅膀。私以为，我们应该不断提升自己的能力，更多地依靠自己的力量。

②人常常被比作一个圆，在不断前进的过程中，充实自己，填满自己，外界的一切都只能让圆变得更完美，更像一个圆，而非成为一个无瑕疵的几何体。外界条件是不断变化的，过分在意反而适得其反，让人

患得患失。

③倘若我们对外界条件产生心理依赖，产生思想的变形，就会在患得患失中发生异化。就像在竞争激烈的社会中，无数个“格里高尔”反被资本奴役，本应利用外部条件以达到提升自己能力的人们，却被困在外界条件的桎梏中，为了所谓“更好的”条件而忽略了提升自身实力的重要性。

④过度依赖外界终将走向失败。在中美贸易战中，中兴因为没有自主研发的成熟芯片技术，结果步入寒冬，寸步难行。当外界条件无法为我们所用时，属于自己的能力相对更为得心应手，更加及时有效，因而我们不能过度依赖外界条件。

⑤窃以为，当今社会的许多人都迷失在了曲折的外部世界中，没有厘清自身与外部世界的关系，本末倒置。正如小鸟尽管相信自己的翅膀，但是它仍需要树枝。借助外力是不可避免的，我们有时不妨霸道些，对外界条件喝一声“拿来”，将它化为己用，成为自己的东西。

⑥真正的强大自身不正是不断将外部条件化为己有的能力吗？为我们所需要的，是凭着不凡的能力和外界助力一往无前，不迷失在纷繁的助力中，不迷失在曲折的外部世界里。是以，“借助外力”和“强大自身”并非相互对立，“借助外力”之于“强大自身”是锦上添花，而不应是倾其所有去追逐的东西。当人们身处外部世界，既能利用外界条件，又不会过度依赖、迷失其中，平衡外力与自身的关系，做好自己的事，那等待我们的便是一片蔚蓝的海洋。

⑦做一只会飞的鸟吧，既能在树枝上栖息，又可以凭着一对翅膀翱翔在湛蓝的空中。

【点评】

修改稿最大的进步是逻辑明显清晰了。从第②段开始，写外界条件是变化的，过度依赖外界条件会忽略自身的提高，并且带来不好的后果，要厘清自身与外界的关系，强大自身，借助外界。逻辑连贯，阐述顺畅。修改稿还解决了段落少、部分段落字太多的问题。当然，还可以再修改，如第①段没有改动，直接提观点，还是不够好。

二、链接高考

2018年高考全国卷Ⅱ作文题。

阅读下面的材料，根据要求写作。

“二战”期间，为了加强对战机的防护，英美军方调查了作战后幸存飞机上弹痕的分布，决定哪里弹痕多就加强哪里。然而统计学家沃德力排众议，指出更应该注意弹痕少的部位，因为这些部位受到重创的战机，很难有机会返航，而这部分数据被忽略了。事实证明，沃德是正确的。

要求：综合材料内容及含义，选好角度，确定立意，明确文体，自拟标题；不要套作，不得抄袭；不少于800字。

例文一：关注被忽略的“弹痕”

①讨论战机防护时，英美军方决定加强弹痕多的地方，而沃德关注到了被忽略的地方，此后事实证明了他的正确。为什么同样是关注弹痕，关注被忽略的那些往往更为重要呢?【对材料的概括和提炼干净利落，引出了话题，没有直接提观点，很好。】

②正所谓“关键是你的目光，而非你的所见”。被忽略的弹痕正是存在于我们惯性思维导向的“重点”以外的一种可能性，所以我们要关注被忽略的“弹痕”。【指出问题所在，相当于提出观点。】

③关注被忽略的“弹痕”具有必然性。即使沃德没有“反其道而行之”，面对大量经过加强的战机仍然伤亡惨重的结果，新一轮的探讨审视仍会进行，曾经被忽略的“弹痕”终会被关注。同样的，倘若肯德基没有关注被忽略的顾客便利，没有推出“宅急送”的新型营销模式，其他暂时关注店面装饰的企业也终会因注重顾客需求而做同样的事。但是肯德基关注了，所以它一时稳立于行业潮头，所以这种关注具有发展的必然性。【本段结合现实生活中的例子进行辩证分析，但并没有讲清楚“必然性”。】

④同时，关注被忽略的“弹痕”往往可以促成创新。先有对弹痕少的地

方的关注，才会促成几乎是史无前例的弹痕少的地方的加固。因为乔布斯关注了被忽略的“充电便利”，于是电池板、充电线接连被淘汰，无限充电技术走进千家万户。因为清洁工新津春子关注了被忽略的“安全舒适”，于是刺鼻、有害清洁剂接连被舍弃，温和亲肤且高效的自制清洁剂走进各大机场。有这种难能可贵的“关注”引路，“创新”怎么会背道而驰呢？【生发出一个层次，但结束到“创新”是不是合适?】

⑤此外，关注被忽略的“弹痕”往往可以让我们挣脱窘境。由关注到创新，再由这种创新到取胜，更多战机挣脱了窘境，同盟国也挣脱了窘境。而“中巴铁路”建成的背后亦是同样的“关注”在起作用，中国关注了被忽略的可变的运输方式，就此从马六甲海峡过高关税的窘境中挣脱。其实，从单个国家的困境，变为多个国家的携手共进，这已不仅仅是单个国家的进步，由此更可见关注被忽略的“弹痕”的重要性。【“关注到创新，再由这种创新到取胜”，虽然看起来建立了联系，但“创新”还是显得突兀。应该要论述的是，关注被忽略的东西才不会出现无法弥补的错误等。】

⑥诚然，想要总能关注到被忽略的弹痕并非易事，我们需要有独立的人格，自由的思想，理性的质疑。但是此处的关注，定不是按图索骥，也不是对没有意义的东西死抓不放，更不是盲目地追求创新。我们不应当随大流迷失自我，而是要主动思考，努力避开惯性思维，寻找“被忽略的弹痕”。【本段论述基本上是可以的，略微有点空洞。】

⑦正所谓“智者不袭常”，让我们关注被忽略的“弹痕”，打破思维定势，拥抱新的可能性！

例文二：重视被忽略的“弹痕”

①珍珠固然珍贵，然而小小一粒，若是被放在某个角落，便很少有人会去注意；芯片的功能自然强大，然而区区一片，若是混杂在零件之中，便也很少有人发现。现实生活中，许多重要之处都容易被人忽略，最终导致人们无功而返。【这种以类比的方式引入观点或话题虽然好，但要小心类比不恰当。】

②“二战”期间，统计学家沃德指出若要加强战机的防护，应该考虑到

少有人想到的未能返航的战机，应该注重先前被人们所忽略的弹痕少的部位。【提出观点，干脆利落。】

③平时生活中，“忽略弹痕”现象普遍存在。学生只顾着机械地背诵课文却忽略了学习的真谛；许多大型企业只注重眼前利益而忽略了“管理要素”。【这一段似乎突兀，可以删掉，或放在别处。】

④这些“弹痕”容易被忽略，却又尤为重要。学生因没有能够真正理解文章内涵而一无所获；这些大型企业也因商品不达标而最终倒闭。试想航空事业中若是忽略了某处数据，其他的一切便都是徒劳；军事战争中若是忽略了某处要地，整个国家便有可能陷入危难。【写被忽略的东西的重要性，但是和材料的关系并不密切。】

⑤因此，我们要注意那些先前未留意的“弹痕”，重视那些被忽略之处。【再次重申观点，但感觉似乎又绕回第二段去了。也就是说，从第二段到这一段的论述没有推进。】

⑥这件事说来简单，却需要我们打破自己的惯性思维。西塞罗曾经讲过这样一个故事：有一幅画，画上是一群经过祈祷幸免于海难的人。人们看到这幅画后，感叹祈祷的力量，却没想到祈祷后被淹死的也大有人在，只是没被画出来。可见，人生来便有着无法摆脱的“惰性”，看到什么便认定什么。而习惯于舒适区的我们，脑海中一旦认定某个观点，接下来的思路由着它引领，誓死追随，忠贞不渝。如此，便很难再打破“惯性思维”这个禁锢。唯有时刻思考，不再懒惰，竭尽全力不被所谓的“第一印象”迷惑与引导，才能冲出牢笼，摆脱定势的思维。【提出办法打破惯性思维是可以的，但是最好要扣紧材料。】

⑦不仅要打破惯性思维，考虑到这些被忽略之处，在此之后还要处处留心，“重视”这些“弹痕”。而在当今社会，不“重视”弹痕的现象更为普遍。“时间至上”已然成为许多人的信仰，太多的人总是在马不停蹄地赶节奏。这便导致了面对“弹痕”时，我们不过是淡淡一扫、匆匆一眼，未有过多的停留。如此匆忙，又怎能发现“弹痕”蕴藏的奥妙？因此，要做到“重视”，便需要耐心地多停留一会儿，多留心一些，思考再深入一些，不放过每一个地方、每一个想法。这样，结果才有可能发生翻天覆地的变化。【这一段由“打

破”写到“重视”，这两者之间并没有递进关系，需要调整。】

⑧所以，请不要放过那些弹痕少的部位。因为这些被忽略的，正是我们应该去重视的。

三、课后实践

对所给的习作进行点评。

作文题目：

鲁迅曾说：“幸福永远存在于人类不安的追求中，而不存在于和谐与稳定之中。”然而，也有人认为，和谐、稳定才是真正的幸福所在。对此你怎么理解？

学生作文：

我自不安中屹立不倒

有人认为，幸福是在逆境中乘风破浪的胆魄，是不安中一往无前的奋斗；有人则认为，幸福是长存的安稳港湾，是躲避风雨的坚固屋檐。鲁迅曾言：“幸福永远存在于人类不安的追求中，而不存在于和谐与稳定之中。”或许前者，才是真正的幸福所在。

然而，同样有很多人与鲁迅的想法背道而驰，认为和谐、稳定的生活才是幸福。诚然，生活在和谐稳定的社会中，人们得以衣食无忧，享受安逸，不必每天为生存或艰险担忧受怕，与不安绝缘，似乎如此便能获得幸福。

但须知这样的和谐与稳定尽管光彩照人，实则可能是种“金玉其外，败絮其中”的假象。安稳的外表下，或隐藏着未暴露的矛盾和问题。清末“康乾盛世”之时社会一派繁荣，人们沉浸在“天朝上国”的美梦之中，不觉西方的科技发展已将他们甩在身后；《美丽新世界》里的人们过着稳定的幸福生活，却连为何不再笑和为何不再思考都尽数忘记。人们追捧的和谐稳定，有时只是虚幻的海市蜃楼。

而这类人对幸福一词的理解实际上有所偏颇，因为真正的幸福并非来自外部，而是来自内心。史铁生说过：“生命的意义本不在向外的寻取，而在向内的建立。”外物终究只是影响我们的思想，却不能够完全地塑造它，而强大之人内心幸福必来自自身，做到“不以物喜，不以己悲”。

因此，勇于在不安中追求的人们正是靠着对自身意义的探求而获得幸福。颜回能够在“一箪食，一瓢饮”的不安中“不改其乐”，木心拒绝物质上的幸福而甘愿去过“凄清、单调、枯燥”的生活，皆是因为他们在不安的追求中坚定了内心，于风雨飘摇中坚定自己的信念，明晰自我价值。这份踏实的、靠自己的行动换取来的幸福，比起沉溺于和谐稳定要更为坚固。

而他们也能够做到的必然是“任风雨摧枯拉朽，我自屹立不倒”，因为虽身处不安之中，他们的内心却真正达到了和谐与稳定的境界。原来多少人为得到幸福而苦苦追求的和谐，不在幸福者身外，而在他们的内心中。相反地，过着和谐稳定生活的人们心中可能是不安的，他们未曾经过困境的磨炼所以分外脆弱，一点小小的风雨可能都会击垮他们。前者身外不安而身内安稳，后者身外安稳身内却实则惴惴然。

因此，带来真正幸福的永远是风雨、是磨难，是在不安中依旧执着追求的信念。

第十章 “常态”作文教学实践

本章展示了作者本人的“常态”作文教学实例以及“常态”作文批阅实例。其中，教学实例包括教学实录和案例设计，批阅案例均来自日常的作文教学，是原始批阅的真实呈现。

第一节 “常态”作文教学实例

一、“表达交流”与“阅读鉴赏”整合教学实录

师：今天，我们一起来学习“写人要凸显个性”。这两堂课我们分四个步骤来完成：一、先学习“表达交流”中“写人要凸显个性”一节中关于写人方法的介绍，约15分钟；二、快速阅读第三单元的《记梁任公先生的一次演讲》和《金岳霖先生》两篇文章[①]，具体学习其写人的方法，约30分钟；三、动手进行人物形象描写的片段训练，约30分钟；四、小组内交换阅读并推荐优秀片段描写，在全班交流，约25分钟。

师：下面我们进行第一个环节，学习课本表达交流部分的“人性的光辉——写人要凸显个性”。首先请大家快速浏览课本内容，然后说说，书中告诉我们凸显人物个性可以采用哪些方法。

（学生阅读课本，大约5分钟后，教师询问）

生1：首先要写能表现个性的事，其次要善于绘声绘色。

师：（笑）你把书中介绍的两种方法都找到了。那你能举个例子具体来说

① 本实录发表时，人教版教材必修一第三单元有第11课《记梁任公先生的一次演讲》、第12课《金岳霖先生》，后教材改版删了《金岳霖先生》。

说，什么样的事才能表现人物的个性吗？

生1：我可以用学过的课文来举例吗？

师：当然可以！

生1：鲁迅在《记念刘和珍君》中说刘和珍是个勇毅的女子，就是用她参加请愿的事来证明的。

师：不错。有个性的人才会做有个性的事，个性的事才能反映个性的人。你刚才还说到“要善于绘声绘色”，能具体说说，如何才能做到绘声绘色吗？

生1：书中也有啊！“通过个性化的语言、肖像、动作、心理来表现”。

师：对啊。可什么样的语言、肖像、动作、心理，才叫个性化呢？这点书中并没有说得很清楚，你能说说吗？

（生1陷入沉思，其他同学也在思考）

师：有谁能说说吗？

生2：个性化就是有个性，与众不同。

师：（笑）你回答了，但似乎等于没说。希望你能说得具体一点！

（全班沉默，显然这个看似简单的问题却无法用语言来表达）

师：也许这不太容易用语言来作抽象的表述。这样吧，我们来看看别人是如何用“个性化”来写人的个性的，好吗？大家把书翻到第十一课，请先快速浏览文章，然后想一想：梁任公先生有哪些与众不同的地方？作者是如何表现其个性的？

（全班快速阅读课文，约5分钟）

师：梁任公先生有哪些特别之处？

生3：书法很秀丽，十分美观。

师：这不算特别，书法秀丽美观的人很多。

生3：人长得很有个性。

师：请说具体一点。

生3：短小精悍，秃头顶、宽下巴，这种长相只他一家。

（全班大笑，师亦笑）

生3：穿着肥大的长袍，步履稳健，风神潇洒，左顾右盼，光芒四射。

师：这些特点要和梁任公先生的长相结合起来才显得有个性，是吧？实际上这是什么描写？

全班：外貌描写！

师：你们看，要写人，就先要写出其有个性的外貌。常言说得好，世上没有两片完全相同的树叶。每个人都是有个性的，写人一定要先抓住其与众不同的外貌，注意，是“与众不同”。梁任公先生还有哪些特别之处？

生4：说话谦逊而又自负，这是个性化的语言。

生5：动作也很传神。文中写他背诵时“用手指敲打他的秃头”，这就很特别。

生6：梁任公先生演讲到激动处，手舞足蹈，有时掩面，有时顿足，有时狂笑，有时太息，这些动作、表情也是他特有的，充分体现其性情中人的一面。

师：大家的回答都很好。从这篇文章中，我们可以看到，作者正是通过对梁任公先生个性化的外貌、语言、动作的传神描写，向我们展示了一位颇有个性的人。可是，正如前面那位同学所说，写个性化的人的方法远不止这些。那么，还有哪些呢？我们再来学习第十二课《金岳霖先生》，看看能有哪些收获。

（学生速读课文约8分钟）

师：读完这篇文章，金岳霖先生给你留下了哪些深刻的印象？能否先用一个字来概括一下你对他的总体感受？

生7：“奇”或“怪”。

师：读完文章，我们确实感到这位金先生很怪。那么，他都怪在哪些地方呢？

生8：穿着奇怪。常年戴着一顶呢帽，进教室也不脱下，帽檐压得很低，脑袋微微仰着，眼镜片一片是白的，一片是黑的，常穿一件麂皮夹克，天冷了就在里面围一条很长的驼色羊绒围巾。

师：这是外貌和生活习惯的描写，确实有别于他人。除此以外，还有哪些特别的奇怪的地方呢？

生9：课堂提问很怪，专门挑穿红毛衣的女同学回答问题。回答学生的问题也很怪，说林国达同学垂直于黑板，让人感到莫名其妙。

师：这就属于人物行为的怪了，金先生的思维与常人不同。如此描写，让人记忆深刻。请大家继续说。

生10：我来补充一点。

师：可以。

生10：补充您所说的金先生的思维与众不同。别人问他为什么要搞逻辑，他却说“觉得它很好玩”。这句回答本身就是不合逻辑的，或者叫答非所问，而这也正体现了他的怪。

师：很好，继续说！

生10：金先生的思维怪还体现在很多地方。如沈从文先生让他讲《小说和哲学》，他在最后却说“小说和哲学没有关系”。他养斗鸡是为了和孩子们玩，而不是为了赢。毛主席让他接触接触社会，他就让蹬三轮的每天拉着他到王府井一带转一圈。这些恐怕只有他才能做出来吧！

师：你说得很好。但我想问一问大家，刚才所说的是语言描写呢，还是动作、肖像描写？

生齐答：都不是！

师：那是什么？

（学生议论纷纷）

师：你们没发现金先生这些奇怪的思维都是通过一件件具体的事表现出来的吗？

众生：（恍然大悟）通过个性化的事来写个性化的人。

师：对。现在我们再回到本课开头。写个性化的人可以通过个性化的外貌、语言、动作、心理等来完成，更要注意选取个性化的事来表现人物的与众不同。通过对刚才两篇文章的学习，大家能比较真切地感受到什么叫“个性化”的方法了吧？

众生齐答：是！

师：现在就请大家运用刚才所学的方法，选一个你熟悉的、非常有个性的人来描写，一百字左右即可。

（学生写作训练，约30分钟）

（小组交换阅读，约5分钟）

师：下面请同学们推荐你认为写得比较好的片段，读给大家听听。可以读其精彩的语句，也可读那些需要修改的语句，不过要提出修改意见。

生11：我来读几句。这是我同桌写物理老师的语句。“他操着半生不熟的普通话讲解着课本上的内容，每当同学们在思考的时候，他就用手轻挠那头浓密的黑发，一些头皮屑也随之飘落下来了。”我觉得写得很细，很传神。

生12：我的同桌写辩论赛时辩手的表现，也很好。“他以肘为圆心，前臂长度为半径画了一个半圆，如此夸张的手势象征着‘坚决不同意’或‘非常不同意’，他那双眸子里似乎满含着对中国未来的担忧。”动作描写很细腻，心理描写也能表现人物形象。

生13：我的同桌写的片段非常美，也很动人。“她很守旧，曾有一位同学说：‘语文真烦，每年都有鲁迅的文章，一般九十年代以前的文章我是懒得看的。’她听了，很心痛；将《红楼梦》看了不下十遍的她，再去看韩寒、郭敬明的作品，感觉就像吃了美味佳肴再去吃糠咽菜，没有一点口味。”通过读书这件事来表现她的高雅及对文学的热爱。她写得很多，其他几段也很精彩。

生14：我的同桌写一位“包租婆”，非常生动。“她趿拉着鞋，双手叉腰当街骂起来，嗓门大得隔五条街都能听见，语速也极快，噼里啪啦像下冰雹一般。骂到激动处，口水四溅，一脸横肉凸显出来，还不停地抖动，愈发狰狞。”他运用了夸张、比喻的手法，真实再现人物的语言动作，值得我们学习。

师：写人物还可以多用一点修辞，也会使描写准确生动，大家可要记住哦。

（其他同学的欣赏略去）

师：今天我们学习如何凸显人物个性。从同学们所写的片段来看，大部分写得还是不错的。能选取个性化事件，运用个性化的语言、动作、心理描写来刻画人物，有的同学还恰当地使用了修辞。这些都很必要，但是，同学们一定要注意，“方法”不是一切，要刻画好一个人物，还要立足于生活中的仔细观察和思考，要做有心人，要让大脑记录下生活中那些特别的细节，这样写作文时才有话可写，也才能写得好。

【点评】

何更生（安徽师范大学文学院教授，博士）：目前的课堂教学存在着浪费的现象，在新课改中要克服“量多时少”的问题，就必须在课堂教学中追求效益的最大化，而朱老师的这节课很好地体现了这一点。

孔立新（安徽芜湖市教科所教研员）：是啊，课堂教学要有节约的观念，要能做到“集约经营”。“集约”是相对于“粗放”而言的，“集约经营”讲求的是效益。朱老师的教学体现了在“集约经营”下的“有效教学”的特质。

方予（安徽师范大学文学院硕士研究生）：听完这堂课，我深有感触。如何做到节约？恐怕还是要先对教材内容进行整合。朱老师这堂课整合得非常巧妙，也很恰当，既有写作教学和阅读教学，也有写作指导和写作实践，将阅读统一在写作这个大框架之中，可谓一举多得。

孔立新：读写结合并不新鲜，但是能够像朱老师这样结合得这么有情趣，融会得这么自然天成的却不多见。朱老师对教材中所举的人物描写实例不满意，便以两篇自读课文为实例来阐释“写人要凸显个性”，这体现了教师对教材的取舍与使用。新课程不仅需要这样有思想、有个性的教师，也需要像朱老师这样对教材进行有主见的处理。

何更生：刚才孔老师所说的“集约经营”，我认为这很好，但是也要防止另外两种倾向：一是教师为了节约时间，而又回到满堂灌的老路上去；二是没有进行系统的研究，随意删掉教材中的内容，破坏教材的整体结构。不过，从这两点来看，朱老师的这节课做得还是很不错的。

方予：对，朱老师对教材做了有效的处理，既提纲挈领，又保留了最有价值的教学内容；既节约了教学时间，又扩大了课堂容量。这是对节约型课堂非常有益的探索。

孔立新：高中实施新课程，教师普遍反映课时不够，内容太多，教不完。朱老师用两节课时间上了两篇自读课文和“写作训练”，单位时间里效益很高。我最欣赏的是在这样短的时间内，教师不是扩充讲授内容，而是抓住“写人要凸显个性”这一目标，让学生在实践活动中体验感受，十分重视学生的语文实践。这就是“集约经营”下的“有效教学”，它关注学生的进步与发展。学生动手写用了30分钟，小组内交流用了25分钟，在这样的实践活动中，学生的写作能力才会提高。“集约经营”讲求时间与效益，但不是把“效益”理解为“花最少的时间教最多的内容”，而是取决于单位时间内学生的学习结果与学习过程的最优化。朱老师这堂课做到了这一点，很不易，也给我们很多启发。

（发表于《中学语文教学》2007年第6期，有改动）

附："表达交流与阅读鉴赏整合"教学设计

【设计简述】

高中新课程改革以来，困扰课程实施者的一大难题是"量多时少"的问题。为此，提高课堂教学效率，建设"节约型"课堂，就显得迫切而重要。本设计正是希望于此做一点有益的探索与尝试。

人教版新课标教材必修一的"表达交流"部分，有一个专题是"人性的光辉——写人要凸显个性"。在其中的"写法借鉴"部分举了两则人物描写实例，并归纳出人物描写的几个要点。其训练的思路和方法明确、清晰，但教材中所举的人物描写实例却不够典型。而必修一第三单元正好是学习写人记事散文，其中的两篇自读课文《记梁任公先生的一次演讲》《金岳霖先生》正好是写人记事非常典型的文章，故而将这两篇文章作为实例和"写人要凸显个性"结合起来教学。这样设计有利于解决教学内容多而课时少的问题，并能有效地提高课堂教学效率。

【教学目标】

了解、掌握、运用写人记事的基本方法。

【教材分析】

本课的教学重点为掌握写人记事的基本方法并能加以运用。要突破的难点是，如何让学生在了解、掌握了写人记事的基本方法后，内化成作文的方法定式，使其在今后的作文中能有效地加以运用。为了能学以致用，在课堂教学中应即时训练，同时还要在课外进行巩固训练。

【教学方法】

讲授法、训练法。

【教材教具】

可用投影或多媒体，亦可印发纸质材料，材料内容为《金岳霖先生》（节选）。

【课时安排】

两课时。

【教学过程】

一、导入

这世界上没有两片完全相同的树叶，也没有两个完全相同的人，每个人都有他与众不同的个性，我们在写一个人时，就是要凸显人物的个性。那么，如何凸显人物的个性呢？今天，我们就一起来探讨这个问题。

（板书：写人要凸显个性）

二、知识准备

◇快速浏览课本“表达交流”之“写人要凸显个性”作文教学专题，总结出凸显人物个性的方法。（见课本）

⊙能写表现人物个性的事。

⊙运用个性化的语言、动作、外貌、心理描写。

三、实例研讨

1.速读《记梁任公先生的一次演讲》，交流、讨论后，回答问题。

◇梁任公先生有哪些特别之处？（自由回答或分组派代表回答）

⊙外貌：短小精悍，秃头顶宽下巴，肥大的长袍，风神潇洒。

⊙语言：谦逊而又自负。

⊙动作：步履稳健，翻眼点头，用手指敲打秃头；演讲时手舞足蹈，掩面顿足，狂笑太息。

⊙总结：文章正是通过对梁任公先生个性化的外貌、语言、动作的传神描写，向我们展示了一位颇有个性的人。

2.速读《金岳霖先生》（节选），交流、讨论后，回答问题。

◇金岳霖先生给你留下哪些深刻的印象？能否先用一个字来概括一下你对他的总体感受？（自由回答或分组派代表回答）

⊙“奇”或“怪”，也就是有个性。

◇你能说出金先生的奇怪都表现在哪些方面吗？

⊙穿着怪：常年戴呢帽，帽檐压得很低；眼镜片一片白一片黑；常穿麂皮夹克，天冷围一条很长的驼色羊绒围巾。

⊙提问怪：专门提问穿红衣的同学。

⊙思维怪：别人问他为什么要搞逻辑，他却说“觉得它很好玩”。说“小说和哲学没什么关系”。养斗鸡是为了和孩子们玩，而不是为了赢。毛主席让他接触接触社会，他就让蹬三轮的每天拉着他到王府井一带转一圈。

◇在写金先生的“思维怪”时，运用的是语言描写呢？还是动作、肖像描写？(讨论、交流后回答)

⊙都不是。金先生这些奇怪的思维都是通过一件件具体的事表现出来的。这些都是能表现个性的事。

⊙总结：通过刚才对两篇文章的学习，大家能比较真切地感受到，写个性化的人可以通过个性化的外貌、语言、动作、心理等来完成，更要注意选取个性化的事来表现人物的与众不同。

四、写作实践（方法运用）

◇运用刚才所学的方法，选一个你熟悉的、非常有个性的人来进行描写，一百字左右即可。

1.学生写片段。

2.小组内交换阅读。

3.推荐片段，读给大家听，可以读其精彩的语句，也可从读那些需要修改的语句，但要提出修改意见；教师和其他同学共同评价，一起修改。

4.课后再进一步修改。

⊙总结：要凸显人物个性，就要选取能表现人物个性的事，能运用个性化的语言、动作、心理描写来刻画人物。我们了解了这些方法之后，还要勤加练习，并能熟练运用。

不过，“方法”不是一切，要刻画好一个人物，还要立足于生活中的仔细观察和思考，要做有心人，要让大脑记录下生活中那些特别的细节，这样写作文时才有话可写，也才能写得好。

二、《材料的转述》教学实录

师：作文要从审题立意开始，要有结构，要有语言，还要有材料。材料涉及材料的积累和材料的运用，第一单元[①]的单元任务里面就提到了材料的积累和运用。今天我们就讲材料的运用。

师：什么叫材料？我把材料分为两类，一类是作文题目中的材料，就是题目给出的材料。有的时候是一句话，有的时候是一段话，有的时候可能是一张图，有的时候可能是几句名言，有的时候可能是一句诗。还有一类就是在作文中用来证明观点的材料。

师：今天我们要讲的是作文题目中的材料该怎么转述。不知道大家有没有思考过这个问题？

众生：……

师：我问大家一个问题——作文题目中的材料，我们要不要把它放到我们作文里面去？

众生：要。

师：放到哪里去呢？

生1：开头。

师：不放别的地方是吧？

生2：中间。

师：看你们被我逼得，开头、中间还有结尾。那就是到处都可以放，是不是？这些地方确实都可以放，但是问题是怎么放，这就很难了，对吧？

生3：嗯。

师：我们怎么把题目中的材料放到我们的作文中去？今天我们要讲的就是这个内容，看看大家学习后心里面有没有一些感触。

众生：好。

师：先给大家讲一个概念，这个概念叫始发叙述。（课件展示）

“始发叙述”——在议论文开头对作文题目材料的叙述。

师：“在议论文开头对作文题目材料的叙述”，这叫始发叙述。我们来看

① 本单元属于统编版高中语文教材选择性必修上。

看实例好不好？（课件展示）

一对孪生小姑娘走进玫瑰园，不多久，其中一个小姑娘跑来对母亲说：

“妈妈，这里是个坏地方！”

“为什么呢，我的孩子？”

“因为这里的每朵花下面都有刺。”

不一会儿，另一个小姑娘跑来对母亲说：

“妈妈，这里是个好地方！”

“为什么呢，我的孩子？”

“因为这里的每丛刺上面都有花。”

听了这两个孩子的话，母亲陷入了沉思。

师：这是一道作文题目，看了这道题目之后我们要写一篇作文，中心论点大概是什么？

众生：看待事物的角度。

师：哎呀，挺好呀。每个人看待事物的角度不同，得出的结论就不一样了。很好！下面来看一下，这是一个同学写的开头，他转述得怎么样？（课件展示）

我认为上面第一个姑娘说得不对，第二个说得对……

师：大家说怎么样？

生4：不太行。

师：不太行，哪里不太行呢？

生4：就感觉非常重复，或者是非常直白……

师：讲不出来是吧？

生4：对。

师：你知道为什么会出现这种情况吗？我们心里面有一个模糊的概念，

但不具体。具体一点，“我认为上面第一个姑娘说的不对，第二个说的对。”“上面”是指天花板吗？“上面”指向不准确，语言表述很不好。不应该是“我认为”，议论文要客观地去写，应该是“我们认为”。“第一个姑娘”，哪个是第一个姑娘？说得不对，不对在哪？没说。说得对，哪里对呢？是不是材料就是姑娘和姑娘的关系呢？不是。不知所云，语言表达不准确。（课件展示）

> 一对孪生姑娘同去看玫瑰，一个说，这地方不好，因为每朵花下面都有刺，而另一个却说这地方好，因为每丛刺上都有花。为什么会有这两种截然不同的说法呢？

师：这个对材料的转述怎么样？

众生：还行。

师：“还行”就是有可取的地方，但是也不是那么好，是吧？哪里还行？你来说说。

生5：简单概括了刚才那个材料里面提供的一些东西，能发现这道题目中是要对这两种截然不同的说法进行讨论，但是感觉这个……

师：你前面讲那么多，我感觉都是无关紧要的，关键地方呢？

生5：嗯，太复杂了，我表述不清楚。

师：我们都有一种感觉——还行，是吧？其实我觉得你讲得也还行。

（众生笑）

师：请坐，先放在这里。行不行，有比较就知道了，对不对？再看一个。（课件展示）

> 一对孪生小姑娘走进玫瑰园，不多久，其中一个小姑娘跑来对母亲说：“妈妈，这里是个坏地方！这里的每朵花下面都有刺。”另一个小姑娘跑来对母亲说：“妈妈，这里是个好地方！这里的每丛刺上面都有花。”听了这两个孩子的话，母亲陷入了沉思：为什么会有不同的看法呢？

师：怎么样？

生6：他全抄下来了。

生7：太长了。（小声说）

师：刚才哪位同学说太长了，你说的是吧？

生7：嗯。

师：太长了。长和短的标准是什么？

生7：基本上全抄下来了。

师：你看你又偷换话题了。两个问题，一个是太长了，另一个是把原来那个材料抄下来了。我都赞同，我站在你们这一边，尤其是第二个观点。你知道为什么直接抄下来吗？

生8：不会概括。

师：不会概括，是有思考没提炼直接抄了下来。如果材料比较长，有200多字，他可能会觉得挺好的，800字我都抄了200字了。可是这样他的分就丢掉了。

（众生笑）

师：现在我们再回头看刚才那个呢？

生9：挺好的。

师：还是挺好的。你觉得挺好，那你是没看到更好的。（课件展示）

面前有一丛玫瑰，你看到的是尖锐的刺呢，还是娇艳的花？

师：怎么样？这不是我写的哦。

生9：更好。

师：更好呀？对材料的提炼怎么样？

生9：提炼得很简略。

师：提炼得很简略是吧？提炼完了就不管了？后面好像还差一点东西，总要讲一点，你们觉得讲什么呢？

生9：自己的观点。

师：没有说自己的观点是吧？观点是什么？你补上。

生9：角度影响……

师：角度影响看法是吧？很好，请坐。一定要提观点吗？不一定吧！不提观点我们还可以干什么？面前有一丛玫瑰，你看到的是尖锐的刺还是娇艳的花呢，这不禁引起我们的思考。不一定非要提观点的，没有谁规定议论文一定要在开头第一段就要提观点，对不对？当然，你觉得我很自然地就提出来了，很好，但你提不出来也没有关系，第二段再提，还有卒章显志，这都可以的。我们再看一个。（课件展示）

“横看成岭侧成峰，远近高低各不同。”看问题的角度不同，所得观点也各异。因而有人只看到花下刺，也有人只看到刺上花。

师：这个怎么样？

众生：太好了。

师：太好了。（走近一生）你说，哪里好？

生10：我觉得他第一句先用一句古诗，用诗人的话说出我们看问题的角度都是各不相同的，也就是在讲述刚刚上段文字告诉我们的道理，就是……

师：忘掉了，你忘了是吧？因为引用了古诗，所以这个还是蛮好的对吧？仅仅如此吗？

生10：然后，他后面还说“因而有人只看到花下刺，也有人只看到刺上花”，所以他一直围绕着……（说不下去了）

师：围绕着材料对吧？

生10：对。

师：把材料在后面提出来了，对吧？

生10：对。

师：很好，有材料有观点，还引用了两句诗。好，你请坐。

师：不是说引用诗就好，引用名句就好，因为有些同学引用错了名句。当然，课件中的这句诗是对的，而且非常合适。我们再看一个，这个呢？（课件展示）

面对同样的玫瑰花，有人看到花下刺，有人看到了刺上花，正所谓

“横看成岭侧成峰，远近高低各不同”。

生11：（小声地）这个好。

师：哪个说这个好？你说的，你来说一说。

生11：第一句先对材料进行概括，然后再引出观点。

师：怎么引出的？

生11：通过一句古诗引出“看问题的角度不同，所得观点也各异”，感觉很有逻辑。

师：比刚才那一个有逻辑，感觉更顺畅一些是不是？由作文题目的材料过渡一下，再引出自己的观点，比较顺畅一点，是不是？

生11：嗯，是的。

师：好，分析得非常好，我要带头给他鼓掌！

（众生鼓掌）

师：你们为什么鼓掌？

（众生笑）

师：我鼓掌是因为这个是我改的，是我写的呀。我觉得我写的确实是蛮好的呀。你看看，这么一改，语言的表达其实没有什么大的变化，只是顺序进行了调整，效果却更好了。刚才这位同学完全把我的意思给分析出来了。我们先要对材料进行概括，然后引出观点，这样开头是很好的。

师：刚才讲的不是始发叙述吗？如何把作文题目的材料转述到作文里面来？我们再回顾一下刚才展示的这些开头。（回放课件）

师：下面有一个问题布置给大家——如何把材料转述成我们的作文开头呢？下面大家以小组为单位讨论。

（教师用在线平台发布问题——材料的转述要注意哪些问题？学生用平板接收问题，打字或截图回答问题）

师：你们每人写几句交流交流。回忆一下刚才那几个开头，材料的转述应注意哪些问题？同学们相互讨论讨论，写好了就给我发过来。我为大家计时，给大家2分钟时间，计时一结束就提交。

（计时2分钟）

师：有的组已经提交了，提交的同学就等着评判了。

师：好，结束，成果丰富，一共6个。

（众生笑）

（师生分析第一组同学的答案）

师：他写得很简单，我也简单一句话，0分。

（众生笑）

（师生分析第二组同学的答案）

师：这个丰富，“概括需要简洁精练”，对不对？

生12：对。

师：我问一个问题，怎么简洁精练？“富有逻辑性”，对的。“围绕材料本身”，对的。“不要跑题”，对的。“切入主题”，主题是什么？“语言严谨，不要过度解读，不能主观臆断。”我觉得“不要过度解读，不能主观臆断”跟“围绕材料本身”是一回事，对吧？这点确实很重要。如果我们脱离了材料，那还要材料干吗？我觉得你所写的这一点是重要的。材料给什么，我们就概括提炼什么，至于怎么概括提炼，怎么简洁精练，你并没有讲。这就好比你问我，怎么学语文？我说好好学语文。这不等于没讲吗？

（师生分析第三组同学的答案）

师：“对材料的概括要准确精练，不能全抄写。”终于讲出一个可以操作的东西了。“不能偏离材料原意，不能偷换概念。”这和刚才那个同学讲的是一样的，不要偷换概念。“要加入自己的理解”，是什么意思？哪有提炼材料不加入自己的理解的？

（师生分析其余同学的答案）

师：来看下一组。“提炼关键词跟概括”是哪一组的？

生13：丁雨欣。

师：丁雨欣，很好！“关键词”，是什么关键词？“注意语言逻辑性和准确性”，这个是非常正确的观点。“准确概括内容，简略提炼，不能直接照搬材料”，是怎么操作的问题。“从材料中提炼出道理”，如果不是道理呢？“为提出自己的观点做铺垫”，把材料提炼好了之后，怎样和自己的观点结合起来，是不是？“不能照抄”，这是最实在的一个。“不能偷换概念，材料给什么就是

什么。”这是最好的一个。下面来看一看。（课件展示）

材料的转述要注意哪些问题？

（1）要对材料进行概括、提炼——去掉细枝末节，抓住核心关键；

（2）尽量使用材料中的关键词；

（3）如果能引用一些好句子则更好；

（4）语言表述要干净利落；

（5）最好提出观点或引出话题。

师：“一对孪生小姑娘走进玫瑰园”，为什么这个材料设置为孪生小姑娘？你们觉得为什么？要强调逻辑的起点是完全一致的，对不对？两个人是孪生的，长相一样，想法可能也是一样的。“小姑娘”在提炼的时候要不要？这只不过是在审题的时候需要的，在引用和转述的时候，是不是还需要就不一定了，至于最后要写小姑娘，还是大姑娘，还是老姑娘，无所谓的，所以它并不重要。至于是玫瑰园，还是公园，还是路边，这重要吗？这也不重要，提炼的时候不需要。“不多久”，需要吗？不需要。“其中一个小姑娘跑过来对母亲说”，是对母亲说，还是对爷爷说，还是对奶奶说，对哪个说，这重要吗？这不重要。“妈妈，这是个坏地方”，要不要？好像不需要。“为什么呢，我的孩子？”这个也不需要。“因为这里每朵花下面都有刺”，注意到这里的材料是一分为二的，前面的解释好了，后面也就清楚了。“因为这里每朵花下面都有刺”，这正好是我们讲的不同的角度，看到的问题不一样，是不是？那么，哪个很重要？每朵花下面都有刺很重要，是不是？更简洁的表述是什么呢？

生14：花下刺。

师：你看多好，花下刺。那下面呢？三个字，刺上花。怎么把这六个字连成一句话？“为什么有人看到的是花下的刺，有人看到的是刺上的花呢。”这不就对材料进行提炼概括了吗？去掉了细枝末节，关键的词就很明白了。关键词是什么？我觉得就两个字。

生15：（小声地）刺和花。

师：对，有的同学已经明白我讲的意思了。刺和花！这两个字肯定是不能少的。我们再看“如果能引用一些好句子则更好”。同学们注意语言表达，“如果能引用一些好句子则更好”，不引用呢，也无所谓，所以不要把这个作为标准来判断。“语言表达要干净利落。”“同样是孪生姐妹一个看到的是花下刺，一个看到的是刺上花。”语言就非常简洁。

师：我们再来看一下最后一点。“最好提出观点或引出话题。”最重要的是哪个词呀？“最好”。我们概括完了之后，最好顺着就把它提出来，提出观点当然好，不提观点也没有关系，到第二段再提也行，但是要把话题引出来。刚才哪个组说的——“为……做准备。”你们组是不是？

生16：嗯。

师：“为什么提供……”是对的，这个思维方向是对的。我们再试试。这是一道高考题。(课件展示)

丹麦人去钓鱼会随身带一把尺子，钓到鱼，常常用尺子量一量，将不够尺寸的小鱼放回河里。他们说：“让小鱼长大不更好吗？”两千多年前，我国孟子曾说过：“数罟不入洿池，鱼鳖不可胜食也。”意思是，不要用细密的渔网在池塘里捕捞小鱼，这样才会有更多的鱼。

实际上，其中的道理也贯穿在我们现实生活中的许多方面。

师：这是上海的高考题，大家见过吗？

众生：没有。

师：如果让你们写作文的话，观点是什么？

(学生思考片刻)

生17：用发展的眼光看事物。

师：用发展的眼光看事物，很好。这跟我们今天的观念已经很一致了。小鱼留下以后才有鱼，这叫什么？

生17：发展的观念。

师：可持续发展，不是发展的观念。下面我们转述一个开头，想想怎么压缩材料。你们写一写，我看一看。给大家2分钟的时间。(学生小组合作)

(计时2分钟)

师：(有同学提交了）收到了，太好了，我们来看一下。“丹麦的放小鱼的行为”，你看你这几个字用了两个“的”。“不禁想到”，主语呢？谁想到的？

这句子都不通了。“孟子说数罟不人污池，鱼鳖不可胜食，说明我们要秉承发展的眼光看问题，坚持可持续发展才会有更好的发展。”你们先说一说，怎么样？

生18：太长了。

师：长？不长啊。问题不在于长短，如果真好的话，再长一点也没有关系，就怕不好，还长。

师：（指向一生）你说说。

生19：就感觉有点勉强，像是那种问答题，说从这几个例子你可以看出什么观点一样，引出论点的地方衔接有点生硬。

师：嗯，就是生硬是不是？感觉从材料到他的观点是比较硬，换句话，就是材料没有转述好，是不是？

生19：是。

师：好，你请坐。“丹麦人放小鱼的行为，不禁想到孟子‘数罟不入洿池，鱼鳖不可胜食也’。”这个对原材料的概括提炼可能还不太够，该要的地方没有要。

师：我们来看一看如何把这么长的材料转述成我们自己的东西。大家看一下，这个转述怎么样？（课件展示）

丹麦人垂钓时，会把小鱼放归大海。生活如渔，只有顺应自然，才能做到可持续发展，源才能远，流才能长，生生不息。

师：“丹麦人垂钓时，会把小鱼放归大海。生活如渔，只有顺应自然才能做到可持续发展……”这个转述可不可以？孟子没了，这不行。还有引出来的观点也不对——“生活如渔”，后面是什么？

生20：“顺应自然”。

师：顺应自然是什么意思？我们只不过是从材料中提出“可持续发展”而已。看下一个。（课件展示）

面对可持续发展这个议题，孟子提出“数罟不入洿池”，丹麦人自觉地将不够尺寸的小鱼放回河里，其实，不仅仅是捕鱼，在生活的方方面面，可持续发展都有着重要的地位。

师：可以吗？

生21：差不多。

师：你们自己看一下问题在哪里，看谁能发现。

生21：“面对可持续发展议题……”

师：“面对可持续发展这个议题”，丹麦人是怎么认为的，孟子是怎么认为的……丹麦人和孟子是在坐下来开会吗？议题是可持续发展吗？

（众生笑）

师：不要笑，这是我们平常容易犯的错误，我们自己却没发现。再看下面一个。（课件展示）

丹麦人捕鱼时会放生小鱼，我们不应与其背道而驰，而应践行孟子所主张的“数罟不入洿池，鱼鳖不可胜食也”的内涵。我们需要注重可持续发展，为未来的“大鱼”投食。

师：这个问题在哪里，能看出来吗？谁能第一个发现其中的问题？

（众生议论纷纷）

师：那个男同学，你来说说问题在哪里？

生22：他好像否定了丹麦人，而践行的是孟子的理论。

师：他没有否定丹麦人吧？

生23：材料说我们不应该与其背道而驰……

师：“背道而驰”用得不好，也看不出来是吧？还有吗？

生24：“而应践行”感觉……

师：“而应践行”用得好像太庄重了。是不是这样？

生24：对，感觉怪怪的。

师：我们一定要把这个问题讲清楚。

生25：“为未来的‘大鱼’投食”，好像不对。

师：“为未来的‘大鱼’投食”，不对？这个没什么问题吧？（走向一生）你说说。

生26：我感觉他前面这句话……我也觉得他有点否定丹麦人了。

师：没有否定，你看“我们不应与其背道而驰”，没有否定。谁能看出来其中的问题？

生27：连接词用得不对。

师：他说连接词用得不对，我们听他讲。

生27：这里不应该用“不应……而应……”。

师：为什么？

生27：“不应”是否定了前面的观点，“而应”是重点强调后面的观点。

师：看到了一点，你改一改。

生27：嗯……

师：好，都看不出来呀，请坐。我们总觉得这一个表达是很怪的，那怪在哪里？我们类比下就明白了，“丹麦人捕鱼时会放生小鱼”，我们不应与其背道而驰，就是和他一样都是放回小鱼，是不是？得说回来吧，结果变成了丹麦人捕鱼时会放生小鱼，我们不应背道而驰，而应和孟子一样。这就像我们说——何老师让我们好好学语文，如果不好好学语文，何老师会骂我们的。明白了吧，这就是逻辑问题。“丹麦人放回小鱼，孟子也说不要用细网捕鱼，那么他们都在讲一个道理——可持续发展。”这不就行了吗？大家听明白了没有？明明是对着你说，说着说着，跑他那去了，在逻辑上，这叫中途易辙。大家看一下这个转述。（课件展示）

古人云：“留得青山在，不怕没柴烧。”恰如丹麦人放归幼鱼而鱼不息，孟子收罢数罟而鱼鳖繁，人惟有为将来留得绿水青山，方能源远流长，生生不息，可持续发展。

师：怎么样？

众生：真不错。

师：确实挺好。他居然还知道“留得青山在，不怕没柴烧”，这同学水平真高。恰如丹麦人怎么样，孟子怎么样，这也很好。如果按照刚才讲的“横开成岭侧成峰”那样，可以改一下——丹麦人怎么样，孟子怎么样，他们都懂得一个道理，“留得青山在，不怕没柴烧”。是不是更好？我们再来看有没有更好的？（课件展示）

古今中外的钓鱼者通常都会放走小鱼。我国古人也曾提出“竭泽而渔，则明年无鱼”。这些网开一面，凡事留一线的做法，其实都是在用留下的空间来达到可持续发展的目的。

丹麦人不钓未长大的鱼，孟子不用细网捕小鱼。他们为什么都留下小鱼？这是为了未来有更多的鱼。这样的捕鱼思想映射了一个贯穿生活方方面面的哲理——可持续发展。

丹麦人钓鱼会放回尺不盈寸的小鱼，孟子提倡不用细网捕鱼。古今中外的无数训诫告诉我们，可持续发展才是取之不尽用之不竭的唯一驱动力。

师：我们就讲一个吧。

众生：好。

师：“古今中外的钓鱼者通常都会放走小鱼”，他概括的内容里连孟子和丹麦人都不见了，是不是？“我国古人也曾提出‘竭泽而渔，则明年无鱼’”也挺好，是不是？这种高度概括，不也行吗？不知道大家有没有明白，如果只讲丹麦人不讲孟子的话，就少一个，不好，但用“古今中外”一下子都包含了。要想写好议论文，就要让表达更符合逻辑，让语言更简练。

师：留一道题目给大家，看看怎么样进行材料转述。（课件展示）

近期，毛乌素沙漠“返绿”引发公众热议。有人欢呼，自豪于“人定胜天”，但有研究表明，毛乌素沙漠的逆转与风力减弱、年际降水变多密切相关；也有人关注毛乌素沙漠“返绿”带来的副作用——由沙蒿粉导致的严重过敏，简直让人生不如死。

对此，你有何感想？请写一篇文章谈谈你的看法。

师：谢谢大家，今天的课就到这里。

（众生热烈鼓掌）

三、《材料的选择》教学实录

（上课前老师分别和各小组学生进行简单交流）

师：上周我们一起上了一节作文课，材料的转述，还有印象吗？

生1：通过概括材料，找到其中的关键词，写好得出的观点。

师：你讲的似乎是对的，你把我原来讲的东西进行了简化。材料的概括不能只是关注关键词，还有句子的内容，上次已经讲过了。今天我们讲的是材料的选择。

师：假如我们已经有了材料，怎么办？有了材料不是说拿过来就可以用，还要对材料进行选择。那么，议论文中材料的选择应该有怎样的考虑呢？

生2：符合题目。

师：那当然，不符合题目你拿来干嘛呢？要符合题目的需要，很好。还有呢？

生3：表达的观点与作文一致。

师：我没听明白。这样吧，我给一个观点，我们一起来“议一议”吧。

（课件展示“观点：后天学习很重要”）

师：这里的“后天”相对于哪一个词？

众生：（齐答）相对于“先天”。

师：要证明这个观点，我给你两个人的事例，用这两个人的事例证明“后天”学习很重要，你选哪一个？

（课件展示）

周处：少时横行乡里，为“三害”之一。后拜师学习，为官清正，战死疆场。

方仲永：五岁会作诗；其父贪财，带他到处捞钱，不让他学习；后泯然众人。

生4：周处。

师：你能不能讲一下理由？

生4：因为我觉得周处他一开始非常的恶劣，后期在自己的努力下能成功地为国家效力，感觉特别励志，特别地……（说不下去了）

师：那是因为他后来学习了，变得优秀了，对吧？很好，你请坐。刚刚有谁说方仲永的呀？（指向举手的学生）好，你说说，你为什么选他呀？

生5：方仲永可以作为反面教材，他一开始比较聪明，但是后来放弃学习，所以他就……（说不下去了）

师：一开始很聪明，后来放弃学习，所以变得……

众生：泯然众人矣。

师：你们都知道啊！这个同学讲得很好，他讲“后天”的时候提到了什么？

众生：先天。

师：对，先天。好，你请坐。周处这个人，年少时被乡里人称为“三害”。人家议论他被他听到了，他还问人家“三害”是谁，知道是自己后，他感觉很不好意思。后来他开始学习，他当过文官，也当过武将，最终战死沙场。通过周处这个例子，要证明“后天学习很重要”是可以的，但是有没有发现，周处是在意识到自己给乡里人带来悲惨遭遇后及时改正，后来才有了出息。这个事例主要强调的是“后天学习重要”呢，还是“原来做得不对，现在做得对”了呢？

众生：知错就改的成分更多一点。

师：对！方仲永五六岁就能指物作诗，到后来泯然众人，就变成一般人了，这里有先天和后天的区别。那么现在你们认为，要证明“后天学习很重要”，哪个更合适一点？

众生：方仲永的例子更合适。

师：哎呀，被我说服了是不是？有没有不服的？（学生摇头）我觉得方仲永这个例子拿来证明“后天学习更重要”比周处这个例子要好。周处的例子是可以用的，但叙述的时候要注意。因此，我们得出一个结论，当我们脑海里已经有这些材料的时候，就要看哪个材料能有效证明观点。（课件展示）

结论一：能有效证明观点
周处：能用
方仲永：典型

师：我们现在试一试。给一个观点“勤奋刻苦才能有所成就”，给三个例子，大家看一看，选择哪一个最合适。（课件展示）

观点：勤奋刻苦才能有所成就。
（1）王羲之学书法，成为书圣。
（2）贾岛推敲作诗，留下佳话。
（3）某人十年寒窗，考上北大。

师：（教师在平台发布题目）收到题目了吗？选好了就提交。（学生很快选好，提交）你们这么快就选完了！选的过程中一定是有思考的对吧？选例（1）有百分之五十六，选例（3）有百分之四十四。大家倾向于第一个，第二个没人选。哪个组选第三个的？

生6：十年寒窗就是勤奋刻苦，考上北大就是有所成就。

师：很好。十年寒窗说明勤奋刻苦，考上北大说明有所成就。那我问你，谁呀？

生6：某人。

师：某人是谁？

生6：……

师：为什么在证明观点的时候要用名人的例子？那是因为名人大家熟悉，我说我的某个学生十年寒窗考上北大，你说，哦，老师，你蛮厉害的，你的学生也蛮厉害的，但有什么用呢？他不具有代表性呀。好，例（3）不行，否定掉！

生7：我选第一个。王羲之首先是名人，他的例子比较有代表性，他学书法持之以恒，勤奋刻苦。

师：聪明啊，把我刚刚讲他的话反过来讲了。等一下，为什么不选例（2）？

生7：贾岛推敲作诗，好像讲的不是他勤奋刻苦。

师：他反复写，反复改，他推啊敲，敲啊推的，他不刻苦吗？不勤奋吗？我觉得贾岛很勤奋刻苦，大家都没选，我觉得很意外。换成贾岛好不好？

生7：我觉得贾岛这个例子并不在勤奋刻苦，突出的是他精益求精。

师：讲得好（鼓掌）。但一定有勤奋刻苦的成分吧，只不过不明显，不突出。再说，“留下佳话”就是叫“有所成就”吗？还有，恐怕有不少人还不知道贾岛是谁吧——贾岛不够典型。

众生：是的。

师：我比较倾向于第一个例子。王羲之勤奋刻苦学习书法，最后成为书圣。我们今天只要提王羲之，就知道他字写得好，他有所成就。所以这个例子相对于另外两个例子就比较好，要证明这个观点我首选第一个例子。

师：今天的重点来了——采用王羲之学书法的例子证明观点“勤奋刻苦才能有所成就”，请写50字左右的片段，一个组提交一到两个。（课件展示，平台发布）

写一写

观点：勤奋刻苦才能有所成就。

例子：王羲之学书法，成为书圣。

要求：将王羲之的例子写成50字左右的片段。

师：收到没有？提交的时候，可以拍照，也可以打字。给大家一点助力，我准备了几个王羲之的故事。（课件展示）

王羲之的故事：

（1）走路练字划破了衣服；

（2）替道士抄写经卷换鹅；

（3）练字后洗笔染黑池水；

（4）写祭文字迹入木三分。

（计时3分钟，教师观察学生完成情况）

师：时间到了，提交吧。（屏幕上不断在刷新提交的内容）

师：下面对各组写的片段“评一评”。这是哪一组的？董佳琳组。好，所有的同学看这里。“王羲之学习书法，勤奋刻苦”，没问题吧，你们觉得呢？“虽然他是当时的大家……”

生8：我觉得直接说“大家”没有代入感，就是要先勤奋刻苦才能有所成就。

师：要体现出一个过程是吧？他这个一上来就是“大家”了，还练什么呢？对吧？“其书法作品也流芳千古，他有如此大的成就，关键原因是什么呢？”我先不评价，（指向一组）你们组评价一下。随便谁说都可以。

生9：“虽然”“但是”用得有问题。

师：什么问题？

生9：他那个，我觉得，怎么说呢？

师：你说。

生9：那我不说了。（笑）

师：没关系，说不出来是吧？

生9：对。

师：你什么东西说不出来呢？大概讲个意思，我帮你讲出来。

生9：我觉得他其实也还好。

师：搞半天，越来越好了，是不是？把这些删掉就好了，是不是？好，你请坐。

生10（补充）：我觉得练习书法体现了他的勤奋刻苦，我们应该写他练习书法的时候做了什么。

师：连续三次出现“勤奋刻苦”，他是有目的的，这个目的无可厚非，虽然反复出现会强化我们对王羲之练字“勤奋刻苦”的认识，但这是一个前提条件，不是他的具体做法，是不是？他具体的做法就是他没日没夜地练，是吧？语言可以再简练一点。

师：我们看第二组。“晋代书法家王羲之练习书法十分刻苦，边走路边练习写字，不小心将自己的衣服划破，为了练字，自家的池水也被染成了黑色，在持之以恒的练习后，竟能用自己写的经卷换鹅，写祭文入木三分。”（师生笑）

师：现在自己有没有觉得要自查一下的？要不要修改？我不知道大家为什么笑。你说说，这有什么不妥？

生11：材料堆砌得太多。

师：材料堆砌得多还不好啊？三个为什么不行？

生11：内容太多，啰唆。

师：只要是王羲之的事情，只要证明是勤奋刻苦有所成就的，不管他多少都可以，对不对？所以你这一点我不赞同。

师：大家看一下——“晋代书法家王羲之”。我们都知道王羲之是“晋代书法家”，因此，只要三个字就够了。

生12：王羲之！

师：你们好聪明！看下面一个：“王羲之学习书法时，在每次练字后洗笔，次数多到将清澈的池水染黑，最终成为书圣。”不啰唆，很简洁，我就喜欢这样子的。很好，哪一组的？

生13：王子怡。

师：好，值得表扬。下一组，王海东。“王羲之天资平平”，谁说的？“但没有放弃对书法的热爱，十年如一日地苦练书法”。他是不是就练十年？你都不知道，你为什么写十年？“练字后洗笔染黑了池水，其努力可见一斑。”语言用得太“轻飘飘”，无法有力地证明观点。“最终如愿成为书法大师。”人家是书圣，你不要叫他书法大师。还有其他组提交了吗？

生14：还有，老师您刷新一下。

师：（刷新一下）这么多？我不是说一组交一到两个片段嘛，你们现在都交了两个是吧？“早年的他刻苦练字，甚至为了洗笔染黑了整整一池水。在这样的刻苦练习下，他终于成了书圣，入木三分的祭文字迹，便是对他刻苦勤奋的最好证明。”成为书圣，目的就是要证明“我写字很厉害”？语言表达是不是要注意前后因果关系呀？这个不太好。

师：下面一个。“王羲之勤奋刻苦练习书法，不仅走在路上不自觉练字而划破衣服，练字后洗笔甚至将池水染黑。在他刻苦的努力下，书法技艺愈发精进，留下千古佳作，被后人们称为书圣。这一切的成就都离不开他的勤奋刻苦。”怎么样？好像行，但啰唆了一点，应该删掉一些。

师：“一片墨池成就了王羲之的书法，他的成就来自后天的勤奋。”你穿越了吧，我们讲第一个问题的时候是“后天”。“从不停止提笔练字划破了身上衣服。”他是因为没有带笔，所以用手指在身上画。阅读材料要仔细。

师：“王羲之苦练书法至洗笔染黑池水，走路练字入神到划破衣服，对于练字专心致志，勤奋刻苦，做到了……”这是谁写的？

生15：刘静怡。

师：好，我找一个同学来评价一下。（指向一生）你给个评价，怎么样？

生16：还可以。

师：哪里可以？ 都可以？

生16：嗯……

师：看来，你在我突然的提问之下，没有想好。大家注意到没有，刘静怡同学特别讲究语言的整齐性，很好。这一点要表扬她，为刘静怡同学鼓掌。（众生鼓掌）

师：我们来看一看，到底怎么写才是好的。（课件展示）

> 结论二：叙述要恰如其分。
>
> （1）叙述要简略概括，不要详细、生动；
>
> （2）材料不能太长，以免导致文体不分。

师：材料的使用要做到四个字——恰如其分。叙述一定要简洁概括，不需要详细生动。因为是议论文，不是记叙文，不需要生动形象，明白吧？为什么我给大家规定50个字左右呢？如果一个例子写得很长，就容易导致文体不分，我们看一看别人写的。（展示学生习作）

> （1）“王羲之每天练习书法，在此期间他不知写烂了多少支笔，也不

知用掉了多少墨水，以致一池的水都被染成了黑色，写在木板上的字可谓入木三分，终成一代书圣。”

（2）“王羲之每天刻苦练习书法，写烂了无数支笔，用尽了无数瓶墨，染黑池水，入木三分，终成一代书圣。”

师：我把（1）改成（2），不仅例子用好了，语言也挺不错，没有多余的话。再来看一个。

王羲之练字刻苦。传言他写坏的毛笔堆在一起能堆成一座小山，人们称之为“笔山”；他写完字洗手洗砚台的池子，竟然被墨水染成了黑色，人们称之为“墨池”。日夜辛勤练习之后，他终成“一代书圣”。

生17：太长了。

师：长了是吧？好，你把它改短一点。（生17站起）

师：我跟你一起来吧。“王羲之练字刻苦”要吧？好，“传言”要不要？不要了。“他写坏的毛笔堆在一起能堆成一座小山，人们称之为‘笔山’……”太长了，直接改成“他写坏的毛笔笔头堆成了‘笔山’，他洗手洗砚台的池子成了‘墨池’”。“日夜辛勤练习之后”，要不要？看情况，你如果八百字都凑不齐的话，那就要吧。好，请坐。调整后如下：

王羲之练字刻苦。写坏的毛笔堆成“笔山”，洗手洗砚台的池子成为“墨池”，他终于成为一代“书圣”。

师：好，我们再来看一个。

王羲之自幼跟随其父练习书法，偷拿父亲床头书法字帖临摹，其父发现后欣喜不已，遂教其书法。王羲之于小池洗笔，经年累月竟使其变墨池。练成后木板书写入木三分，虽有所夸张，但足见其书法之绝。

师："他的父亲"重要不重要？

众生：不重要。

师："偷拿"这个动作太形象了，没必要。还有他父亲的心理活动，完全没必要，对吧？"遂教其书法……"可以写一个王羲之传了！修改后如下：

王羲之于池洗笔，染成墨池；于木书写，入木三分。

师：好的，我们可以做一个小结了。议论文中材料的选择应该有什么样的考虑呢？第一点，能有效证明观点，要典型。第二点，要恰如其分地对材料进行叙述，要简洁。要抓住最关键的东西，简略地叙述，而不要生动形象地叙述。

师：这就是我们今天这节课的主要内容。留一个作业给大家，请看屏幕。今天的课就到这里了，谢谢大家，同学们再见。

众生：老师再见。

附：《材料的选择》教学设计

【教学目标】

初步了解作文材料的选择标准；

初步掌握作文材料叙述的要求。

【教学方法】

活动与点拨，讨论与合作，Aiclass。

【教学过程】

一、导入

二、主要任务

任务一：完成"材料要能有效证明观点"。

方法：（1）例题讲解与研讨；（2）梳理总结；（3）练习巩固与运用。

1.议一议

观点：后天学习很重要。

周处：少时横行乡里，为“三害”之一。后拜师学习，为官清正，战死疆场。

方仲永：五岁会作诗；其父贪财，带他到处捞钱，不让他学习；后泯然众人。

结论一：能有效证明观点（周处的例子能用；方仲永的例子典型）。

2.试一试

观点：勤奋刻苦才能有所成就。

（1）王羲之学书法，成为书圣；（2）贾岛推敲作诗，留下佳话；（3）某人十年寒窗，考上北大。

任务二：完成“材料的叙述要恰如其分”。

方法：（1）材料撰写：小组合作、截屏交流；（2）梳理总结；（3）练习巩固与运用：案例分析。

3.写一写

观点：勤奋刻苦才能有所成就。

例子：王羲之学书法，成为书圣。

要求：将王羲之的例子写成50字左右的片段。

王羲之的故事：（1）走路练字划破了衣服；（2）替道士抄写经卷换鹅；（3）练字后洗笔染黑池水；（4）写祭文字迹入木三分。

结论二：叙述要恰如其分。

（1）叙述要简略概括，不要详细、生动；

（2）材料不能太长，以免导致文体不分。

4.评一评

王羲之每天练习书法，在此期间他不知写烂了多少支笔，也不知用掉了多少墨水，以致一池的水都被染成了黑色，写在木板上的字可谓入木三分，终成一代书圣。

（王羲之每天刻苦练习书法，写烂了无数支笔，用尽了无数瓶墨。染黑池水，入木三分，终成一代书圣。）

王羲之练字刻苦。传言他写坏的毛笔堆在一起能堆成一座小山，人们称之为“笔山”；他写完字洗手洗砚台的池子，竟然被墨水染成了黑色，人们称之为“墨池”。日夜辛勤练习之后，他终成“一代书圣”。

（王羲之练字刻苦。写坏的毛笔堆成“笔山”，洗手洗砚台的池子成为“墨池”，他终于成为一代“书圣”。）

王羲之自幼跟随其父练习书法，偷拿父亲床头书法字帖临摹，其父发现后欣喜不已，遂教其书法。王羲之于小池洗笔，经年累月竟使其变墨池。练成后木板书写入木三分，虽有所夸张，但足见其书法之绝。

（王羲之于池洗笔，染成墨池；于木书写，入木三分。）

5.赏一赏

（1）王羲之练字刻苦，十年如一日，笔头磨烂，墨水写尽，连洗砚的池水都成了黑色，功夫不负有心人，终成一代书圣。

（2）历史上被称为书圣的王羲之素有洗笔成墨池、练字忘食馍的典故。可见，他名留千古的成就，与他“墨池笔山”中的刻苦用心是分不开的。

（3）王羲之苦练书法，坚持不懈——洗砚台墨染池塘，写祭文入木三分，勤习字废笔成山……天道酬勤，终成千古“书圣”。可见，勤奋刻苦才能有所成就。

6.赞一赞

（1）王羲之刻苦练习书法，划破了衣服，染黑了池水，错吃墨全神贯注，勤练字入木三分，正因如此，他才成为一代书圣。

（2）王羲之刻苦练习书法，每天都在池边洗笔，染黑了池水，正因如此，他才成为一代书圣。

课堂总结：

作文材料的选择应该有什么样的考虑？

（1）能有效证明观点：典型。

（2）叙述要恰如其分：简略。

三、练习

观点：后天学习很重要

要求：（1）再找一个典型的例子；（2）根据材料叙述的要求，将例子写成50字左右的片段。

四、作文条件性思辨教学案例

（一）思辨导引

在一般哲学范畴里有个概念叫普遍联系，它是指事物或现象之间以及事物内部要素之间相互连结、相互依赖、相互影响、相互作用、相互转化等相互关系。在无限的宇宙中，任何事物都不能孤立地存在，都同其他事物发生着联系，世界是万事万物相互联系的统一整体。因而，各事物之间往往会产生一定的条件关系，弄清这些或显于明处或藏于暗处的条件关系，正体现了一种思辨性。

（二）概念阐释

我们所说的条件关系包含了通常所说的充分条件、必要条件、充要条件等。

1.充分条件

在生活中，我们常用“如果……，那么……”，“若……，则……”和“只要……，就……”来表示充分条件。例如：①如果这次考出好名次，那么我就能进重点中学。（这里从关键词来看，虽然是假设关系，但前后句也构成了条件。）②若能进军好莱坞，则会名扬娱乐界。③只要能赶上最后一班飞机，我就能准时将文件送到。

在逻辑学中，充分条件表述成：如果有事物情况A，则必然有事物情况B；如果没有事物情况A，未必没有事物情况B。这里，A就是B的充分条件。

2.必要条件

在生活中，我们常用“只有……，才……”或“不……，不……”来表示必要条件。例如：①只有不断地听取批评意见，才能够不断改进工作，不断进步。②不把这个问题解决掉，不准下班。

在逻辑学中，必要条件表述成：如果没有事物情况A，则必然没有事物情况B；如果有事物情况B，就一定有事物情况A。这里，A就是B的必要条件。

3.充要条件

在生活中，表达充分必要条件的情况不太常见，在逻辑学和数学中一般用“当且仅当”来表示充分必要条件。例如：①当且仅当跨过这道坎，你才能获得一个高的认知角度。②让我参与课题的唯一条件是让我做课题主持人。

在逻辑学中，充要条件表述成：如果有事物情况A，则必然有事物情况B；如果没有事物情况A，则必然没有事物情况B。这里，A就是B的充分必要条件。

（三）思辨例析

1.高考作文例析

纵观近年来的高考作文题，涉及条件关系的是比较多的。

> （2015年上海高考作文题）根据以下材料，自选角度，自拟题目，写一篇不少于800字的文章（不要写成诗歌）。
>
> 人的心中总有一些坚硬的东西，也有一些柔软的东西。如何对待它们，将关系到能否造就和谐的自我。

从思辨的角度来看，题目中的材料涉及一组反义词——坚硬、柔软，这体现了作文题本身的思辨性考虑，但是材料的后半部分——“如何对待它们”“关系到”应当是重点。如何对待心里“坚硬”和“柔软”的东西，构成了“能否造就和谐的自我”的条件，这个条件是必要条件，也就是说，如何对待心里“坚硬”和“柔软”的东西不一定能造就和谐的自我，但是要造就和谐的自我则必须考虑如何对待心里“坚硬”和“柔软”的东西。

> （2015年湖北高考作文题）阅读下面的材料，按要求作文。
>
> 泉水在地下蓄积。一旦有机会，它便骄傲地涌出地面，成为众人瞩目的喷泉，继而汇成溪流，奔向远方。但人们对地下的泉水鲜有关注，其实，正是因为有地下那些默默不语的泉水的不断聚集，才有地上那一股股清泉的不停奔涌。
>
> 请根据你对材料的理解和感悟，自选一个角度，写一篇不少于800字的文章，文体自定，标题自拟。

地下的泉水和地上的溪流构成一组有相对关系的事物，而“聚集”则和“涌出”构成了条件关系。因为，泉水能涌出地面形成溪流奔向远方的条件不止一个，但是，在地下的聚集是不可少的一个条件，两者构成了必要条件关系。

(2014年四川高考作文题) 阅读下面的文字，根据要求作文。

人，只有在自己站起来之后，这个世界才能属于他。

这句话引发了你哪些思考？请自选角度写一篇不少于800字的文章。

题目中的这句话是典型的必要条件关系。“自己站起来”是“世界属于他”的必要条件。作文时，当然可以写“世界属于他”有各种条件，但应突出的则只有“自己站起来”这一点。

通过以上三道高考作文题，我们约略可以窥到高考作文题中所涉及的条件关系往往是必要条件关系，可能这种关系更生活化，更具有生活的辩证性——因为生活中的条件毕竟不同于逻辑学或数学里的条件，往往不会那么绝对。因此，我们的作文也要具有这种必要条件的思辨。

2.实践运用例析

(1) 根据以下材料，自选角度，自拟题目，写一篇不少于800字的文章。

有人说，坚持做同一件事，坚持十年就能取得成功，坚持二十年就能创造奇迹；而事实上，绝大部分人同一件事做了一辈子，依旧平凡无奇。

材料中的核心词语（关键词语）是“坚持”，可以梳理出两种情况：坚持取得成功，创造奇迹；坚持不一定取得成功，创造奇迹。很明显，“坚持”与“成功”“奇迹”只构成必要条件，也就是说，要想成功、创造奇迹，“坚持”必不可少，但只有“坚持”还不够，还需要诸如积累、目标、方法等条件。因而，就这道作文题来看，可以按照如下思路来写：坚持可以成功甚至创造奇迹——那些坚持了却没成功的人可能还有方法问题、方向问题、个人能力问题等（有些人没坚持却成功了可能是机遇、家庭背景等起了作用）——反之，不坚持则很难取得成功。

（2）根据以下材料，自选角度，自拟题目，写一篇不少于800字的文章。

一只乌鸦在飞行的途中碰到回家的鸽子。鸽子问：你要飞到哪？乌鸦说：其实我不想走，但大家都嫌我的叫声不好，所以我想离开。鸽子告诉乌鸦：别白费力气了！如果你不改变声音，飞到哪都不会受欢迎的。

“叫声”“声音”虽然是材料中的高频词，但不是核心词语（关键词语）。核心词语（关键词语）是“改变”与“欢迎”，这两个词语构成了必要条件关系。对于乌鸦来说，要想受到大家的欢迎就要改变自己难听的声音，这是必要的条件——尽管受别人欢迎的因素有很多。因而，就这道作文题来看，应当着重写“改变”与“欢迎”的关系。

（四）思辨揭秘

事物的发生发展都是有一定的条件的。纷繁复杂的世界，一个因素往往会引起另一个因素的变化，一种现象往往会导致另外一种现象的发生，一个事物往往会涉及另外一个事物。这世界从来没有独立的与外物毫不相干的事物，各相关事物之间是彼此联系又相互依赖的，从而构成一定的条件关系。

条件性思辨在作文题中出现的常常是必要条件关系，但是并不代表着我们不需要运用充分条件和充要条件的概念来解释某些问题，相反，在我们运用必要条件思考问题的时候，潜意识中一定会想到充分条件和充要条件。这也是一种思辨。

（五）思辨例题

阅读下列材料，自选角度，自拟题目作文。

“知止”二字作为座右铭高悬于李嘉诚办公室的醒目处，清人曾国藩一生的作为和成就也处处有“止”的烙印。

古语云“知行知止，知止而行”，意思是要懂得“行”，也要懂得“止”，懂得“于止中行”。

（六）思辨例析

例文一

行止有度

古人云：知行知止，知止而行。行止的有机结合乃是人生的一大真谛。李嘉诚以“知止”为座右铭，曾国藩的一生也是且行且止的典范。我们应学会行，懂得止，且行且止，创造无悔的人生。

毫无疑问，当行则行、果断利落是我们应有的素质。《好汉歌》中的那句“路见不平一声吼啊，该出手时就出手”便形象地展现了“行”的本色。对于正确的事，我们就应秉持“行”的态度，莫让自己错失良机。曾有一位将军在战场上为救助一名小兵而不顾危险地扑上去保护他，最后却惊讶地发现炮弹落在了他原先所处的位置上。可见在紧要关头，“行”容不得半点犹豫。畏缩不“行”的人何以成功？只有“行”才是有所收获的关键。

不过盲目地“行”却未必是好事，有时我们还应学会适当地“止”，懂得适可而“止”。范蠡曾身为越国大臣，帮助勾践争霸，立下了汗马功劳。功成后他本可以继续留在朝堂之上效力，可却出人意料地退隐去做商人，而不贪图权势。他推测了越王的心思，猜到了继续参政必会引来杀身之祸——他昔日的同伴便是因此死于勾践的手下。拿得起，也要放得下；能“行”，也要能“止”。一意孤行或盲目前行的人免不了误入歧途，适时地停下，会换得更持久的“行”。

执着于“行”不可，执着于“止”亦不可，我们应该做的，便是且行且止。好比一池清水，在看似静止的表面下，也有“暗流涌动”，源源不断的“源头活水”会推走原先的浊水，使得池水常年清澈见底。为人处事就应该学习这池水，既不止步不前，也不会一味前行酿成大错。贾谊的《过秦论》详细叙述了秦称霸后又迅速灭亡的过程。秦之所以能称霸，在于所“行”；而称霸后的迅速没落，在于所“行”错误且不知

“止”。倘若秦始皇停下残害百姓的行为，仔细分析其利弊，也许可以使秦拥有更长的寿命。“于止中行”的道理说来简单，可是“当局者”往往看不清自己应选择的路。只要牢记“行”“止”的关系，冷静处事，我们终会参悟这人生的哲理。

行止有度，既要有野马般奔腾不息的“行”的动力，又要有牛吃草一般“止”的心境。得此真理，人生便如歌一般的美丽。

【评析】

作者将“学会行、懂得止”作为中心观点首先提出来，然后论述“当行则行、果断利落是我们应有的素质”，接着论述“盲目地‘行’却未必是好事，有时我们还应学会适当地‘止’，懂得适可而‘止’”，最后论述“执着于‘行’不可，执着于‘止’亦不可，我们应该做的，便是且行且止”，结尾点出“行止有度”呼应题目，照应开头。文章层层推进，思路清晰，论述严谨，将“行”“止”之间的关系解释得清楚明白。简洁干练的语言更是为论述增添光彩。

例文二

行中有止，于止中行

风云变幻，花开花落，月盈时潮起，月亏时潮歇。“知行知止，知止而行”这一警世名言蕴藏于自然。百尺竿头难上一寸，要懂得行中有止，于止中行。

曾国藩一生奔波于救国大业，这是行；李嘉诚在商业大厦中翻手为云、覆手为雨，这是行。而曾国藩在国破山河时隐忍屈辱，这是止；李嘉诚将数十亿献于慈善事业，这是止。于止中行，适时而止，是前人之辙，后人之鉴。

行，如骐骥一跃，鹏程万里。行时，就不要停下脚步，潜心向前。大多数人都能“行于一时”，而智者则能“行走一世”，坚定目标、永不舍弃，如伽利略一般纵使烈火焚身，也不改初衷。行走在正确的道路上，不在途中迷失方向，拥有“他人皆醉我独醒”的明确意识，不被流言蜚语所左右，不追逐着洪流在毫无意识的情况下漂洋过海。纵临绝顶，不忘初心。纵使功成名就，登临绝顶，也明哲保身，不忘其责。行时就大步向前，坚定目标，不忘初心，永不言弃。

然而，更重要的是懂得行中有止。止，不是畏惧前路茫茫的驻足，不是眼望沿途风景而心驰神往的不坚定，不是心中迷惘。止，是前途蓄积力量，是未雨绸缪的智慧。行时，我们心无旁骛，不见脚下。或许危机四伏而我们却一无所知。或许下一步是深渊，或许我们已站在悬崖之前，在这时，我们必须停下冷静思考，迈出准确的一步。止于未知，潜心于思，如沈从文坐在边城的石桥上倾听溪水潺潺，如钱锺书静坐于书巢中将思绪收束于一方围城之内，让洋溢澎湃的激情从脑海中暂时褪去，让走得过快的步伐逐渐变缓，让未来有更加清晰的轮廓，行中有止，步步为营。

我们如今的生活宛若黄河之水浩浩荡荡向东海奔流，行得太快。我们仿佛走在时代的前方，忘记了“止”的要义，忘记了停留，忘记了等待。止于行中吧，让濒于消失的文化挽回一席之地；止于行中吧，让曲高和寡的旧诗抓住潮流下新诗的尾巴；止于行中吧，让我们有一双更加明亮的眼睛审时度势，抓住时机、不仗着一腔热血盲目前行；止于行中吧，让自然有一个喘息的时间，让黄土高原上的尘土不再飞扬，让青海湖上泛起鱼儿拍打出的水花。

行中有止，于止中行，喧喧复嚣嚣，行行又走走，灵秀上眉头，浩气在胸中，我们还有青春，还可谱写出一世风流。

【评析】

作者紧扣“行中有止，于止中行”这一观点展开论述。开篇提出观点，紧接着结合材料补充强化，再次明确观点。论述时，先从“行”着手，阐述“行”之特点及重要性，再论述“止”之作用，最后将二者联系起来，有力地阐述“行中须止，止是为了更好地行”的观点。文章思路清晰，论证严密，且气势磅礴，文脉贯通，给人一气呵成之感。于文中也可见作者驾驭文字的能力之高超，于同类之中可谓拔擢者。

第二节　“常态”作文批阅实例

本节主要介绍日常作文教学中的批阅案例，对“常态”作文批阅的方法做一个直观的呈现，以供作文批阅时参照。“常态”作文批阅主要采用点评、总评、写作思路提供相结合的方法。点评重在说出局部的优点与不足，总评重在评价全篇的结构、材料、语言等，提供的写作思路重在给学生厘清文章的逻辑层次提供参考。

作文题目1：

棋子是有限的，共有三百六十颗。可是从古至今，无一盘棋是一模一样的，有限的棋子创造出了无限的变化。

对以上说法你有怎样的思考？请你提炼观点，自拟题目，写一篇不少于800字的文章。

学生习作：

以有限创无限

【标题即观点，直观。】

棋盘上，有限的棋子能创造出无限的变化。这个棋盘上的哲思指导我们在实际生活中也应以有限的手段和资源寻求无限的变化。【对材料进行高度概括，并直接提出观点，干脆利落。只是，过渡得有点快。】

人在生活中的“棋子”是有限的。受限于有限的生命，提升自我的时间、开阔眼界的时间都是有限的，因此，我们所能动用的资源和所能采取的手段也是有限的。人生中“棋子”的有限难以被自身意志所改变，如同棋盘上的规则一般。【从有限的角度，结合棋子谈人生，这是一个层次。】

可惜的是，有人因为手中的棋子有限而陷入颓废。他们认识到棋子的有限难以转变后，并未思考应该如何运用自己手头的棋子，反而对他人掌握自己所没有的棋子而感到羡慕、嫉妒，甚至是怨恨。被负面情绪蒙蔽双眼的人自然无暇顾及自己手头的棋子，最终也难以发挥出有限棋子本应有的力量。

殊不知，他们所嫉妒的、所羡慕的人并非拥有无限的棋子，走出好棋局的他们手头的棋子也是有限的。【这一段写有人因为有限而颓废，放在这里，使上下文断开了，如果放在下面两段之后，逻辑就顺畅了。】

棋子是有限的，但是棋手本身的能力不会被棋子的数量所限制，好棋手利用有限的棋子也能下出一盘好棋。某品牌创始人在创业前仅有聊胜于无的文凭与资金，棋子屈指可数，可精明的商人并未因此怨天尤人，凭借自己的一腔热血打动了投资者，同时理智冷静地经营，终于取得了成功。人们把成功当作自己的目标与理想，即便被棋子的数量所束缚，也应当提升自身棋艺，带着枷锁的束缚，开拓棋局的可能性，可能性的开阔势必会带来成功的眷顾。【正面写有限创无限，本段调整为文章第三段正合适。】

开拓棋局可能性的并非仅有自身的棋艺。俗话说“棋逢对手”，对手的水准与段位也会使棋局发生变化。在人生的棋局中，我们的对手是遭遇的各种困境，而这些困境，都是自己在实现人生志向的途中遇到的。胸无大志之人，他们的对手只是些生活琐事，如此羸弱的对手只会降低棋局的变化。我们应当积极挑战自我，主动坐到那些强大的对手跟前与之一战，绞尽脑汁地、全神贯注地思考每一次落子，这些思考不仅仅会为棋局增添精妙的变化，更能反作用于自身的棋艺，让下一次的对局更精彩。【这一段和上一段也接不上。不要写对方，要顺着上一段写自己如果做不到以有限创造无限会怎么样。】

当然，以有限创无限并不是提倡徒有其表的虚招或是过剩的自我意识，自大地在盘面上追求绚丽无实的打法只会让人与胜利擦肩而过。在生活中若是忽略了手段与资源的有限，好高骛远，追求虚幻空虚的可能性，那么这份空想不仅不会引导个体走向自身的理想，反倒会使其陷入一事无成的颓废。在人生的棋盘上，每一招都应当剑指胜利。【补充论述，增加文章论述层次。】

棋子是有限的，但只要我们积极主动便能生出无限的棋局，只有开阔思维，认真对待每一步，才能在人生的棋盘上取得胜利。

【总评】注意到层次的丰富性，努力拓展论述的层次，但逻辑还是没有理顺。可以按照下面的方法推进逻辑。

①棋子是有限的，正如人的一生中所处的环境，所拥有的条件是有限的。

②但是，这有限往往可以创造无限。（举例说明）

③为什么有限可以创造无限呢？不在于棋子的多寡，而在于棋子的排列组合。人生不就是排列组合吗？不同的人会将手中的棋子排出不同的阵法，不同的人会用自己的思想、行动画出自己不同的人生。

④那些没有用自己的棋子创造出无限变化的人，往往思想懒惰、没有目标、知识能力不足、没有动力。（举例）

⑤当然，就个人来说，倒不一定要将人生创造出无限多的变化，如果他能有一种变化可以克敌制胜，让人生完满，也无不可。

⑥怕的是，面对同样多的一盘棋子，别人杀招迭出，变化多端，而我们自己在羡慕嫉妒之后又回到老样子。

⑦有限的棋子能创造出无限的变化，不在棋子，而在下棋的人；精彩的人生不在于外在条件，而在于自己。

作文题目2：

鲁迅曾说："幸福永远存在于人类不安的追求中，而不存在于和谐与稳定中。"然而，也有人认为，和谐、稳定才是真正的幸福所在。

对以上说法你有怎样的思考，写一篇议论文，谈谈你的想法，自拟题目，写一篇不少于800字的文章。

学生习作：

在和谐与稳定中觅得幸福

【这样立意，完全站在一边了，和题目中引用的鲁迅的观点对立起来了，比较危险，论述时就会困难。】

鲁迅曾反对幸福存在于和谐与稳定中，认为幸福永远存在于人不安的追求中。他的观点有一定道理，可是在我看来，真正的幸福却正是在和谐与稳定中觅得的。【"反对"一词不合原材料的意思。材料给了相反的关系，这样立意，只站在一个方面，不妥。】

诚然，不安的追求带给人的幸福不同于和谐与稳定中的幸福，有着独特的美好。人天生对于成败未知的不安深化了成功后的幸福。人在情绪不安时对于结果悲观的想象被现实所否定后，追求得以满足，油然而生的幸福附着上了苦尽甘来的安心。【想退一步论述，但是并未讲清楚。】

这份幸福的确难以在和谐与稳定中体会到，可这是真正的幸福吗？病人非得饱经病痛的恐惧才能领会健康的幸福吗？学生非得承受对成绩的不安才能领会中榜的幸福吗？灾民非得经历灾难的绝望后才能领会生存的幸福吗？如上种种不安的追求中，人们所觅得的并非真正发自内心的纯粹幸福，只是囿于逃离失败的安心罢了。幸福，一旦成了这种歌颂幸存的赞歌，最终定异化成浅层的侥幸。【这样写，是没有理解鲁迅话的意思。】

因而，在和谐与稳定中才能觅得真正的幸福。此时的幸福，不同于不安的追求中的幸福，摆脱了成功学的催化，少了和悲观想象的对比。因此而生的纯粹的幸福，是完完全全发自内心的真正的幸福。【因为前面论述并不充分，也有点偏，这里不能得出“在和谐与稳定中才能觅得真正的幸福”这样的结论。】

进一步地说，和谐与稳定不仅可以指代物质生活的安定，更要求精神生活的和谐与稳定。从古至今，不乏有因精神上的和谐与稳定从而觅得真正幸福的人。古有颜回在陋巷不改其乐，而如今，天眼之父南仁东纵使科研工作繁重，也能融自己艺术的喜好于工程建设中，因他内心和谐而生的幸福支撑了他十数年的艰难工作。此时，个体在世俗物质层面的不安不仅不会破坏他们的幸福，反因他们精神上的和谐与稳定而被包容，使个体能在不安的物质条件中屹立不倒，洞见更为深刻的幸福。【这是推进一层论述，但是这个层次显得生硬。】

因此，我们要在精神与物质层面上积极地投身于和谐与稳定中。比尔·盖茨辞职转职慈善，告别市场的喧嚣，在人性温情的和谐与摒弃功利的稳定中觅得了饱含善意的幸福。既然商业巨鳄能抛下手中的钱财与地位，在和谐与稳定中觅得幸福，那么我们何尝不能如此呢？【在上一段加了精神层面的内容，这一段果然就完全跑到精神层面。这就是典型的跑偏，横生枝节。】

当然，和谐与稳定一旦异化成放纵和懒惰，那么个体的幸福也只是

单纯的想像和欲望的宣泄罢了。我们要保持精神上的和谐与稳定，为此觅得真正的幸福！【“异化成放纵和懒惰”从何说起?】

【总评】对题目的理解和结构层次的构建，都有问题。不能完全站在一边，把另一边全部否定，因为就题目看，不是非此即彼的。可以提一个上位概念——幸福无关和谐稳定，关乎内心，也可以立足一边兼顾另一边来写。以下思路可供参考。

①幸福与和谐稳定有没有关系？有关系。

②和谐稳定会带给人身体的舒适和心理的平静、平和。

③然而，和谐稳定并不都带来幸福。幸福因人而异，不同的人有不同的追求。

④同时，幸福也和内心有关。

⑤为什么鲁迅要说幸福永远存在于人类不安的追求中？那是和特定的环境有关，推之及今，也有意义——忧劳兴国，逸豫亡身。

⑥不管怎么说，幸福最终和人自身的主观因素关系更大。

⑦结尾。

作文题目3：

生活中，每个人都被赋予了不同的社会角色。如何看待社会角色所蕴含的社会期待对自己的影响，人们的认识不尽相同。

请自拟题目，写一篇不少于800字的文章，谈谈你的思考。

学生习作：

期待的深处

【不要用名词性的题目，换判断式的题目。】

在生活中，我们被赋予了许多不同的社会角色，被寄予了很大的期待，这往往会对自己有着很大的影响。【没有提观点，提出问题，也可以。】

如今社会繁重的压力和愈发激烈的竞争，都使我们不得不承担更多的社会期待。但是，处理好社会角色和期待，以及它们带来的压力谈何容易？人们常会告诉自己再忍忍，再努力些，生活就会好的，不愿跳出当下的“舒适”圈，甚至也许并不舒适。殊不知，并非劳作，就能成为一朵玫瑰。【好突然！从哪里来的？什么角度？】

问题的关键在于人们往往缺乏主动的思考，就像海中一叶扁舟，只能随浪而动，活成了别人想要的模样，似乎别人如何期待，就应该怎么过活。从未静下心来仔细思考，自己想要什么，这个社会角色在我身上应该是什么样的，这些期待的深处究竟是什么。【为什么“缺乏主动的思考”是关键?】

每个人都是这样，我们有太多的社会角色和期待需要承担，但是人生有涯，期待却是没有边际的，倘若我们过分在意别人的期待，反而会陷入“碌碌无为”的泥沼，在束手束脚的世界里屡屡碰壁。当我们不被这些期待所累时，眼中便是“惟江上之清风，与山间之明月”。有这般洒脱旷达的心态，那些期待形成的桎梏大多于悄然间被解开了。【这个层次是可以的，也是必须的，但论述时不宜太绝对——“不被这些期待所累”。最后联系到“旷达的心态”显得虚无。】

老舍说，生活须有光有影。为了真正的生活，我们必须敢于打破期待所营造的“美好未来”。秦玥飞前往湖南当大学生“村官”，放弃的是耶鲁大学毕业证书带给他的无数就业机会和别人对他的无限期待；三毛随心而动，在撒哈拉沙漠的烈日下活成了永恒的姿态，离开了她的社会角色背后赋予她柴米油盐的幸福生活的期待。他们敢于打破，没有被期待所累，深深地明白活成自己的模样，为自己身上的社会角色烙上属于自己的印记才是生活，才是人们内心深处真正的期待。【想正面论述，但结合所举的例子来看，思路并不对。】

然而，不在意别人的期待，并不意味着人际关系的疏远，更不代表着我们应该扔下我们的社会角色。事实恰恰相反，厘清自己的社会角色，明晰自己的社会角色所带来的社会责任，更要勇于并主动担起它，像王克勤先生那样为几千万尘肺患者奔走呼告筹款捐钱，像许志永先生那样坚持为弱势群体打官司。他们清楚地知晓要扮演怎样的社会角色，也努

力承担起它带来的责任，这也许不能满足他们作为丈夫，作为儿子承担的期待，但是成全了千千万万人的期待。【这一段论述很好。】

瀑布得到自由时便有了歌声，泰戈尔如是说。做个不为期待所累的人吧。期待的深处，那份洒脱旷达，为自己而活，才是生活应有的模样。【这样结尾正好说明审题不准。】

【总评】前面几段的逻辑还要再理一理！下面的逻辑结构可以参照。

①生活中……“每个人都被赋予了不同的社会角色”。举例说明如，一个人可以是儿子、父亲，老师、学生，职工、领导……

②这些角色有其社会价值、作用。

③不同的角色有着不同的社会期待。举例说明。

④生活在社会中，这种角色期待对每个人都有影响。作为商人，因为别人期待你诚信，你就不能作假，否则……作为党员干部，人们期待你为民谋福利，你就不能不作为……这些期待在一定程度上制约着你，限制你的言行……

⑤然而，并不是要将自己完全束缚在别人的期待中，只要不违反社会公序良俗，不违反自己的本职工作要求，还是可以活出自己的个性来的。

⑥每个人都在社会中，自然有他的不同角色，如何扮演好自己的角色，需要看得清、做得好！

作文题目4:

你拒绝一件事，和接受一件事，其实是一件事。——杜尚

这句话引发了你怎样的思考？请结合社会生活，自选角度，写一篇不少于800字的文章。

学生习作：

虚名和拒绝

【不要用名词性的题目，换判断式的题目。】

你拒绝一件事，和接受一件事，其实是一件事，杜尚如是讽刺拒领

诺贝尔奖的萨特。生活中有许多人都不明白这个道理，为自己拒绝时展露出的“高风亮节”沾沾自喜。【挖掘出材料中句子后面的故事，使论述立足点更稳！语言简洁、干净。】

古往今来，社会中总是不缺乏沽名钓誉之辈，惺惺作态是他们的惯常手段。一番推诿自是必不可少的，他们暗自窃喜，仿佛一件事经过一番推诿，便能够使自己的优秀标签再多一个，再亮一点。殊不知，他们拒绝一件事，和接受一件事，对于旁观者而言【不是对旁观者，是对他自己】其实是一件事。【将人们对这种情况的看法提前拿出来加以批驳。】

浮躁之风和虚荣心使人们容易陷入充斥着虚名的安乐乡，但是摆脱这虚幻美好的包围谈何容易？有些人明知深陷其中，却感受不到半分不妥，只是尽力将这茧越织越密。【指出这样做的后果。】

而仔细深究，让人们奉“假装拒绝”为圭臬的，是他们自身责任心的缺失，缺少了一份灵魂的认真。当谈到诸如“淡泊名利”之类的话题时，他们常是一笑了之，如此沉重的精神追求，与我何与也？难道推诿一番、轰轰烈烈地拒绝，这么简单就能得来“淡泊”的标签不好吗？这便是自身责任心缺失的表现，人们因此选择更为简单的方式，而代价便是失去灵魂。【怎么会涉及责任心？让人难以理解。】

事实上，真正淡泊名利者拒绝一件事，会选择遵从自己的内心。辛弃疾拒绝为了活着、为了名利而苟且偷生，坚持以亡宋旧臣的身份死去。当事情有违他们的价值观和精神追求时，泰然处之，就是最好的处事方式，绝不是如跳梁小丑般，发表一番譬如“这与我淡泊的处事态度背道而驰，这会束缚我对精神世界的追求”的高谈阔论，似乎全世界都在追问你拒绝的原因，显得此地无银三百两。【要阐明拒绝是出自淡泊，最好不用辛弃疾的事例，一是时代不同，二是内容不合。】

如今，像秦玥飞、陆步轩这样坚定拒绝虚名的人已经凤毛麟角，哪怕有也容易被讽刺与质疑。因此，一个好的社会环境尤为重要。社会应起到积极引导的作用，引导人们注重寻找自己的精神追求，而不是成为虚名的附庸，逐渐习惯沽名钓誉。【进一步论述拒绝虚名需要好的社会环境。】

只要我们明白真正淡泊名利的人，只是随心而动，选择最平和的方式，而不是让世人皆知，那么我相信终有一天会让一股股清流汇成江河，无论是个人还是社会都将因此变得丰富而深刻。【既是总结，也是结尾。】

【总评】总体上，对题目的理解和写作的思路都是可以的。

这句话的意思是，自己想好了就行，按照自己真实的意愿去做，是否接受诺贝尔奖都无所谓，怕的是表面拒绝，实则要借拒绝来表明一点什么，即沽名钓誉。

接受也好，拒绝也罢，都是你的决定，你凭什么拒绝和接受呢？——恐怕和你的思想、境界、价值判断等等有关，也就是说，拒绝和接受都是关乎你自己，以及你自己对世界的认识。

可以结合这句话的背景（1964年萨特拒绝诺贝尔奖的事），按下面的思路来写：

①开头。

②对拒绝的分析。

③对接受的分析。

④接受也好，拒绝也罢，其实是一回事，都是你自己的决定、自己的理解和认识，它受你自己支配，也影响着你自己，只要你觉得可以就行。

⑤如果为了接受而接受，为了拒绝而拒绝，那就不可取了，例如萨特拒绝领诺贝尔奖。

⑥如果你是坦荡的拒绝或坦荡的接受，那就不怕别人说什么。

⑦因此，接受一件事也好，拒绝一件事也罢，都是一样的事，都是关乎你自己的事。

作文题目5：

《论语》中孔子说："我欲仁，斯仁至矣。"

奥地利作家卡夫卡也有箴言：我要留在天堂，那天堂就在自己抵达的路上。

这两句话引发了你怎样的思考？请就此写一篇文章。

学生习作：

精神追求需要向内探寻

子曰：“我欲仁，斯仁至矣。”孔子将他的精神追求牢牢地放在心上，其内在自觉地朝着仁前进，从而达到了“仁”的境界。卡夫卡也说：“我要留在天堂，那天堂就在自己抵达的路上。”显然，精神追求的实现不可缺少的是向内探寻心中坚守的勇气。【对材料的综合提炼还不够，因而不简洁。是不是精神追求？要慎重表达。】

反观如今生活，有许多人想要追逐诸如“仁”“善”之类的精神追求，却只是时常挂在嘴边，未能做到自觉自愿地去践行。有些人时常高喊着这个时代的种种时弊，物欲横流、精神浅薄等等，道理人人都了解，可大多仅限于此，轮到自己时，往往以自己是“俗人”的借口糊弄过去。精神追求“虚无缥缈”“可望而不可即”的外衣有着极强的迷惑性，人们的误解也常常源于此，似乎不会两句“之乎者也”就没有权利，也没有需要追求属于自己的精神境界，是人们思维的惯性导致了误解的不断加深。【前半段阐述的是只说不做，但后半段就有点跑题了。】

其实精神追求就在我们的心里【改为“我们内心需要去主动追求”更好】，只是面对生活中的种种干扰、蒙蔽，使得人们再难感知到它的存在。老贝尔曼年逾六十仍浑浑噩噩地住在光线黯淡的斗室里，酗酒抽烟，可看见生命已然摇摇欲坠地琼西时，却在雨夜以自己的生命为代价画出最后一片常春藤叶。对此，我们缺少的是一个契机【和题目是什么关系】，帮助我们唤醒心中的精神追求。

那些看似虚无缥缈的精神境界、追求，事实上并不难达到，我们需要时刻将之放在心上。或许会有质疑的声音：这不就陷入了终日而思的危险境地吗？我想并不是。【不能这么写，这样逻辑不对。】

埃克哈特·托利在《当下的力量》中说过，当我们与自己的内心失去联系时，实则也与世界失去了联系。自然地向内探寻，从心而行，乘大道以归尽，实则是实现精神追求的最高体现。富春钓台一渔樵，那隐逸之姿便是洞明世事、厘清之需后对精神境界的追求。夔江之上老病一孤舟，“彩笔昔曾干气象，白头吟望苦低垂”的叹息亦是最终对人世彷徨、君心昭昭的约束，何尝不是将精神追求放在心中？而精神追求的实现的终局，亦将衍化成一曲自我救赎的高歌：茨威格孤独地徘徊在不需人性、只需功利的一战后欧洲文明之外，用《昨日世界》不仅救赎了迷茫的自己，亦救赎了荣光不复的欧洲。【本段内容杂乱，多有和主题不合的，要清理。】

当心中自觉地向精神追求、自我救赎前进时，我们将不再局限于一言一行，相反，举手投足间便自然而然地展现出我们的精神追求，彼时，即达到了孔子所说的“我欲仁，斯仁至矣”的境界。

【总评】其实，题目很简单，就是主动追求高的境界。以下思路可供参考。

①退一步，要不要追求“仁”？要。

②如何追求？主动追求。

③如何主动追求？举例说明。

④我们普通人可以做到吗？即使做不到那么好，也可以做，只要我们有“主动”的意识。

⑤那些不愿意去追求的人可能有各种原因……但主要是忽略了自己的主动性。

作文题目6：

生活中，我们或许都听到过这样一句话：“我这是为你好。”请写一篇文章，谈谈你对此的思考。

学生习作：

目的与过程

【标题可改为：你不一定是为我好！】

生活中，我们常常听到这样一句话：“我这是为你好。”这似乎有力地证明了别人的要求是合理的。但实际上，目的的好不能证明过程的好。【宜改为“你以为的‘好’，也许并不是我需要的‘好’”】【开头干脆，

直接点明观点。】

当我们被别人要求去做某件事，但不理解这件事的作用时，别人可能会说：“我这是为你好！”子女往往在成年后才理解父母当时近乎不合理的要求，其实是为自己好。【这一段夹在上下段之间，突兀，可以删掉。】

那当我们听到“我这是为你好”时，是否就应该相信他的要求是合理的呢？其实不然。“为你好”是指目的的合理性，即目的是为了让你提升自己。但他并没有解释过程的合理性，这往往是由于对方无法向我们解释过程的合理性。可能是因为我们的学识和经历无法理解行为的合理性，也有可能是因为对方本身语言能力不强无法说明，还有可能是因为这一过程并不合理，仅仅目的是合理的。【本段围绕这句话是否“合理”展开论述，但是论述时绕来绕去，逻辑不清晰。】

如果盲目地相信对方的说法“我这是为你好”，并按照他的要求去做，会有什么后果呢？希特勒本着提高人类智商的良好目的，试图去残害他所认为的智力低下的犹太人。他的目的是好的，但过程是不正确的。因此，目的的好不能证明过程的合理性，而纳粹们被他的良好目的迷惑，加入残害犹太人的部队。如果我们忽视过程的合理性，可能会做出荒唐残忍的举动。【举希特勒的例子太不恰当了。】

即使目的和过程都合理，证明过程的合理性也能让被要求者更心服口服地去完成这一要求。只分析目的的合理性或许可以让被要求者感觉自己对要求者的质疑是不信任他、辜负他的好意而愧疚，但这是情感上的，而不是理智上的。分析行为的合理性能让我们避免错误。首先注意过程本身是否符合人之常情，是否对社会有益，其次再考虑它对达成目的是否有效，是否可以再完善、提高。即便对方没有捆绑住我们的良心，相信过程的合理性也能让我们自觉地去实施，从而达成“为自己好”的目的。【本意是想朝前推进一步，但多出来“情感上”“理智上”的分析，横生枝节。】

此外，我们还应该注意到个体的差异性，要求者往往是因为或自己见过别人通过完成这一要求而成功的案例，并希望被要求者复制。但是，个体的差异性会让这一复制过程出现突变，许许多多的变量也许会改变结果。更何况如今社会变化极快，几年前还行得通的方法也许现在就不适用了。【个体的差异可以说，但本段最后几句是一层新的意思。】

当然，有时我们的学识和年龄使我们无法理解行为的合理性。这时，完不完成这个要求取决于要求者是否完全值得信任。当老师、父母提出要求时，我们试着去完成一些，看看效果，再权衡是否坚持做下去。毕竟他们是在考虑过过程的合理性后再提出要求的。【有点稚嫩。】

目的的合理性是重要的，但过程的合理性更为重要。目的与过程相比，请选择后者。【给人光秃秃的感觉。】

【总评】从整体看，思路不清晰，论述的时候绕来绕去，让人看起来很累。另外，文章没有站在一个高度和深度来看“我这是为你好”这句话的内涵，语言也很稚嫩。

可以按以下思路来写：

①这句话在什么情况下会出现？父母、老师、长辈等教导的时候，在其他情况下出现很少。

②为什么会出现这样的话？也许是有个好的“目的”，也许是以自己经验、要求来强加给别人（孩子），也就是控制欲。

③即使是出于好的目的，也不合适，因为你没有“我”的经历，怎能知道我的需要？正如你不能做我的诗，我也不能做你的梦。

④如果这是为“我”好的话，该怎么做？可以建议，从旁协助，不要蛮横干涉，因干涉而产生的悲剧还少吗？举例说明，如梁山伯与祝英台、刘兰芝与焦仲卿……

⑤“我”不反对为“我”好，但“我”需要良好的建议与真正的关爱……

⑥让那些带有目的的“为我好”见鬼去吧。

作文题目7：

“善良”，《汉语大词典》中的解释为“和善，心地好”。网络上对该词则另有解释：①懦弱，愚昧；②以无需出力为条件对别人怀有良好的愿望。

人们对“善良”有着不同的理解。对此，你有怎样的认识？请写一篇文章，谈谈你的思考。

学生习作：

真正的善良

【标题是名词性的，宜换成动词性或判断式的。】

善良，通常被解释为和善，心地好。然而如今，网络有些人却对善良做出了不同的解释。有人认为，善良是一种懦弱和愚昧。其实，这些懦弱而愚昧的善良人，只是害怕过于露锋芒会给自己带来麻烦，因担忧他人的报复而做了一个没有原则的老好人。他们不懂得拒绝，对一切都逆来顺受，看似是好好先生，善良的人，实则失去了自己的主见，一辈子只是迎合他人的想法而活。

也有一些人认为善良是以无需出力为条件对别人怀有良好的愿望。怀有这种想法的人，在他人遇到困难时，一心想要做一个旁观者，在旁边呐喊助威而拒绝伸出援助之手。他们总是站在道德的制高点上对他人加以评判，为自己塑造一个光辉而伟大的形象，却只是写出了一张张空头支票。【开头的这两段太平淡了，把两个方面都说了一下，花费笔墨多却没有实质性的推进。即使想写两方面，一两句话即可，而不是用两段。】

愚以为，这两种善良，都称不上是真正的善良。正如王小波所说，善良从不是一件容易的事，错误的善良，不会给他人带来天堂，只会拖累你掉进地狱。【既然说不是真正的善良，那么真正的善良是什么呢？没说。】

善良，作为中华民族的传统美德，是一种使社会变得更加稳定、团结与繁荣的美好品质。因为善良，在疾病暴发时，出现了一批勇敢而美丽的逆行者；因为善良，不论是地震还是疫情，韩红总是亲力亲为地冲在第一线；因为善良，才有了柳艳兵见义勇为、夺刀救人。真正的善良，绝不是一句口号，也绝不是遇事畏缩不前，而是有所行动，有些锋芒。

要想拥有真正的善良，我们就应该拥有敢于对恶进行回击的勇气，应该站出来，坚定善良的原则，对恶行说不。善良应是一束刺破浓雾的光，一盏黑夜中的指明灯。只有这样，善良才不会变得懦弱而愚昧，也只有这样，它才不仅仅停留于一个口号。【本段写善良的作用，和上一段没什么联系。】

当社会中人人都认清了什么是真正的善良，实实在在地践行着真正的善良，善良可能就成为一种风气。那么我想，就不会再有网友认为善良是“懦弱，愚昧”，或是“以无需出力为条件对别人怀有良好的愿望”了吧！【题目说的是“善良”，这是核心词，论述应围绕它展开，不能提出一个新的核心词——“真正的善良”，并花费近半篇幅来谈，如果一定要用这个话，在文章结尾的时候提一下即可。】

让我们认清什么才是真正的善良，并且践行它吧。

【总评】这样写，基本上没顾及材料，尤其是前三段之后，就抛开材料了，而不是将两种观点放在一起辩证思考。没有很好的思路，就没有很好的结构。可以将立意定为——莫用懦弱说善良，按照下面思路来写：

①网上有人将“善良”解释为懦弱、愚昧，也有人说，以无需出力为条件对别人怀有良好的愿望就是善良。然而，这不是真正的善良。

②懦弱就是懦弱，愚昧就是愚昧，何时等同于“善良”了？请不要用这样的词来玷污善良。“以无需出力为条件对别人怀有良好的愿望就是善良”也不是真正的善良。不知道这样说的人，是不是因为词穷而借用“善良”这个美好的词，或者是有意歪曲“善良”，进而达到别有用心、不可告人的目的。如果是，我想大声说，莫用懦弱说善良。

③善良就是……就是……就是……就是……【或者，善良就是“和善、心地好”……】

④【反面】那些……并不是善良。

⑤由此观之，我们可以坚定地说，懦弱、愚昧不是善良，以无需出力为条件对别人怀有良好的愿望，也不是善良。

作文题目8：

“月黑雁飞高，单于夜遁逃。欲将轻骑逐，大雪满弓刀。”这是唐代诗人卢纶的《塞下曲》，自古以来，广为人们传诵。

千古以后，数学家华罗庚写了一首诗：“北方大雪时，群雁早南归。月黑天高处，怎得见雁飞？”

这个故事，启发我们如何阅读经典。请写一篇文章，谈谈你的看法。

学生习作：

经典，不止于“拜”读

【简洁、新颖，吸引人，且暗含观点，非常好！】

冬天雁已南归，月黑何以见雁？面对华罗庚对《塞下曲》的“非难”，我们疾呼“经典怎能这样读”？【从材料来，简练、干脆利落。开篇不凡。】

的确，华老像是在用科学的解剖针摆弄经典。而我们不愿如此解构那些旷世之作，我们习惯于欣赏、拜读，用主观的情感与想象去感受那一字一句的分量。【对比两种读经典的方法。】

可是，面对前人著述，我们的姿态就仅限于从纯文学的角度瞻仰、意会吗？当阅读经典时，我们很容易发现它们是从不同学科、不同角度解读的。一本《红楼梦》，便足以作为一部“百科全书”，供历史学者回溯康乾民俗，供社会学家琢磨人际关系，供普罗大众一窥清人饮食起居，从贾府上下想到职场文化，甚而审度当下生活。可见，经典经得起也值得人们跨领域地玩味、吟赏。【退一步阐述，经典是可以多角度解读的，使论述更严密。】

而华罗庚从科学的角度阅读《塞下曲》，指明其漏洞，不仅没有使诗文贬值，反而彰显了经典的启发意义，引导更多人重新挖掘其内涵。正是卢纶对“月下追单于，雪地鸿雁飞”的叙述促使华老去思考、观察自然风物，进而有所质疑。尔后，华老抛出的问题，也使人们回过头来揣摩：既然雪天无鸿，月黑不见雁飞，那么作者必是另有诗思——将不同时、不同地的月、夜、雁等意象置于一景，进而渲染出边塞之辽远悲凉。于是，对于文学创作者，他们明白了如何从生活中提炼、重塑诗意；对于文学欣赏者，他们找到了触发情感的“有意味的形式”。【进一步指出

华罗庚从科学角度解读经典的意义。】

我们不唯考据是瞻，咬文嚼字。但是以诗驳诗，我们的确也应像华老一样敢于向经典问话。我们不应只是对《天问》的浪漫瑰丽赞不绝口，还应有柳子厚写下《天对》的勇气。着眼当下，我们对人类、宇宙、自身的探索足以使我们看到经典的局限性，何以仍怯于扬弃，羞于道出自己的疑问？对于昭君出塞这一经典故事，王安石提出了“意态由来画不成”的可能性，悟出了“人生失意无南北”的普遍性；对于无数“汉文有道恩犹薄”的经典史论，苏轼留下了“贾谊不善处下”的新观点。由此来看，正是在阅读经典时的不断批判，使得我们的思想不断跃进，思考更加全面。【拓展开去，指出应该批判地阅读经典。】

朋友，在经典面前，我们亦可站着说话！

【总评】这是一篇非常有才华的文章！审题立意精准，标题有文采，论证的逻辑推进非常严谨，谈问题收放自如，语言气势澎湃。

作文题目9：

对某个群体的固有印象，有时会影响我们对这个群体中个体的评价。对此，你怎么看？请写一篇文章，谈谈你的看法。

学生习作：

鸡群中不该只有鸡

【简洁、新颖，也能看出观点。但据文章看，似乎应该反过来：不由鸡群错看鸡。】

对某个群体的固有印象影响着我们对这个群体中个体的评价。【最好加上评述性的话，或提观点，或引出话题。】

“近朱者赤，近墨者黑”已然写出了某个群体对于个体的重要性。【不太妥当】因此，个体很大程度上受到群体的影响，“孟母三迁”更是一种典范。由此可见，自古代起人们就重视群体对于个体的影响。因而人们便常常认为评价一个个体只需要了解个体所在的群体即可。【“孟母

三迁”是讲环境的影响，不够典型。】

如今的大多数人同样持有这种看法，即“蓬生麻中，不扶自直”或是“狐朋狗友，狼狈为奸”。可见，大多数人对于个体的评价被某个群体的固有印象深刻地影响着。【是不是“大多数人”？表达要严谨。】

“一看这孩子是什么学校的就知道成绩好不好了。”这是家长们的固有印象。“一看这个人是不是外地人就知道素质高不高了。”这是某些人的惯性思维。这些都是人们对个体的看法被群体的固有印象影响的最有力的证据。【例子非常准确，好！】

诚然，或许事物的出现的确是伴随着某种具体现象而出现的。但是，就这样以偏概全并不是一种明智的选择。一直以来，群体中的某些个体的所作所为都交给了群体来承担，因而群体变成了一个每个人都掌握着，却又无法完全掌握的东西。如此这样便显得十分不公平。其实每个人都应该有其独有的评价，就如同他们的姓名一般。设想一群人会有同样的名字吗？既然不会，那么为什么他们的评价会是一样的呢？【既是批驳现象，也是树立自己的观点。逻辑非常清楚。】

诸葛亮起于农民，难道我们对他的评价是“才疏学浅，胸无大志”吗？恰恰不是，作为能与名门望族司马氏对垒的人，又怎么会是一个“老实人”呢？孔融作为“建安七子”之一，理应是亲曹派，但是最终因与曹操意见相左而被杀。如若我们只因对建安七子这一群体的固有印象，而对孔融进行评价，这不是闹笑话吗？【深入论述，再列举几个现代人的例子就更好了。】

因此，单凭对于某个群体的固有印象就去其中的某个个体妄下评论的话，其实差距有可能是很大的。【重申观点。】

因而，当我们想要去评价一个个体时，我们应该多方面地、深入地对其进行评价。诚然，有时群体的固有印象的确有用，但是有时它也会混淆视听。正所谓“横看成岭侧成峰”，让我们用不同的眼光去评价一个个体吧。【提出解决办法。】

【总评】题目有新意，语言很干练，思路很清晰。结尾最好再点一下题！

后　记

终于完成了书稿的撰写，感觉无比轻松！

从动笔到结束，历时整整两个月，其间横跨春节，正好特殊时期政府不提倡春节外出，我就在家闭门写书。白天写，晚上写，大年初一早晨起床就写。写累了，就歇一会儿，想一想；写不下去了，就放下来，等有思路了再写。就这样坚持下来，终于写成。

我一定要在这里表达一个意思：书里的表述没有我在课堂上教作文时呈现的效果好！

为什么这么说呢？第一，这是事实，我写得没有我讲得好，有我的作文教学实录和教学视频为证。第二，写的时候，我更深切地体会到语言的博大精深。平时的课堂教学，大多数时候都比较随意，学生能听懂，也能习惯，因为师生之间已经形成了一种相对固定的“小语境”，可是，要写出来给陌生的读者看，就需要现代汉语的“大语境”，否则，陌生的读者看不懂。由此，就会带来一个问题——原本课堂上生动的口头表达，很难找到贴切的书面语来表达，这样，表达的效果可能会因此而出现“打折扣”的情况。如果哪个读者看到这本书，有不理解的地方，或不过瘾的地方，欢迎垂询，或亲临现场听我讲课，然后切磋交流。虽然我现在在做教研员，但是每年还是要到课堂中去上课的。

我还要表达第二个意思：感谢我的学生们。这本书的内容可以说是我和他们一起完成的。教书这么多年，我体会最深的是“教学相长”。往往在我摸索之时，学生的只字片语、一二文章都会给我启发，好在我这个人有个特点，喜欢记录——记录学生的文章，记录学生的修改过程，记录我自己的批阅建议，久而久之，就积累了资料，积攒了经验，提升了作文教学能力。这本书里用到的例文都是我的学生写的。也正因此，有时，点评的文字就比较直接，甚至有点犀利，我的学生看到了，也不会生气，因为他们喜欢我的作文课。我要感谢他们，没有可爱的他们，就没有这本书。

我要表达的第三个意思是：我不知道老师们看到这本书之后有没有兴趣读完，但我想，如果您能坚持读完，一定会有收获，即使您是持批判的态度。书里所说的，不一定都完全适合您，但总有一些地方你可以借用或化用。这不是我盲目自信，而是因为它源自二十多年的作文教学实践。

这本书中更多的是实践操作，梳理高中议论文教学方法。虽然也有一些关于理论的思考，可能并不高深，因此，我很担心它不够高端。至于这本书到底怎么样，还是有请可爱的读者您来判断吧。

最后感谢上海市闵行区春申教育发展基金会，再次对我出版著作的支持。

朱诵玉

2021年3月12日